ESPACIO JOVEN 360

Libro del profesor

Equipo ESPACIO

Nivel

A2.2

Edinumen

© Equipo ESPACIO:
María Carmen Cabeza Sánchez, Francisca Fernández Vargas, Luisa Galán Martínez, Amelia Guerrero Aragón, Emilio José Marín Mora, Liliana Pereyra Brizuela y Francisco Fidel Riva Fernández
Coordinación: David Isa de los Santos y Nazaret Puente Girón

Depósito legal: M-27877-2018
ISBN - Libro del profesor: 978-84-9848-944-6

Impreso en España
Printed in Spain
0921

Coordinación editorial:
David Isa

Diseño y maquetación:
Carlos Casado y Sara Serrano

Actividades interactivas:
Antonio Arias y Eva Gallego

Fotografías:
Archivo Edinumen

Impresión:
Gráficas Glodami. Madrid

Editorial Edinumen
José Celestino Mutis, 4. 28028 Madrid. España
Teléfono: (34) 91 308 51 42
e-mail: edinumen@edinumen.es
www.edinumen.es

ÍNDICE

1. Espacio Joven 360º

Presentación ... pág. IV
La plataforma ELEteca© 4.0 ... pág. V
Extensión digital ... pág. VI

2. Libro del profesor

Introducción ... pág. VIII
Organización de cada unidad didáctica ... pág. IX
Índice del libro del alumno ... pág. XIV

3. Guía didáctica

Unidad 0 ... pág. 10
Unidad 1 ... pág. 16
Unidad 2 ... pág. 32
Repaso 1 y 2 ... pág. 48
Unidad 3 ... pág. 50
Unidad 4 ... pág. 66
Repaso 3 y 4 ... pág. 82
Unidad 5 ... pág. 84
Unidad 6 ... pág. 100
Repaso 5 y 6 ... pág. 116

4. Apéndices

Material proyectable y fotocopiable ... pág. 120
Claves del libro de ejercicios ... pág. 124
Transcripciones ... pág. 135
Vocabulario ... pág. 148

PRESENTACIÓN

Espacio Joven 360º es un curso comunicativo de lengua y cultura españolas, moderno e innovador, que integra múltiples contenidos y soluciones multimedia para facilitar una nueva experiencia de aprendizaje global y motivadora a jóvenes adolescentes, adaptándose a la forma en la que ellos interactúan en su día a día.

Dividido en cinco niveles y siguiendo las directrices del *Marco común europeo de referencia* (MCER) y del *Plan curricular del Instituto Cervantes*, **Espacio Joven 360º** conduce a la adquisición de una competencia comunicativa del nivel B1.2 y prepara para los nuevos exámenes DELE.

COMPONENTES DISPONIBLES

Para el estudiante

Libro del alumno

Cuaderno de ejercicios

eBook libro del alumno

Cuaderno de ejercicios *online*

Para el profesor

Libro del profesor

eBook libro del profesor

PACK **Guía Maestra Digital**

eBook alumno

eBook profesor

eBook ejercicios

Todo el material digital puede ser utilizado en ordenadores (PC, Mac), iPads y *tablets* de Android, con o sin conexión a internet.

LA PLATAFORMA ELETECA© 4.0

ELEteca© 4.0, una sólida plataforma de aprendizaje que amplía las posibilidades del manual y se adapta a las necesidades de cada escuela.

En la ELEteca el profesor dispone de diferentes recursos y funcionalidades digitales:

- **Funcionalidades** que permiten al profesor personalizar sus propios cursos, organizar materiales en línea, realizar tareas colaborativas, hacer un seguimiento de los estudiantes...
- **Extensión digital** con recursos extras para el alumno y el profesor: vídeos, actividades interactivas, materiales de ampliación, refuerzo, evaluación...

Altas y gestión

> Gestiona y administra tus clases de forma personalizada según las necesidades de tus grupos y de tu escuela.

Diversidad de actividades

> Accede a los recursos extras de los manuales, crea actividades propias y aprovecha los materiales y herramientas que te ofrece la plataforma.

Seguimiento personalizado

> Sigue el trabajo de tus estudiantes en la plataforma en tiempo real con un sistema avanzado de calificaciones, mensajería y notificaciones.

Audios y videotareas

> Disfruta de las nuevas actividades de audio y vídeo para un aprendizaje más activo y completo.

Módulo de eBooks integrado

> Accede a tus eBooks y Packs GMD de Edinumen con una única cuenta de usuario y en el mismo entorno.

EXTENSIÓN DIGITAL ESPACIO JOVEN 360

Espacio Joven 360º cuenta con una gran cantidad de recursos multimedia que han sido diseñados para enriquecer el proceso de enseñanza y aprendizaje de una forma global y motivadora, y que se ofrecen integrados en la secuencia didáctica del libro del estudiante.

ALUMNO

A lo largo de las unidades se hace referencia a diferentes **instrumentos digitales** a disposición del estudiante que permiten la **profundización** y la **revisión** de los contenidos, **dinamizando** el curso.

Actividades interactivas

+ Prácticas

Cada uno de los contenidos que aparecen en la unidad se complementan con nuevas actividades *online* para practicar y repasar de una manera divertida.

Serie — Sesión de cine

Serie sobre un grupo de jóvenes hispanos que protagonizan situaciones de la vida cotidiana.

360

Actividades colaborativas

Actividades variadas concebidas para ser desarrolladas como tareas de trabajo cooperativo a través de wikis y foros.

VIDEOGRAMAS — Vídeos didácticos

Vídeo situacional y explicación gráfica de los aspectos gramaticales de la unidad.

SPANISH BLOGGER — Gamificación

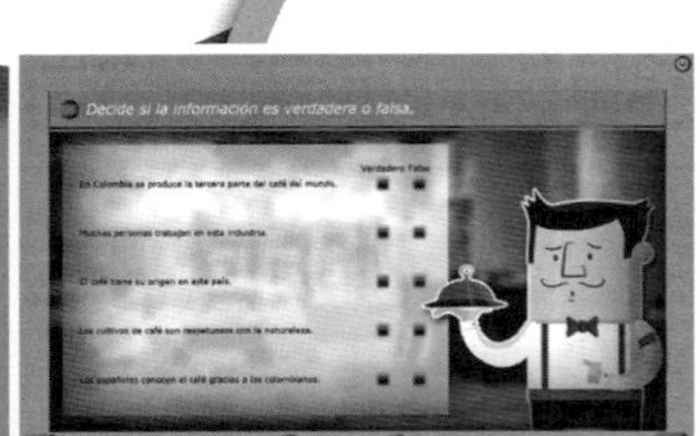

Spanish Blogger es un juego de carácter narrativo que permite a los estudiantes seguir aprendiendo español en un contexto lúdico, al finalizar la unidad. Vivirán la experiencia de trabajar en un periódico y de crear su propio blog sobre la cultura hispana.

PROFESOR

El profesor dispone en su espacio en la ELEteca de los siguientes materiales extras para que sus clases sean mucho más atractivas y dinámicas:

ELEteca

Material fotocopiable y proyectable

Test de evaluación

Guía de las actividades colaborativas

360

Claves del cuaderno de ejercicios

Audiciones y transcripciones

Vocabulario de cada unidad

Vídeos

VIDEOGRAMAS

La casa del español

Sesión de cine

¡Acción!

El estudiante dispone en su espacio de la ELEteca de actividades que se corrigen automáticamente y que permiten al profesor acceder a los resultados obtenidos a través del **libro de calificaciones *online***.

LIBRO DEL PROFESOR

El libro del profesor de **Espacio Joven 360º** es una guía didáctica completa para obtener un mayor rendimiento de las actividades y contenidos del libro del alumno. En cada unidad, las actividades se explican de manera clara y secuenciada. Para ello, se señalan las sugerencias de explotación, actividades opcionales, todas las transcripciones de las audiciones, soluciones o claves, etc., con las que reforzar y mejorar el proceso de enseñanza/aprendizaje. Además, encontrará información adicional útil sobre contenidos culturales, gramaticales, fonéticos y léxicos, con los que podrá resolver con más facilidad las dudas o preguntas que le puedan surgir a usted o a sus alumnos.

El **Libro del profesor** consta de:

1. **Guía didáctica** con sugerencias de explotación con claves, referencias a los contenidos multimedia, materiales fotocopiables y proyectables, información adicional, transcripciones, etc.
2. Relación del **material proyectable y fotocopiable** que están descargables en la plataforma educativa (ELEteca).
3. Apéndice de **transcripciones**.
4. **Claves** del cuaderno de ejercicios.

1. Unidad y título
2. Objetivos de la unidad o de la sección
3. Recursos del profesor
4. Libro del alumno
5. Soluciones de las actividades
6. Sugerencias o información adicional para el profesor
7. Referencias a las actividades del cuaderno de ejercicios
8. Transcripciones de las audiciones
9. Notas culturales y gramaticales
10. Material fotocopiable y proyectable
11. Actividades interactivas y vídeos

ORGANIZACIÓN DE CADA UNIDAD DIDÁCTICA

¿Qué ves?

Comenzamos con un diálogo

Como indica el título, esta sección se centra en una **conversación** que introduce el **tema de la unidad**, el **vocabulario previo** y las **estructuras gramaticales**. Con ello los estudiantes comienzan a interpretar el significado y a usar la lengua en un contexto auténtico, sin necesidad de entender todas las palabras.

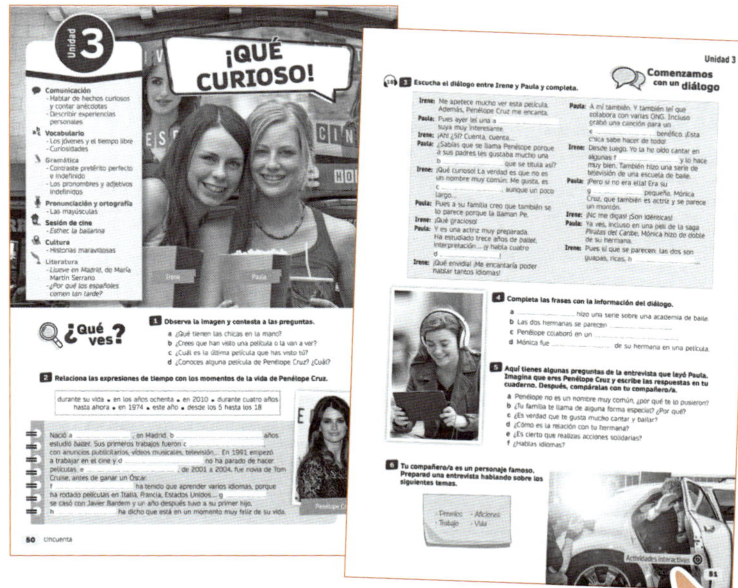

Referencia a las actividades interactivas.

Sección: *¿Qué ves?*

Esta sección introduce el tema de la unidad, trabajando contenidos que los alumnos ya conocen o han estudiado anteriormente. La unidad se inicia con una imagen, es decir, un estímulo visual relacionado con el tema que se va a trabajar, y se explota con un par de actividades. El objetivo de este apartado es estimular, motivar a los estudiantes y revisar los contenidos estudiados anteriormente.

Sección: *Comenzamos con un diálogo*

Esta sección va siempre encabezada por un diálogo que gira alrededor del tema de la imagen de la sección anterior y que sirve como introducción a la unidad a través de la comprensión oral y escrita. Los diálogos son muestras de lengua sencilla y cotidiana que presentan situaciones cercanas al estudiante, en las que se activan estructuras gramaticales, contenidos léxicos y recursos comunicativos que los estudiantes van a trabajar en profundidad en otras secciones de la unidad.

Hablar por hablar

Presentación de los **objetivos comunicativos** a través de sencillos cuadros funcionales, seguidos de actividades de producción y comprensión oral.

Las estructuras y las funciones se presentan como elementos de la conversación.

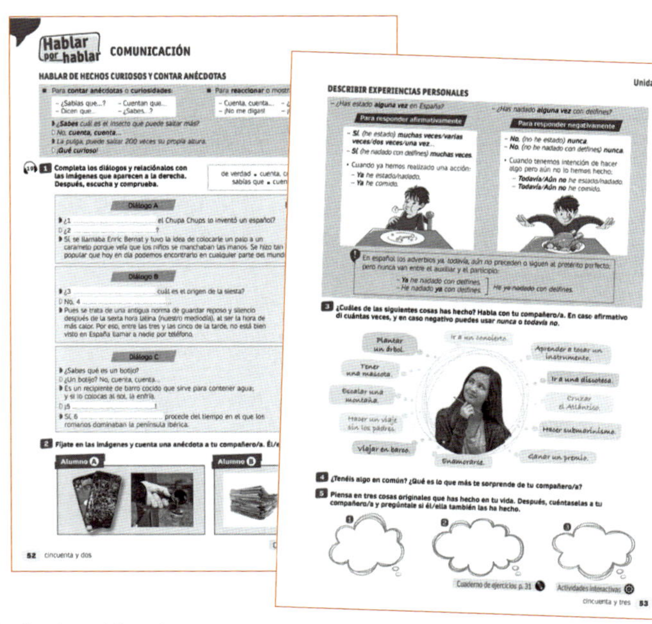

Sección: *Hablar por hablar (Comunicación)*

Esta sección presenta los contenidos funcionales de la lección de una forma esquemática y sencilla, con el objetivo de ayudar al estudiante a comunicarse utilizando el léxico y las funciones gramaticales que se trabajan en la unidad.

La sección consta de cuadros funcionales donde se sistematizan los diferentes exponentes para expresar una función determinada y se trabajan a través de varias actividades, que van desde una producción más sencilla hasta un grado de dificultad más complejo, con el fin de reforzar la autonomía oral de los estudiantes. Como se trata de un apartado centrado en la comunicación, primarán las actividades orales, ya sean de comprensión o de expresión.

Palabra por palabra

Resumen y análisis de los **elementos léxicos** introducidos en el diálogo a través de la presentación de **cuadros léxicos** y de actividades lúdicas y motivadoras. Trabajar las actividades con su compañero/a o en pequeños grupos anima a los estudiantes a aprender colaborativamente.

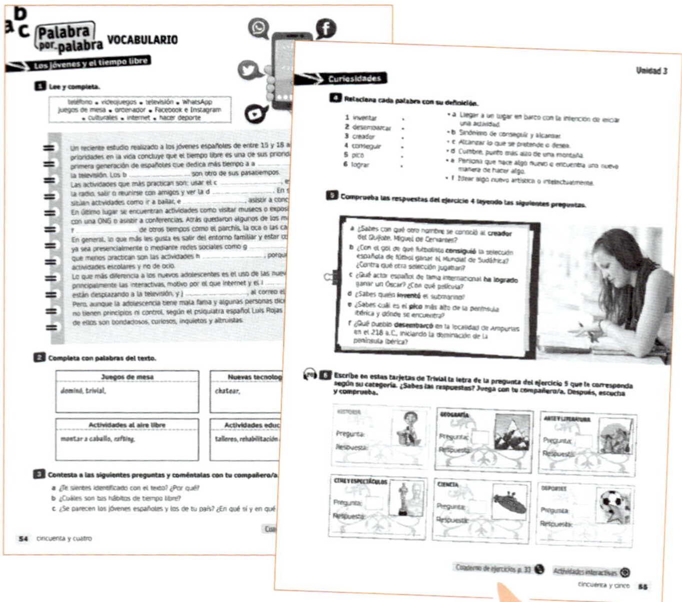

Referencias al *Cuaderno de ejercicios.*

Sección: *Palabra por palabra (Léxico)*

Esta sección trata de ampliar y/o presentar un léxico complementario al que puedan haber visto en apartados anteriores.

En este apartado, primero se realiza una presentación del vocabulario relativo a un tema determinado y, después, se trabaja con él. La práctica del vocabulario presentado se hace utilizando una variada combinación de ejercicios que tratan de activar todas las destrezas del estudiante. Estos ejercicios se presentan secuenciados desde tareas simples (prácticas controladas) a ejercicios de libre desempeño que ayudan a estimular la autonomía del estudiante y a facilitar la interacción con sus compañeros.

Paso a paso

Sistematización de los **aspectos gramaticales** gracias a cuadros con explicaciones claras y completas, y a una serie de actividades de reflexión.

El apéndice gramatical al final del libro del alumno ofrece numerosas **profundizaciones** de estos aspectos gramaticales.

Referencias a *Videogramas.*

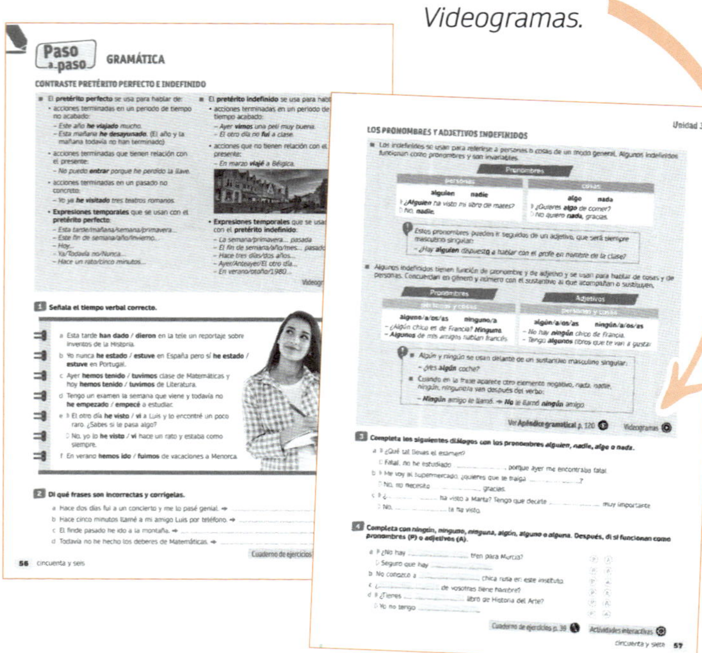

Sección: *Paso a paso (Gramática)*

Este apartado se centra en el estudio de la gramática. Generalmente se sigue la misma estructura en todas las unidades: presentación de un contenido gramatical y sus actividades correspondientes.

El objetivo de esta sección es doble: por un lado, se completan los contenidos de la unidad introduciendo de una manera más explícita los contenidos gramaticales necesarios para la correcta activación de las funciones comunicativas trabajadas en secciones anteriores. Por otro lado, se pretende ampliar la competencia gramatical de los estudiantes con la explicación de contenidos propios de su nivel de aprendizaje.

La sección va encabezada por cuadros de gramática con una serie de ejemplos significativos y claros.

La dinámica de los ejercicios es más pautada y controlada y presenta, por ello, menos contextualización que las otras secciones.

Suena bien

Sección dedicada a los **aspectos ortográficos y fonéticos** de la lengua española.

Sección: *Suena bien (Pronunciación y ortografía)*

En este epígrafe se trabaja la fonética, la ortografía y la pronunciación del español. Está encaminado a la enseñanza de la correcta pronunciación de las unidades léxicas y a la presentación de las principales reglas ortográficas que existen en la lengua española. Puesto que este apartado centra su atención en la pronunciación, normalmente aparecen varias audiciones, con las que los estudiantes escuchan y repiten en voz alta. Normalmente esta sección acaba con un dictado para poner en práctica lo aprendido.

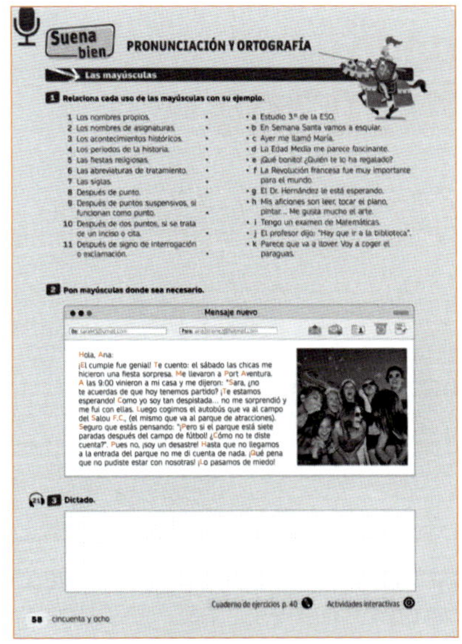

Sesión de cine

Esta sesión presenta **vídeos** sobre la vida de un grupo de adolescentes, relacionados con el tema de la unidad. Van acompañadas de actividades para predecir e interpretar la historia.

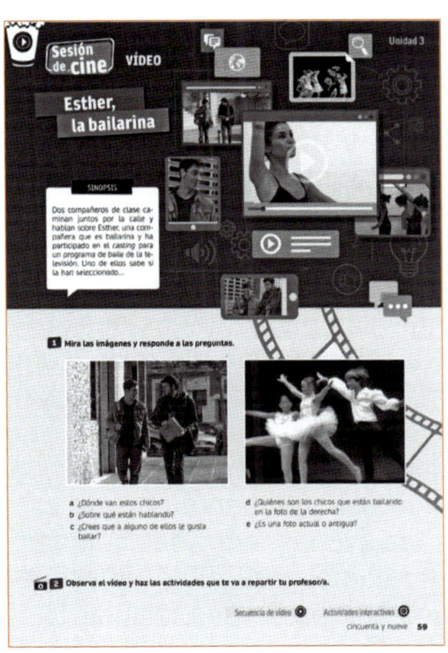

Sección: *Sesión de cine (Vídeo)*

Serie en español en la que un grupo de jóvenes hispanos protagoniza situaciones de la vida cotidiana. La visualización y explotación de estos vídeos ayudará a los estudiantes a aprender más acerca de la cultura y los comportamientos de los hispanohablantes y a desarrollar su competencia sociocultural.

Cada vídeo se relaciona con el tema, el vocabulario y las estructuras de la unidad, para así reforzar el aprendizaje.

Para trabajar otros acentos hispanos, el profesor también dispone de la versión de Hispanoamérica de la serie *¡Acción!*

La unidad concluye con tres secciones que agrupan todos los elementos lingüísticos presentados en las páginas anteriores, permitiendo al estudiante la **utilización global y personal de las competencias adquiridas.**

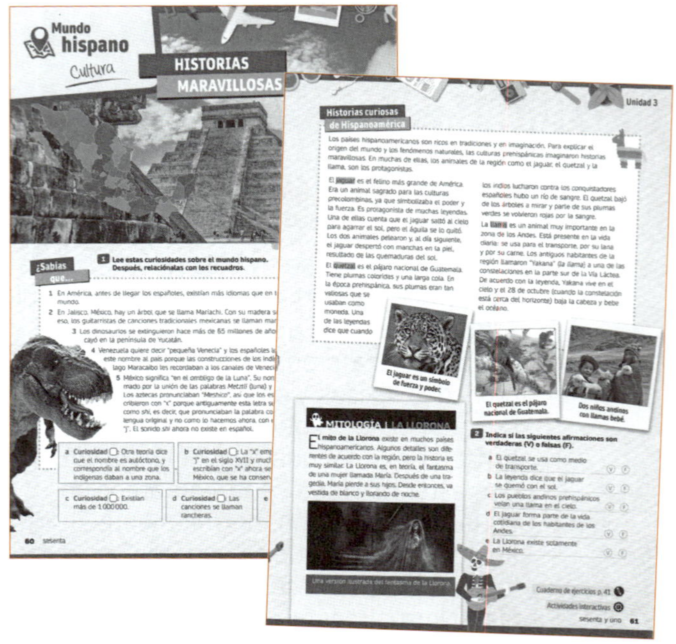

Mundo hispano

Desarrollo y profundización de uno o más **aspectos culturales** presentados en la unidad.

Esta sección cultural va más allá de una simple instantánea cultural e invita a los estudiantes a profundizar más en las perspectivas hispanas con información y actividades diseñadas para alentarles a ampliar el contenido cultural del texto.

Sección: *Mundo Hispano (Cultura)*

Este apartado acerca a los estudiantes la realidad sociocultural de España y de América Latina.
El objetivo principal es ofrecerles una nueva oportunidad para practicar y consolidar los contenidos estudiados, envolviéndolos en la cultura del idioma que están aprendiendo.
La información adicional que presenta esta sección se desarrolla a partir de un título y a través de textos, recursos visuales atractivos y ejercicios variados, donde se invita al alumno a la reflexión cultural, teniendo en cuenta su conocimiento del mundo y su edad. También se aprovecha para presentar temas transversales de valor universal.
Finaliza esta sección con un extracto de noticia sobre cine, música, sociedad, etc. para que los estudiantes profundicen más en el tema a través del uso de las nuevas tecnologías.

Érase una vez...

Introducción a autores hispanos, su contexto histórico y su trabajo, y culmina con una muestra o fragmento literario.

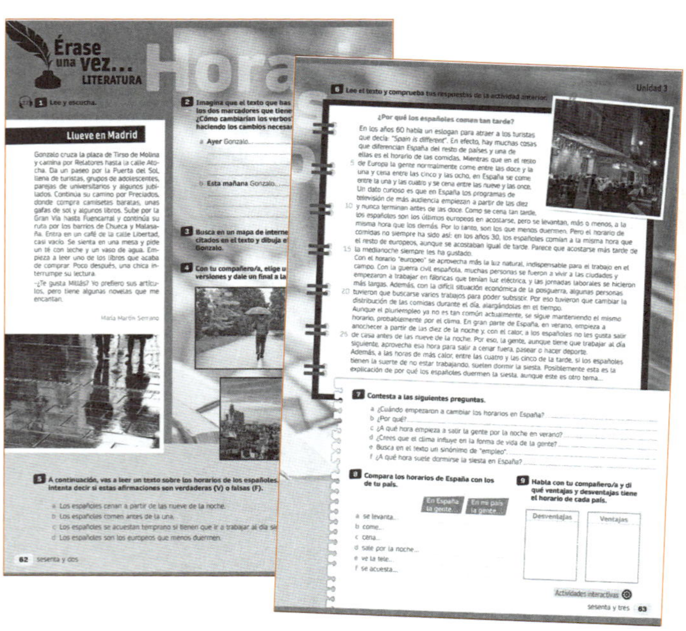

Sección: *Érase una vez (Literatura)*

Este apartado consiste en la explotación de un texto literario o relato a partir del cual se realizarán una serie de actividades. Los textos, de autores hispanos y de diferentes géneros literarios, están relacionados con los contenidos tratados a lo largo de la unidad y aporta información adicional.
Todos los textos están grabados para trabajar también la comprensión auditiva.
Al estudiante se le dan, además, herramientas complementarias que ayudan a la comprensión del texto, como actividades de léxico o de interpretación del mismo.
Una vez que el aprendiente ha comprendido perfectamente el texto con todas las ayudas indicadas, tendrá que trabajar con él realizando una serie de ejercicios que pretenden facilitar la comprensión lectora, la consolidación de los contenidos léxicos, gramaticales y funcionales aprendidos en la lección y trabajar la expresión escrita y la interacción oral.

Me preparo para el DELE

¡Me lo sé!

Para la **evaluación del aprendizaje**, se han incluido:

- **actividades de preparación al DELE**, concebidas según el modelo de las pruebas de examen de cada nivel;
- **actividades de evaluación** con puntuación, que se realiza de forma autónoma.

En la sección *Ahora soy capaz de...* se requiere que el estudiante demuestre, con sus propios ejemplos o explicaciones, qué ha aprendido en la unidad.

Referencias al juego *Spanish Blogger.*

Sección: *Me preparo para el DELE*

Esta sección tiene como objetivo la evaluación final del alumno, al mismo tiempo que se familiariza con las pruebas de examen de DELE, y que pueda prepararse para obtener el *Diploma oficial de español como lengua extranjera* (DELE).
Para ello se han seguido los modelos oficiales de examen, según el *Marco común europeo de referencia*. En cada unidad se practicará uno o dos tipos de prueba que el estudiante puede encontrar en un examen real; si bien hay que tener en cuenta que, aunque sean ejercicios del mismo tipo, trabajarán los contenidos de las unidades del libro y serán más breves.
Conviene que, al tratarse de una preparación de un examen, las actividades se realicen individualmente y en un tiempo determinado.

Sección: *¡Me lo sé! (Evaluación)*

La unidad finaliza con la evaluación de todos los contenidos trabajados a lo largo de la unidad. Son actividades en las que se evalúan principalmente las funciones, la gramática y el léxico vistos.
Los ejercicios se presentan en formato de test o examen, ya que su fin es la evaluación por parte del profesor. Al mismo tiempo se incorpora el apartado "Ahora soy capaz de..." que permite la autoevaluación o repaso por parte de los estudiantes.
Como complemento a este apartado, en algunos niveles el profesor va a encontrar en la plataforma educativa diferentes test (test de recuperación, profundización y verificación) para evaluar el aprendizaje de sus estudiantes.
Se incorpora al final de la unidad el videojuego narrativo ***Spanish Blogger*** (niveles A1, A2.1., A2.2. y B1.1.) o ***Spanish.org*** (nivel B1.2) para seguir practicando lo aprendido de una manera lúdica y divertida.

Cada uno de los contenidos de la unidad se refuerzan con **actividades interactivas** y con los ejercicios complementarios del **libro de ejercicios.**

Comunicación	Vocabulario	Gramática
UNIDAD 0. ¡Volvemos a vernos! PÁG. 10		
• Narrar acciones cotidianas • Contar una anécdota • Dar órdenes	• El clima • Expresiones de la jerga juvenil • Los viajes y las vacaciones	• *Estar* + gerundio • *Ser/estar* • *Ir/venir* • Imperativo • El pasado (repaso)
UNIDAD 1. ¡Ha estado genial! PÁG. 16		
• Valorar una actividad o un periodo de tiempo • Calificar algo en su grado máximo	• Actividades de ocio y tiempo libre • Viajes	• Pretérito perfecto (repaso y continuación) • Los pronombres de objeto directo (repaso) e indirecto
UNIDAD 2. Historias de la vida PÁG. 32		
• Relacionar y situar acciones en el pasado • Expresar la repetición de una acción	• Álbum de familia • Momentos históricos	• Pretérito indefinido regular e irregular (repaso)
REPASO UNIDADES 1 Y 2 PÁG. 48		
UNIDAD 3. ¡Qué curioso! PÁG. 50		
• Hablar de hechos curiosos y contar anécdotas • Describir experiencias personales	• Los jóvenes y el tiempo libre • Curiosidades	• Contraste pretérito perfecto e indefinido • Los pronombres y adjetivos indefinidos
UNIDAD 4. Había una vez PÁG. 66		
• Pedir disculpas y justificarse • Aceptar disculpas	• Los tipos de textos: cuentos, fábulas, anécdotas, noticias...	• Contraste pretérito indefinido, imperfecto y perfecto • *Soler* + infinitivo
REPASO UNIDADES 3 Y 4 PÁG. 82		
UNIDAD 5. Construyendo el futuro PÁG. 84		
• Hacer conjeturas • Hacer promesas	• El medioambiente • La política	• Futuro imperfecto • *Si* + presente + futuro
UNIDAD 6. Cosas de casa PÁG. 100		
• Pedir permiso, concederlo y denegarlo • Invitar u ofrecer • Dar consejos, órdenes e instrucciones	• Las tareas domésticas • Los deportes	• Imperativo afirmativo y negativo
REPASO UNIDADES 5 Y 6 PÁG. 116		

Apéndice gramatical PÁG. 118

Pronunciación y Ort.	Sesión de cine	Cultura	Literatura	DELE
• La acentuación		• ¿Qué sabes de nuestra cultura?		
• La coma	• *Viajar a Asturias*	• Un viaje por España	• *El Camino de Santiago* • Poema "Santiago", de Federico García Lorca	• Prueba de comprensión de lectura • Prueba de comprensión auditiva **EVALUACIÓN**
• Los signos de puntuación	• *El examen de Historia*	• Encuentro de culturas	• *El capitán Alatriste*, de Arturo Pérez-Reverte	• Prueba de expresión e interacción escritas • Prueba de compresión auditiva **EVALUACIÓN**
• Las mayúsculas	• *Esther, la bailarina*	• Historias maravillosas	• *Llueve en Madrid*, de María Martín Serrano • *¿Por qué los españoles comen tan tarde?*	• Prueba de expresión e interacción escritas • Prueba de expresión e interacción orales **EVALUACIÓN**
• La tilde en interrogativos y exclamativos	• *El misterio del pendrive*	• ¡Viva la música latina!	• *Los amantes de Teruel*	• Prueba de compresión auditiva • Prueba de expresión e interacción escritas **EVALUACIÓN**
• La acentuación	• *Visión de futuro*	• Parques nacionales de España	• *Tiempo futuro*, de Carlos Donatucci • *Viaje al futuro*	• Prueba de comprensión de lectura • Prueba de expresión e interacción escritas **EVALUACIÓN**
• La entonación	• *¡Quiero ir al concierto!*	• Normas sociales	• *Mi abuela Eva* • *Como agua para chocolate*, de Laura Esquivel	• Prueba de comprensión de lectura • Prueba de expresión e interacción orales **EVALUACIÓN**

Tabla de verbos PÁG. 124 **Glosario** PÁG. 126

Unidad 0 ¡VOLVEMOS A VERNOS!

Unidad 0: p. 10

Objetivos de la unidad

- Contar una anécdota.
- Expresiones de la jerga juvenil.
- Hablar de los viajes y las vacaciones.

Recursos del profesor

Audio
1

Cuaderno de ejercicios
Unidad 0

Unidad 0

Comunicación
- Narrar acciones cotidianas
- Contar una anécdota
- Dar órdenes

Vocabulario
- El clima
- Expresiones de la jerga juvenil
- Los viajes y las vacaciones

Gramática
- *Estar* + gerundio
- *Ser/estar*
- *Ir/venir*
- Imperativo
- El pasado (repaso)

Pronunciación y ortografía
- La acentuación

Cultura
- ¿Qué sabes de nuestra cultura?

¿Qué ves?

1 **Carlos y Lucía se reencuentran en el instituto después de sus vacaciones. ¿Qué ha hecho cada uno? Ordena las palabras para averiguarlo.**

Carlos: Fui / a / haciendo / estuve / Pirineos / los / senderismo / y

Lucía: Fui / y / Tarifa / playas / estuve / a / de / haciendo / las / surf

Carlos Fui ....

Lucía Fui ....

2 **Completa el diálogo de Carlos y Lucía con las siguientes expresiones coloquiales. Después, escucha y comprueba.**

por la cara ▪ es una pasada ▪ nos mosqueamos ▪ qué va ▪ mogollón de ▪ a ver, cuéntame ▪ no te pongas así

Carlos: ¡Hola, Lucía! ¿Qué tal tus vacaciones?
Lucía: ¡Genial! Estuve en las playas de Tarifa haciendo surf.
Carlos: ¿¡Surf!? No sabía que practicabas surf.
Lucía: Sí, a es una pasada. Las playas son fantásticas y lo mejor es que he conocido a b mogollón de gente joven de muchos países.
Carlos: ¡Qué suerte!
Lucía: ¿Y tú? c A ver, cuéntame. Fuiste a los Pirineos, ¿no? Seguro que te lo pasaste en grande.
Carlos: ¡d Qué va! Ya sabes que iba con Luis y Javier, pero al final también vino el primo de Luis e por la cara. ¡No pagó nada! Al final f nos mosqueamos Luis y yo por su culpa.
Lucía: Bueno, hombre, g no te pongas así, seguro que pronto hacéis las paces.
Carlos: Sí, pero no vuelvo a ir con ellos...

10 diez

1
Carlos: Fui a los Pirineos y estuve haciendo senderismo; **Lucía:** Fui a las playas de Tarifa y estuve haciendo surf.

Nota cultural.
Tarifa (Cádiz) es una localidad al sur de España. Está en la parte más angosta del estrecho de Gibraltar, justo donde se unen las aguas del Mediterráneo con el Atlántico. Siempre sopla mucho viento, por lo que sus playas son ideales para los amantes del surf.

1
Antes de comenzar, explique a los estudiantes que en esta unidad 0 verán contenidos ya estudiados en el nivel anterior. Pídales que observen las imágenes e intenten imaginar dónde están los chicos que aparecen en ella, qué relación tienen entre sí y de qué están hablando. De esta forma se sondean los conocimientos previos de los estudiantes.

2
Antes de escuchar la audición, pida a los alumnos que comprueben sus respuestas en parejas.

3 ¿Y tú? ¿Dónde fuiste en las últimas vacaciones? Habla con tu compañero/a.

4 Estas personas están disfrutando de sus vacaciones. Completa las frases, como en el ejemplo, y relaciónalas con la imagen correspondiente.

a [10] Está leyendo .... (leer) un libro.
b [3] .... (dormir) la siesta.
c [9] .... (ir) a los servicios.
d [8] .... (vestirse).
e [7] .... (construir) un castillo.
f [2] .... (bañarse).
g [5] .... (comerse) un helado.
h [6] .... (hacer) una foto.
i [1] .... (tomar) el sol.
j [4] .... (salir) del agua.

5 Observa los dibujos y completa los textos sobre el tiempo atmosférico.

a En ...primavera...
...llueve... pero también ...hace... sol, hace más ...calor... que en invierno, pero menos que en verano.

b En ...verano...
...hace... muy ...buen... tiempo y mucho calor, normalmente ...estamos... a más de 30 grados.

c En ...otoño...
...hace... ...mal... tiempo, hace mucho ...viento..., algunos días llueve o ...está... nublado.

d En ...invierno...
hace mucho ...frío..., a veces llueve y otros días incluso ...nieva...

Cuaderno de ejercicios p. 4

Unidad 0: p. 11

Objetivos

- Describir acciones que están ocurriendo.
- Hablar del clima.

4

a. 10, Está leyendo; **b.** 3, Está durmiendo; **c.** 9, Está yendo; **d.** 8, Se está vistiendo/Está vistiéndose; **e.** 7, Está construyendo; **f.** 2, Está bañándose/Se está bañando; **g.** 5, Se está comiendo/Está comiéndose; **h.** 6, Está haciendo; **i.** 1, Está tomando; **j.** 4, Está saliendo.

3

A modo de explotación adicional pida a los alumnos que, como tarea para casa, realicen esta actividad por escrito. De esta manera, evalúa su competencia escrita.

4

Antes de realizar la actividad, pida un voluntario para realizar el siguiente juego: dele a un alumno una frase, por ejemplo: *Tarzán está comiendo un plátano*. El alumno tiene que representar la acción y los demás estudiantes tienen que adivinar la frase. Pregunte a los estudiantes: *¿Quién es vuestro compañero y qué está haciendo?* Cuando adivinen la frase, escríbala en la pizarra y pregúnteles si se acuerdan de qué estructura se trata (*estar* + gerundio) y cuándo se usa (cuando es una acción que está pasando en ese momento).

5

Antes de que empiecen a realizar el ejercicio, dígales que primero completen las cuatro estaciones del año. A continuación, pregúnteles cuáles son las características principales de estas estaciones.

Cuando ya han recordado el vocabulario del tiempo atmosférico, proceda a realizar la actividad. En el momento de corregir, deles las palabras desordenadas y déjeles unos minutos para que comprueben si han usado esos mismos términos. Finalmente, haga una corrección conjunta.

Cuaderno de ejercicios p. 4
Actividades 0.1. y 0.2.

Unidad 0: p. 12

EL PASADO

Objetivos

- Contar una anécdota.
- Hablar de los viajes y las vacaciones.

Nota cultural.

Las ferias son fiestas que tienen lugar en ciudades y pueblos de España. Pueden ser un mercado que se monta ciertos días del año para la venta de determinados productos, o también se entiende como las instalaciones recreativas que se montan por motivo de determinadas fiestas (circos, puestos de ventas, atracciones, lugares con música...).

2

Pretérito perfecto: lo he pasado (pasarlo); ha dicho (decir); he estado (estar); he vuelto (volver); he escrito (escribir); he hecho (hacer).

Pretérito indefinido: decidieron (decidir); llegué (llegar); gustó (gustar); me aburrí (aburrirse); tuve (tener); fue (ser); conocí (conocer); nos hicimos (hacerse); fuimos (ir); nos encontramos (encontrarse); estuvimos (estar); nos divertimos (divertirse); pidió (pedir).

REPASO

EL PASADO

1 **Lee la postal que escribió Elena a su amiga Sara el último día de sus vacaciones. Fíjate en los verbos que aparecen resaltados.**

¡Hola, Sara!

¿Qué tal tus vacaciones? ¡Este verano me lo he pasado genial! Ya sabes que mis padres decidieron ir al pueblo de mis abuelos. Cuando llegué no me gustó nada el sitio. Los primeros días me aburrí mucho y, además, tuve que ir con mis padres a visitar a toda la familia, fue un rollo. Por suerte, hace dos semanas conocí a Fani, la nieta de los vecinos de mis abuelos, y desde ese día nos hicimos muy amigas. El viernes pasado fuimos a la feria del pueblo y nos encontramos a sus primos, estuvimos todo el rato con ellos y nos divertimos muchísimo. El mayor, Jorge, ¡es guapísimo! Creo que me gusta. Esta mañana Fani me ha dicho que yo también le gusto y que ayer le pidió mi correo electrónico.

Hoy es mi último día en el pueblo, así que he estado toda la mañana en la piscina con Fani, y después he vuelto a casa y os he escrito a todos.

Ahora te dejo porque quiero despedirme de todo el mundo y ¡todavía no he hecho la maleta!

Me da pena irme, pero también tengo ganas de empezar el curso para veros.

¡¡Muchos besos!! ¡Hasta pronto!

Elena

Sara Martínez Pedrosa

Avda. Reina Victoria, 123, 4. E

28003 Madrid

2 **Escribe los verbos del texto en el recuadro correspondiente según el tiempo del pasado en el que están. Después, escribe el infinitivo de cada verbo.**

Pretérito perfecto	Pretérito indefinido
lo he pasado → pasar(lo)	decidieron → decidir

3 **¿Cuándo se usan estos tiempos del pasado? Completa.**

- Utilizamos el pretérito ......indefinido...... para hablar de acciones pasadas en un tiempo terminado.
- Utilizamos el pretérito ......perfecto...... para hablar de acciones pasadas en un tiempo no terminado o en relación con el presente.

12 doce

1

Recomiende hacer una lectura conjunta para resolver las posibles dudas de vocabulario. Después, pregunte a los estudiantes si recuerdan cómo se llaman los dos tiempos que aparecen resaltados: *pretérito perfecto* y *pretérito indefinido*.

Como sugerencia, pida a los alumnos que, como si ellos fueran Sara, escriban la respuesta a la carta de Elena, contándole lo que ha hecho ella en sus vacaciones y haciéndole preguntas a Elena para mostrar interés. Si lo cree oportuno, puede aprovechar esta actividad para enseñar o repasar cómo se escribe una carta.

2

Recomiéndeles hacer una lectura individual antes de realizar la actividad.

Como actividad adicional, después de la corrección y sin mirar el libro, los alumnos tienen que reconstruir la historia de Elena utilizando la tercera persona. Por último, en parejas, comprueban sus escritos para ver quién ha recordado mejor todos los datos de la carta.

3

Pida a los estudiantes que busquen en la carta de Elena algún ejemplo de cada tiempo y justifiquen su uso. Haga la corrección en grupo clase.

Unidad 0: p. 13

Objetivo

- Practicar el pretérito indefinido y el pretérito perfecto.

4 **Completa el crucigrama con los verbos en pretérito indefinido y descubrirás la palabra secreta.**

1	v i n e
2	t r a j e r o n
3	h i c e
4	t r a d u j o
5	c o n d u j i s t e
6	d i j i s t e i s
7	d u r m i o
8	a n d u v i m o s
9	l e y e r o n
10	f u i m o s

Palabra secreta: vacaciones.

1 1.ª persona singular del verbo *venir*.
2 3.ª persona plural del verbo *traer*.
3 1.ª persona singular del verbo *hacer*.
4 3.ª persona singular del verbo *traducir*.
5 2.ª persona singular del verbo *conducir*.
6 2.ª persona plural del verbo *decir*.
7 3.ª persona singular del verbo *dormir*.
8 1.ª persona plural del verbo *andar*.
9 3.ª persona plural del verbo *leer*.
10 1.ª persona plural del verbo *ir*.

5 **Completa las frases conjugando en pretérito perfecto los verbos entre paréntesis.**

a Este verano hemos hecho (hacer, nosotros) muchas excursiones al campo.
b Hace un rato he visto (ver, yo) a Luis en la cafetería.
c ¿Has estado (Estar, tú) alguna vez en Ibiza?
d Este fin de semana me he puesto (ponerse, yo) morena porque he ido (ir, yo) a la playa.
e Siempre han querido (querer, ellos) viajar en barco pero nunca lo han hecho (hacer).
f El viento ha abierto (abrir) la ventana y se ha roto (romperse) el cristal.
g Este año habéis vuelto (volver, vosotros) de vacaciones antes que el año pasado.

6 **Corrige el error de cada frase.**

a Ayer ~~feu~~ al cine con mis amigos.
Ayer fui al cine con mis amigos.
b El año pasado me lo pasamos genial en el campamento.
c En verano, mi hermano leió más de ocho novelas.
d En 1992 Barcelona celebraron los Juegos Olímpicos.
e Candela hice una fiesta en su casa.

Cuaderno de ejercicios p. 4 y 5

6

a. Ayer **fui** al cine con mis amigos; **b.** El año pasado **nos** lo pasamos genial en el campamento; **c.** En verano, mi hermano **leyó** más de ocho novelas; **d.** En 1992 Barcelona **celebró** los Juegos Olímpicos; **e.** Candela **hizo** una fiesta en su casa.

4

Después de corregir la actividad y, a modo de repaso, diga a los alumnos que, en parejas, clasifiquen los verbos del crucigrama en regulares o irregulares. Cuando se den cuenta de que todos son irregulares, anímelos a que digan en qué tipo de irregularidad los clasificarían.

5

Después de realizar la actividad, repase la forma del pretérito perfecto y clasifique los ejemplos en regulares e irregulares.

También los estudiantes pueden hablar sobre algo que hayan hecho *este verano*, *hace un rato*, *alguna vez*, etc.

6

Antes de la corrección de la actividad en grupo clase, los alumnos pueden comparar sus respuestas en parejas y discutir sobre las mismas en caso de que no coincidan.

Como actividad adicional, proponga una subasta de frases. Divida la clase en cuatro grupos y dele a cada uno de ellos 300 puntos. Empiece vendiendo cada frase por 50 puntos, y cada grupo tiene que ir apostando para adquirir la frase. De esta manera, cada frase va aumentando su valor según las apuestas de cada grupo. El grupo que adquiera la frase y la corrija correctamente gana un punto.

Cuaderno de ejercicios p. 4 y 5
Actividades 0.3., 0.4. y 0.5.

Unidad 0: p. 14

UN POCO MÁS

Objetivos

- Contraste *ser/estar* e *ir/venir*.
- Revisar la acentuación.
- Expresar acciones habituales en el pasado.

Un poco más

1 **Elige la opción correcta.**

a Madrid es / **está** la capital de España.
b El avión es / **está** más rápido que el tren.
c **Soy** / Estoy muy contento porque este año voy de vacaciones a la playa.
d En esta época del año siempre **es** / está nublado.
e ¿**Eres** / Estás cansado?
f Mi hermano es / **está** más alto que yo.
g Los libros **son** / están encima de la mesa.

2 **Completa la siguiente conversación telefónica con los verbos *ir* y *venir*.**

Daniel: ¿Sí?
Alberto: Hola, te llamo para saber a qué hora podemos a ....ir.... a tu casa para ver el partido.
Daniel: ¡Podéis b ....venir.... cuando queráis!
Alberto: ¿Puede c ....ir.... también mi primo Javi?
Daniel: ¡Claro que puede d ....venir....!
Alberto: Muy bien, entonces e ....vamos.... sobre las seis.

3 **Lee el siguiente texto y pon las tildes que faltan.**

Después de todo un año preparando el viaje por fin ya teníamos la mochila en la espalda y los billetes en la mano. Hacía mucho tiempo que María y yo soñábamos con ese día. Estábamos muy nerviosas porque era nuestro primer viaje solas, sin nuestros padres. En la estación nos esperaban cuatro amigas más. Todas juntas íbamos a hacer el interrail por Italia y Francia. El tren ya estaba en la vía esperándonos. Nuestro vagón era el último. Por suerte, los asientos eran muy cómodos, ya que era un viaje largo. Desde la ventana veía a nuestras familias diciéndonos adiós. El tren cerraba sus puertas, nuestra aventura comenzaba...

4 **En el texto anterior aparece otro tiempo del pasado: el pretérito imperfecto. Escribe las formas que faltan.**

	ir	ser	ver	soñar	tener
yo	iba	era	veía	soñaba	tenía
tú	ibas	eras	veías	soñabas	tenías
él/ella/usted	iba	era	veía	soñaba	tenía
nosotros/as	íbamos	éramos	veíamos	soñábamos	teníamos
vosotros/as	ibais	erais	veíais	soñabais	teníais
ellos/ellas/ustedes	iban	eran	veían	soñaban	tenían

14 catorce

1

Después de corregir la actividad y, a modo de repaso, pida a los alumnos que, en parejas, decidan cuál es el uso de *ser/estar* en cada caso y que intenten escribir otro ejemplo con el mismo uso. Después, corrija en grupo clase para confirmar que los usos de *ser/estar* han quedado asimilados.

En el caso de la frase **f**, dígales que serían posibles las dos opciones. Con el verbo *ser*, en este ejemplo, se expresa una cualidad que consideramos permanente, frente al verbo *estar*, que indicaría que es una cualidad que percibimos como momentánea.

2

Antes de realizar la actividad, escriba en la pizarra: *¿Vas ir al instituto? / ¿Vas a venir al instituto?* Pregunte qué diferencia creen que hay entre las dos frases. La respuesta que se espera es que en la primera frase la persona que formula la pregunta no está en el instituto y en la segunda sí. A continuación, dígales que se fijen en las imágenes de la actividad y que digan dónde piensan que están los chicos que aparecen en ellas. Una vez quede claro que no están en el mismo lugar, pídales que realicen la actividad.

Después de la corrección, los alumnos pueden crear nuevos diálogos donde tengan que usar los verbos *ir* y *venir*.

3

Proyecte el texto para facilitar la corrección y poder hacer un repaso de las reglas de acentuación al mismo tiempo.

Como actividad de expresión oral, pregunte a los alumnos si han viajado alguna vez sin sus padres, dónde fueron, cómo fue el viaje, cómo se lo pasaron...

4

Antes de realizar la actividad, pida a los alumnos que se fijen en los verbos que aparecen en el texto, si recuerdan cómo se llama este tiempo y para qué se usa.

5 **Observa las ilustraciones. Imagínate que eres la profesora de este alumno. Dale las órdenes correspondientes usando los siguientes verbos en imperativo.**

cerrar ▪ abrir ▪ ~~salir~~ ▪ coger ▪ quitarse ▪ sentarse

a Sal a la pizarra.
b Abre la ventana.
c Coge el libro
d Siéntate bien.
e Cierra la puerta.
f Quítate la gorra.

6 **Vamos a jugar.**

¿Qué sabes de nuestra cultura?

INSTRUCCIONES:

- Convierte los enunciados en preguntas para hacérselas a tu compañero/a.
- Una pregunta por turno. Si responde correctamente, gana un punto.
- El primero en descifrar el texto final ¡gana un punto extra!

Jugador A

Respuestas: 1 b, 2 c, 3 a, 4 b.

1 El ratón que te deja dinero cuando se te cae un diente se llama...
a Melchor.
b Pérez.
c Valentín.

2 Las corridas de toros están prohibidas en...
a Madrid y Cataluña.
b País Vasco y Cataluña.
c Canarias y Cataluña.

3 El Camino de Santiago termina en...
a la Catedral de Santiago.
b La Coruña.
c la Universidad de Santiago.

4 Con el "quipu", los incas...
a comunicaban información comercial.
b enviaban mensajes.
c se comunicaban con sus antepasados.

Jugador B

Respuestas: 1 c, 2 b, 3 a, 4 a.

1 El Cono Sur está formado por...
a Paraguay, Argentina, Chile y Uruguay.
b Paraguay, Colombia, Chile y Uruguay.
c Argentina, Chile, Brasil y Uruguay.

2 Las alpacas son animales muy útiles en...
a Cuba.
b Bolivia.
c México.

3 Si quiero viajar barato y no me importa compartir habitación tengo que ir a...
a un albergue.
b una casa rural.
c un balneario.

4 Los Reyes Magos se celebran...
a el 6 de enero.
b El 25 de diciembre.
c el 1 de enero.

¡PUNTO EXTRA!: K tal? Qdms ste find? Tnems k abla. Llamm! A2. Bss.

¿Qué tal? ¿Quedamos este finde? Tenemos que hablar. ¡Llámame! Adiós. Besos.

Cuaderno de ejercicios p. 5

Unidad 0: p. 15

Objetivos

- Dar órdenes.
- Revisar aspectos culturales.

5

Antes de realizar la actividad, dé algunas órdenes a varios alumnos como: *Carol, cierra el libro*; *Albert, sal a la pizarra* o *Emma, déjame tu libreta*. A continuación, pregunte qué acaba de hacer con las frases que ha dicho. Se espera que la respuesta sea "dar órdenes". Después, pregúnteles si recuerdan con qué forma verbal se dan las órdenes en español (con el imperativo). Posteriormente, se realiza la actividad. Si lo cree oportuno, puede recordar la formación de este tiempo verbal.

Como actividad adicional, pida que cada alumno escriba en un papel en blanco alguna orden que se pueda realizar en clase como: *Quítate un zapato y mételo en tu mochila*. Divida la clase en pequeños grupos y deles los papeles de otros estudiantes. Así, de forma rotativa, en cada grupo un alumno tiene que cumplir la orden dada y el resto adivinarla y escribirla. El grupo que antes adivine las órdenes que les hayan tocado y las escriba correctamente será el ganador.

6

Actividad que revisa los contenidos culturales del nivel anterior. En parejas, cada estudiante contesta a sus preguntas y comprueba sus aciertos en la parte inferior de su tarjeta. A continuación, le hace estas preguntas a su compañero/a convirtiendo estas frases enunciativas en interrogativas. Cada pregunta acertada vale un punto. Una vez que hayan respondido a todas las preguntas, deben escribir la frase final correctamente para ganar otro punto más. Finalmente, se suman todos los puntos y gana el jugador que haya obtenido mayor puntuación.

Para trabajar la formulación de preguntas, pídales que escriban en su cuaderno las mismas que han hecho y, después, corríjalas en grupo clase. También proponga que, siguiendo el modelo del libro, elaboren otras fichas con diferentes preguntas de cultura que hayan aprendido o que sepan de España e Hispanoamérica para volver a jugar en parejas.

Cuaderno de ejercicios p. 5
Actividad 0.6.

Unidad 1 ¡HA ESTADO GENIAL!

Unidad 1: p. 16

Objetivos de la unidad

- Conocer el tema de la unidad y a los personajes del diálogo.
- Revisar el léxico de la unidad anterior.

Recursos del profesor

Materiales fotocopiables
1.1. a 1.4.

Material proyectable
1.1.

Audios
2 a 8

Vídeos
- Serie: *Viajar a Asturias*
- *Videogramas*:
  - *El pretérito perfecto*
  - *Los pronombres de objeto directo e indirecto*
- *Casa del español*:
  - *Hablar de experiencias de viajes*
- *¡Acción!*: *Un hotel con* jacuzzi

Cuaderno de ejercicios
Unidad 1

Actividades interactivas
1.1. a 1.12.

Spanish Blogger
Misión 14: *El Día de San Valentín*

2
1. e; 2. c; 3. f; 4. b; 5. a; 6. d.

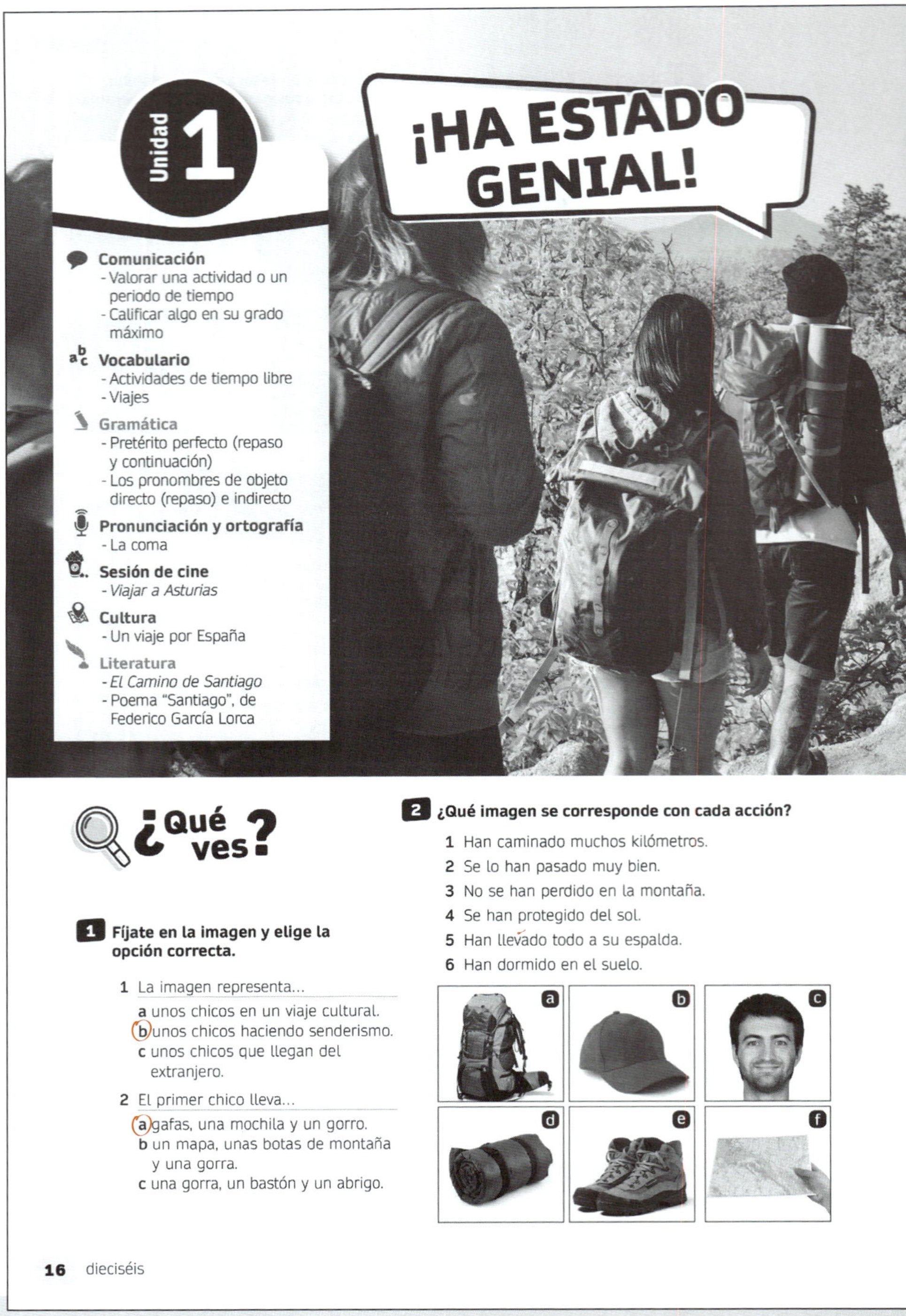

Unidad 1 ¡HA ESTADO GENIAL!

Comunicación
- Valorar una actividad o un periodo de tiempo
- Calificar algo en su grado máximo

Vocabulario
- Actividades de tiempo libre
- Viajes

Gramática
- Pretérito perfecto (repaso y continuación)
- Los pronombres de objeto directo (repaso) e indirecto

Pronunciación y ortografía
- La coma

Sesión de cine
- *Viajar a Asturias*

Cultura
- Un viaje por España

Literatura
- *El Camino de Santiago*
- Poema "Santiago", de Federico García Lorca

¿Qué ves?

1 **Fíjate en la imagen y elige la opción correcta.**

1 La imagen representa...
a unos chicos en un viaje cultural.
b unos chicos haciendo senderismo.
c unos chicos que llegan del extranjero.

2 El primer chico lleva...
a gafas, una mochila y un gorro.
b un mapa, unas botas de montaña y una gorra.
c una gorra, un bastón y un abrigo.

2 **¿Qué imagen se corresponde con cada acción?**

1 Han caminado muchos kilómetros.
2 Se lo han pasado muy bien.
3 No se han perdido en la montaña.
4 Se han protegido del sol.
5 Han llevado todo a su espalda.
6 Han dormido en el suelo.

a b c d e f

16 dieciséis

1

Escriba en la pizarra la expresión *ir de acampada* y pida a los alumnos que digan todas las palabras que puedan estar relacionadas con esta actividad. Vaya anotando en la pizarra todas las palabras que digan los estudiantes. A continuación, utilice el Material fotocopiable 1.1.

Material fotocopiable 1.1. *De acampada*

En las tarjetas de este material aparecen imágenes de algunos objetos que podemos llevar de acampada.

Muéstrelos o péguelos en la pizarra. Los estudiantes tendrán que buscar la tarjeta con el nombre de cada objeto para relacionarlo con la imagen. Puede hacer grupos para que se pongan de acuerdo entre todos a la hora de seleccionar la palabra correcta.

2

En esta actividad los estudiantes van a imaginar qué han hecho los chicos en la acampada. Deben relacionar las frases con la imagen correcta.

Además de las frases presentadas, puede pedirles que imaginen otras cosas que han podido o no han podido hacer en la acampada y que las escriban en su cuaderno.

Comenzamos con un diálogo

3 Escucha el diálogo y contesta a las preguntas.

a ¿Qué ha hecho Paco en la montaña? ➜ ....
b ¿Cómo se lo ha pasado Marta? ➜ ....
c ¿Quién crees que es Javi? ➜ ....
d ¿Cuál ha sido la mejor experiencia de Paco en la montaña? ➜ ....
e ¿Cuál es el consejo que se desprende del diálogo? ➜ ....

4 Lee ahora el diálogo y comprueba. Luego prepara algunas preguntas para hacer a tu compañero/a.

Paco: ¡Hola, Marta! ¿Qué tal el finde?
Marta: Bueno, un poco aburrido. He estado estudiando para el examen de Historia y casi no he salido. Y tú, ¿has hecho algo interesante?
Paco: ¡Yo me lo he pasado genial! Hemos estado de acampada en la sierra.
Marta: ¡Qué suerte! ¿Con quién has ido?
Paco: Con mi vecino y su hermano mayor, que es un experto montañero. Él nos ha enseñado a montar solos una tienda de campaña y a usar el mapa y la brújula para no desorientarnos en el campo.
Marta: ¡Qué divertido! Y, ¿dónde habéis dormido?
Paco: Pues en las tiendas, en nuestros sacos de dormir. Lo mejor de la excursión es que hemos visto una lluvia de estrellas por la noche. ¡Ha sido impresionante!
Marta: ¿Y no os ha dado miedo encontraros con animales salvajes?
Paco: ¡No, hombre, no! Además, con Javi nunca pasamos miedo, él sabe qué hacer en todo momento.
Marta: Claro, es verdad. Mi padre siempre dice que a la montaña hay que ir con alguien experimentado.
Paco: Sí, tu padre tiene razón. La montaña es fantástica, pero también peligrosa.
Marta: ¡Qué envidia! ¡Para la próxima me apunto! Y... ya que yo no me lo he pasado tan bien, ¡espero al menos aprobar el examen de Historia!

5 Escribe, siguiendo el ejemplo, qué han hecho Paco y Marta el fin de semana.

Posibles respuestas

a Paco ha aprendido a utilizar el mapa y la brújula.

b Paco ha aprendido a montar una tienda de campaña.

e Paco ha visto una lluvia de estrellas por la noche.

c Marta ha estado estudiando para un examen.

d Paco ha dormido al aire libre en su saco de dormir.

Actividades interactivas

Unidad 1: p. 17

COMENZAMOS CON UN DIÁLOGO

Objetivos

- Comprender un diálogo oral y escrito.
- Hablar de acciones de un pasado reciente o no terminado.

2

a. Ha estado de acampada en la sierra; **b.** No muy bien, se ha aburrido porque ha tenido que estudiar; **c.** El hermano mayor del vecino de Paco; **d.** Que han visto una lluvia de estrellas por la noche; **e.** Que a la montaña hay que ir con alguien experimentado porque puede ser peligroso.

3

Explique a los alumnos que van a escuchar a Paco, uno de los chicos que han visto en la foto, contando su fin de semana a su amiga Marta. Como sugerencia, pídales que cierren el libro para que solo escuchen y no lean la transcripción que aparece en el siguiente ejercicio. Después, contestan a las preguntas y leen el texto para comprobar las respuestas.

4

En esta actividad se vuelve a leer el diálogo. Decida ahora si escuchan otra vez la audición o no. Después, los estudiantes preparan otras preguntas relacionadas con el texto para hacer a su compañero/a.

5

En esta actividad los estudiantes deben escribir debajo de cada foto qué han hecho Paco o Marta el fin de semana. Si lo necesitan, pueden volver a leer el diálogo de la actividad 4.

Actividades interactivas
Fin de semana

Unidad 1: p. 18

HABLAR POR HABLAR

Objetivo

- Valorar una actividad o un periodo de tiempo.

Hablar por hablar COMUNICACIÓN

VALORAR UNA ACTIVIDAD O UN PERIODO DE TIEMPO

■ Para preguntar y responder sobre una **valoración** de una actividad en particular o un periodo de tiempo en general usamos:

- *¿Cómo (te) ha ido el viaje?*
- *¿Qué tal (te) lo has pasado?*
- *¿Qué tal (te) ha ido (el viaje)?*
- *¿Cómo (te) lo has pasado?*

Ha sido...		Lo he pasado...	Ha estado...	
genial	horrible	de miedo	de miedo	Ni fu ni fa.
fantástico	terrible	genial	superbién	Regular.
estupendo	un rollo	estupendamente	muy bien	Más o menos.
divertidísimo	aburridísimo	superbién	guay	
muy divertido	un desastre...	muy bien	bien	
		muy mal	mal	
		fatal...	muy mal...	

1 **Completa los diálogos y relaciónalos con las imágenes que aparecen.**

Fatal ▪ ¡Ha sido genial! ▪ Ni fu ni fa

Diálogo A

Natalia: ¿Qué tal el finde con María?
Jorge: ¡Bah! Ni fu ni fa, hemos hecho lo de siempre: dar una vuelta y mirar tiendas. ¿Y tú?
Natalia: Yo he ido a ver una peli y ha estado bien.

Diálogo B

Sergio: ¿Cómo te ha ido la excursión?
Alberto: Fatal, ¡nos ha pasado de todo! Entre otras cosas, el conductor se ha equivocado de ruta y nos ha llevado a otro pueblo...
Sergio: Sí, es verdad. En el insti me han dicho que ha sido un desastre.

Diálogo C

Diana: ¿Vas a volver el año que viene al campamento de verano?
Sonia: ¡Por supuesto! ¡Ha sido genial!
Diana: Sí, yo también pienso volver.

1 C

2 A

3 B

3 **2** **Escucha y comprueba tus respuestas.**

3 **Habla con tu compañero/a. ¿Qué tal el fin de semana?**

Cuaderno de ejercicios p. 6 y 7

1

Después de leer el cuadro comunicativo, haga preguntas a los estudiantes para que valoren determinadas actividades como, por ejemplo: *¿Qué tal ha ido el examen? ¿Cómo ha ido la clase anterior? ¿Qué tal lo has pasado en el recreo?*, etc. A continuación, realizan la actividad 1, donde tienen que completar los textos con la opción correcta. Después, invítelos a que relacionen los diálogos con la imagen correspondiente.

2

En esta actividad, escuchan los diálogos y comprueban sus respuestas al ejercicio anterior.

3

Los estudiantes hacen la actividad en parejas, se cuentan qué han hecho el fin de semana valorando las distintas actividades que han realizado. Para la corrección de la actividad, vaya preguntando qué actividades han hecho sus compañeros este fin de semana y anótelas en la pizarra. Luego, puede hacer una encuesta preguntando qué tal lo pasaron al hacer cada actividad y dibujando ☺ o ☹ al lado de esa actividad. Los estudiantes pueden escribir en sus cuadernos las conclusiones finales de esta encuesta.

Si lo desea, proyecte el vídeo de Casa del español para ver cómo la gente de la calle habla de sus viajes.

Casa del español
Hablar de experiencias de viajes

Cuaderno de ejercicios p. 6 y 7
Actividades 1.1. a 1.6.

CALIFICAR ALGO EN SU GRADO MÁXIMO

■ En español existen dos formas de expresar una cualidad en su grado máximo:

- El **superlativo relativo** (cuando se compara una cualidad con un grupo):
  - *Ana es **la más** alta **de** la clase.* – *Juan es **el menos** listo **de** la clase.*
  - *Ana y Marta son **las más** altas **de** la clase.* – *Juan y Paco son **los menos** listos **de** la clase.*
- El **superlativo absoluto** (cuando se expresa una cualidad sin compararlo con nada):
  - *Ana es alt**ísima**.* – *Juan es list**ísimo**.*
  - *Ana y Marta son alt**ísimas**.* – *Juan y Paco son list**ísimos**.*

Ver **Apéndice gramatical** p. 118

4 **Fíjate en estos recuerdos que se ha traído Albert de su viaje a España. Califícalos con los siguientes adjetivos. ¿Coincides con tu compañero/a?**

- El abrecartas es utilísimo / es el más útil de todos.

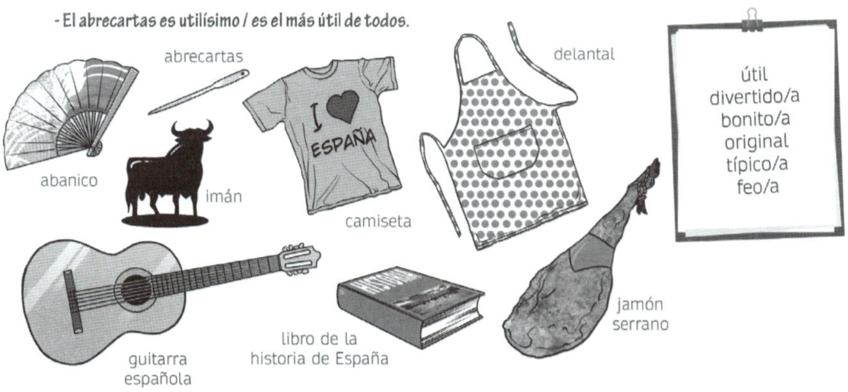

5 **Relaciona las dos columnas.**

1 Pedro es listísimo, — a nos reímos mucho con él.
2 María es altísima, — b siempre gana los campeonatos.
3 Juan es divertidísimo, — c saca muy buenas notas.
4 Paula es buenísima en tenis, — d mide 1,76 m.

6 **¿Conoces bien a tu compañero/a? Hazle preguntas, como en el ejemplo, para saber quién de vosotros dos es...**

a El más dormilón. → ¿Cuántas horas duermes al día?
b El más deportista. → ¿Cuántos deportes practicas?
c El más comilón. → ¿Cuántas veces comes al día?
d El más estudioso. → ¿Cuántas horas estudias al día?

Cuaderno de ejercicios p. 7 Actividades interactivas

Unidad 1: p. 19

HABLAR POR HABLAR

Objetivo

- Expresar una cualidad en su grado máximo.

Nota gramatical.
Los adjetivos que terminan en *–ista* en español no cambian de género: *el/la más deportista.*

4

Después de ver el cuadro comunicativo donde se explica cómo calificar algo en su grado máximo, se hace esta actividad donde los alumnos califican los objetos que Albert ha comprado en su viaje a España. Los estudiantes votan cuál es el más útil, cuál es el más divertido... También puede pedirles que escriban por qué piensan eso. Por ejemplo: *El abrecartas es utilísimo porque lo puedes usar diariamente con el correo de casa.*

5

Antes de la corrección en grupo clase, los estudiantes pueden comprobar sus respuestas con las de su compañero/a.

6

Los estudiantes escriben las preguntas para averiguar quién es el más dormilón, el más deportista, etc. de la clase. Después, hablan en parejas o en grupos de cuatro. Como sugerencia, los alumnos pueden escribir en sus cuadernos estos cuatro adjetivos y otros cuatro más para averiguar cosas diferentes sobre sus compañeros.

Si se quiere dinamizar la clase, puede dar una palmada cada dos minutos para avisarlos de que deben cambiar de compañeros.

Cuaderno de ejercicios p. 7
Actividad 1.7.

Actividades interactivas
Valorar algo y calificarlo en su grado máximo

Unidad 1: p. 20

PALABRA POR PALABRA

Objetivo

- Aprender algunas actividades de tiempo libre.

Nota de vocabulario.

Adviértales que en la opción *c* también se puede decir *ir en bicicleta*.

abc **Palabra por palabra** VOCABULARIO

Actividades de tiempo libre

1 **Observa las fotos y completa los espacios con los siguientes verbos.**

hacer ▪ jugar ▪ esquiar ▪ patinar ▪ montar ▪ ir

a ...Ir... de *camping*.

b ...Hacer... senderismo.

c ...Montar... en bicicleta.

d ...Ir... de tapas.

e ...Hacer... surf.

f ...Montar... a caballo.

g ...Esquiar... .

h ...Hacer... *puenting*.

i ...Jugar... al tenis.

j ...Patinar... .

k ...Jugar... a la consola.

l ...Jugar... al ajedrez.

2 **Escucha y comprueba.**

3 **Escribe otras actividades que te gusta hacer y que no están en el ejercicio 1.**

4 **Ahora, habla con tu compañero/a y pregúntale si ha hecho alguna vez esas actividades.**

- ¿Qué no ha hecho nunca?
- ¿Qué es lo que más veces ha hecho?
- ¿Qué es lo que más le apetece hacer en el futuro?

20 veinte

4 *Ir de camping*, hacer senderismo, montar en bicicleta, ir de tapas, hacer surf, montar a caballo, esquiar, hacer *puenting*, jugar al tenis, patinar, jugar a la consola, jugar al ajedrez.

1 y **2**

Como precalentamiento, escriba en la pizarra *Actividades de tiempo libre*. Con las letras que aparecen en estas palabras, los alumnos tienen que formar otras nuevas, como *libro*, *liebre*, *metro*, *límite*, *vida*, etc. Se juega por grupos y gana el que haya encontrado más palabras en tres minutos. A continuación, los estudiantes realizan la actividad.

Para reforzar este vocabulario puede hacer un *memory* con el Material fotocopiable 1.2.

Material fotocopiable 1.2. *Memory de actividades de tiempo libre*

Todas las tarjetas se ponen bocabajo y los alumnos, en parejas o grupos de cuatro y por turnos, tienen que levantar dos tarjetas. Si coincide la actividad con el verbo correspondiente, tienen que decir el nombre y ganan un punto. Si, por el contrario, no coinciden, dejan las tarjetas donde estaban y sigue otro/a compañero/a o pareja.

Se trata de recordar dónde está cada pareja de tarjetas y agruparlas. Gana quién más parejas correctas consiga. Con esta actividad, los estudiantes memorizan el vocabulario de una manera dinámica y motivadora.

3

Pida a los estudiantes que piensen y escriban otras actividades que les guste hacer. Compruebe así sus conocimientos previos y si las han escrito correctamente. Corrija en grupo clase para ampliar el vocabulario de todos los estudiantes.

4

Los alumnos hablan con su compañero/a sobre todas las actividades que han aparecido y hacen las preguntas que se proponen en esta actividad.

Viajes

5 **Lee el diálogo y contesta verdadero (V) o falso (F).**

Recepcionista: Hostal Las Marismas, ¿dígame?
Cliente: Hola, buenos días, quería reservar una habitación para esta noche.
Recepcionista: ¿Para cuántas personas?
Cliente: Somos tres.
Recepcionista: ¿Cuántas noches van a estar?
Cliente: Dos.
Recepcionista: Tenemos una habitación libre con una cama doble y una individual.
Cliente: Perfecto, ¿cuánto cuesta?
Recepcionista: Son 70€ por noche, media pensión.
Cliente: Nosotros solo queríamos alojamiento y desayuno.
Recepcionista: Esta es una oferta que tenemos ahora en noviembre por ser temporada baja, les va a costar lo mismo solo el alojamiento que la media pensión.
Cliente: ¿La media pensión incluye el desayuno y la comida o el desayuno y la cena?
Recepcionista: Pueden elegir lo que quieran.
Cliente: Pues mejor la cena porque pensamos estar todo el día fuera.
Recepcionista: Muy bien. ¿A nombre de quién va a hacer la reserva?
Cliente: Póngala a nombre de Roberto Sánchez.
Recepcionista: ¿Un número de contacto, por favor?
Cliente: El 611 76 54 98.
Recepcionista: De acuerdo, pues ya queda hecha su reserva, les esperamos esta noche.
Cliente: Muy bien, hasta luego.

a El cliente ha pedido tres habitaciones. (V) (F ✗)
b En noviembre no va mucha gente. (V ✗) (F)
c En el precio se incluyen dos comidas al día. (V ✗) (F)
d El cliente solo quiere saber si hay habitación. (V) (F ✗)

6 **¿Qué frases de las anteriores relacionas con las siguientes palabras?**

1 Alojamiento [d] 3 Reservar [a]
2 Temporada baja [b] 4 Media pensión [c]

7 **¿Qué crees que significan estas expresiones? Escribe una definición para cada una.**

- Temporada alta: época del año en la que los hoteles reciben la visita de más clientes.
- Pensión completa: en el precio se incluye el desayuno, la comida y la cena.

8 **Habla con tu compañero/a: uno es el recepcionista y otro es el cliente que quiere reservar un fin de semana en el hotel (es temporada alta).**

Cuaderno de ejercicios p. 8 y 9

Actividades interactivas

veintiuno **21**

Unidad 1: p. 21

PALABRA POR PALABRA

Objetivo

- Aprender a reservar una habitación en un hotel.

5
a. falso (Ha pedido una); b. verdadero; c. verdadero; d. falso (Hace la reserva).

5 y 6

Comience la actividad preguntándoles cuándo ha sido la última vez que han ido a un hotel con su familia, cómo era, dónde ha sido, etc. Puede preguntar qué partes de un hotel conocen o qué suele tener un hotel y anotar el vocabulario en la pizarra: *la recepción, las habitaciones, la piscina, el/la recepcionista...* A continuación, los estudiantes leen el texto y se corrige la actividad en grupo clase. En las informaciones falsas, pídales que justifiquen su respuesta.

Después de realizar la actividad, puede ampliar el mapa conceptual que se ha escrito en la pizarra.

Se recomienda hacer un diccionario de clase en el que se vaya escribiendo el vocabulario que van aprendiendo junto con su definición y un ejemplo. Puede servir de ayuda para que los alumnos consulten las palabras que no recuerden de este nivel y es un método para potenciar la autonomía en clase.

7

Una vez corregida la actividad, enseñe otras expresiones como: *temporada baja, temporada media, solo alojamiento, alojamiento y desayuno, media pensión* y *todo incluido.*

8

Los estudiantes simulan un diálogo donde uno es el recepcionista del hotel y el otro el cliente que quiere reservar un fin de semana en temporada alta. Escriben el diálogo en sus cuadernos, tomando como referencia el texto de la actividad 5, y después lo representan ante la clase. Siente a los dos estudiantes de espaldas, simulando así una conversación telefónica.

Cuaderno de ejercicios p. 8 y 9
Actividades 1.8., 1.9. y 1.10.

Actividades interactivas
Actividades de tiempo libre

Unidad 1: p. 22

PASO A PASO

Objetivo

- Revisar el pretérito perfecto de indicativo.

Paso a paso **GRAMÁTICA**

PRETÉRITO PERFECTO REPASO

El **pretérito perfecto** se forma con el presente de indicativo del verbo ....haber.... + el ..participio.. del verbo que expresa la acción.

he **has** **ha** **hemos** **habéis** **han**	+	cant-	..ado.. (verbos en -..ar..)
		com- viv-	**ido** (verbos en -..er../-..ir..)

Participios irregulares

abrir → abierto	hacer → **hecho**
decir → **dicho**	romper → roto
escribir → escrito	ver → **visto**
poner → **puesto**	volver → **vuelto**

- El pretérito perfecto se usa para:
  - hablar de un pasado ....reciente....:
    – *Estos días **he tenido** que estudiar mucho.*
  - hablar de un pasado en un tiempo no terminado:
    – *Este año **he ido** a la playa.*
- Normalmente va con estas expresiones temporales:
  – ***Este** fin de semana/mes/verano/año...*
  – ***Esta** mañana/tarde/semana...*
  – ***Estas** Navidades/semanas...*
  – ***Estos** días/meses...*
  – ***Hace** un rato/un momento/diez minutos...*
  – ***Ya**...*
  – ***Todavía no**...*

- Para hablar del número de veces que se ha hecho algo usamos:

Siempre
Muchas veces
Algunas veces
N.º de veces
Una vez
Ninguna vez
Nunca
Jamás

Ver **Apéndice gramatical** p. 118 Videogramas

1 **Ana está escribiendo en su diario lo que ha hecho el fin de semana. Completa los espacios utilizando los siguientes verbos en pretérito perfecto.**

hablar ▪ hacer ▪ ir ▪ ayudar ▪ decir ▪ volver ▪ ver ▪ terminar ▪ escribir ▪ poder

Este fin de semana **a** ....he hecho.... muchas cosas: **b** ....he ayudado.... a mi madre a hacer la compra, **c** ....he escrito.... un texto ¡sobre el medioambiente para el instituto, **d** ....he hablado.... con mi padre por teléfono porque está en Barcelona y me **e** ....ha dicho.... que es una ciudad muy interesante. **f** ....He ido.... al cine con mis amigos del cole y **g** ..he/hemos visto.. una película de terror. Lo malo es que M. no **h** ....ha podido.... venir porque está enfermo... Hace un rato **i** ....he vuelto.... a casa y **j** ..he terminado.. los deberes de mañana. Buenas noches, diario, ¡mañana espero ver a M. y contarte!

2 **Escribe algo que has hecho o que no has hecho.**

Hace un rato → ....
Este año → ....
Este fin de semana → ....
Todavía no → ....
Nunca → ....

3 **Ahora compáralo con tu compañero/a, ¿coincidís en algo?**

Cuaderno de ejercicios p. 9 a 12

PRETÉRITO PERFECTO

Comience hablando sobre lo que ha hecho esta mañana desde que se ha levantado hasta que ha llegado a la escuela para presentar el tiempo verbal que van a repasar: el pretérito perfecto. A continuación, proyecte en la pizarra el cuadro gramatical de repaso para completar con la ayuda de los estudiantes la información que no aparece. Como este tiempo verbal ya lo estudiaron en nivel A2.1, es una forma de comprobar su grado de asimilación.

Para terminar, pregunte a varios alumnos qué han hecho esta mañana.

Proyecte el vídeo de gramática para ver una explicación gramatical del pretérito perfecto.

Videogramas
El pretérito perfecto

1

Dígales que hagan la actividad individualmente y que comprueban las respuestas por parejas. Finalmente, corríjala en grupo clase.

2

Para seguir practicando este tiempo pueden escribir más frases sobre cosas que han hecho o no han hecho, teniendo en cuenta las referencias temporales del recuadro. Pídales que no repitan ningún verbo para evitar frases similares.

3

Los estudiantes comparan sus frases con las de su compañero/a. El objetivo es encontrar qué información tienen en común. Una vez finalizada la actividad, pídales que le expliquen las cosas en las que han coincidido.

Cuaderno de ejercicios p. 9 a 12
Actividades 1.11. a 1.20.

LOS PRONOMBRES DE OBJETO DIRECTO E INDIRECTO

	Objeto directo	Objeto indirecto
yo	me	me
tú	te	te
él/ella/usted	lo / la	le (se)
nosotros/as	nos	nos
vosotros/as	os	os
ellos/ellas/ustedes	los / las	les (se)

– *He cogido **las** llaves y **las** he metido en el bolso.* – ***Le** he dicho a Javier la verdad.*

- Al combinarse, el orden de los pronombres es siempre: objeto indirecto + objeto directo.
  - *¿Dónde has dejado mi libro?*
  - ***Te lo** he dejado encima de la mesa.* (a ti – el libro)
- Cuando los pronombres de objeto indirecto *le* o *les* van antes de *lo, la, los, las*, cambian a *se*: (El libro, a él) → ~~*Le*~~ ***lo** he dejado encima de la mesa.* → ***Se lo** he dejado encima de la mesa.*
- Los pronombres van normalmente delante del verbo:
  – ***Me lo** ha contado Carolina.*

> Cuando el verbo es un imperativo afirmativo, infinitivo o gerundio, los pronombres van después del verbo, formando una sola palabra:
> – *Carolina, cuénta**melo**.*

Videogramas

4 Completa con el pronombre de objeto indirecto adecuado.

a ...Le... he dado a mi hermana su regalo de cumpleaños. (a ella)
b ¿...Me... dejas tu diccionario, por favor? (a mí)
c La profesora ...nos... manda siempre muchos deberes. (a nosotros)
d A Carlos y a Juan también ...les... dije el día de mi cumpleaños. (a ellos)

5 Relaciona cada frase con la imagen correspondiente.

a Se lo ha contado. b Se la ha puesto. c Se la ha explicado. d Se las ha regalado.

1 b

2 d

3 a

4 c

6 Completa los espacios en blanco con el pronombre de objeto correspondiente a las palabras entre paréntesis.

Hoy me he enfadado con mi hermana. Me ha pedido una camiseta y yo (a ella) a ...le... he dicho que (a ella) b ...se... (la camiseta) c ...la... dejaba, pero si no (la camiseta) d ...la... estropeaba. Ella (a mí) e ...me... ha dicho que vale, pero a los diez minutos (a mi hermana) f ...la... he visto sentada en el sofá comiendo chocolate y justo en ese momento... ¡(la camiseta) g ...la... ha manchado de chocolate!

Cuaderno de ejercicios p. 12 y 13 Actividades interactivas

Unidad 1: p. 23

PASO A PASO

Objetivo

- Aprender los pronombres de objeto directo e indirecto.

LOS PRONOMBRES DE OBJETO DIRECTO E INDIRECTO

Antes de proceder a la realización de los ejercicios, repase con sus estudiantes el uso y la forma de los pronombres de objeto directo, completando el recuadro con la información que no aparece, y presente por primera vez los pronombres de objeto indirecto así como la nueva información del recuadro.

Proyecte el vídeo de gramática para ver una explicación gramatical de los pronombres de objeto directo e indirecto.

Videogramas
Los pronombres de objeto directo e indirecto

4

Con este ejercicio se trabajan solo los pronombres de objeto indirecto porque se supone que ya conocen y han practicado los de objeto directo. Si lo considera, puede remitir antes a la actividad 1.21. del libro de ejercicios para practicar los pronombres de objeto directo.

5

Con este ejercicio se pretende que los alumnos se familiaricen con el cambio en la forma del pronombre de objeto indirecto cuando precede a uno de objeto directo.

Para seguir practicando los pronombres, proyecte el Material proyectable 1.1. y realícelo grupo clase.

Material proyectable 1.1.
¿Qué a quién?

6

Si lo desea, dígales que escriban en rojo los pronombres de objeto directo y en azul los de objeto indirecto.

Cuaderno de ejercicios p. 12 y 13
Actividades 1.21., 1.22. y 1.23.

Actividades interactivas
Pretérito perfecto y pronombres objeto

Unidad 1: p. 24

SUENA BIEN

Objetivo

• Aprender los diferentes usos de la coma.

(5)

1. El examen es el lunes, no el martes; 2. ¡Ya te lo dije!; 3. No, es el miércoles; 4. No lo recuerdo.

Suena bien PRONUNCIACIÓN Y ORTOGRAFÍA

La coma

(5) **1 Escucha y marca la opción correcta.**

1 a El examen es el lunes no, el martes.
(b) El examen es el lunes, no el martes.
c El examen es el lunes o el martes.

2 (a) Ya, te lo dije.
b Ya te lo dije.
c ¡Ya te lo dije!

3 a No, es el miércoles.
b No es el miércoles.
(c) ¿No es el miércoles?

4 (a) No lo recuerdo.
b No, lo recuerdo.
c ¡No lo recuerdo!

USOS DE LA COMA

■ Se usa la coma:

- para separar **palabras** o **frases de una misma clase**, si no van separadas de ***y***, ***ni***, ***o***:
  - *Antonio, Juan, María y Luis me han dicho que vienen a la fiesta.*
  - *Este fin de semana hemos ido al campo, hemos dormido al aire libre y hemos visto las estrellas.*
- para separar **incisos** (explicaciones en el interior de una frase):
  - *Carlos, el chico que te presenté, se ha ido a vivir a Francia.*
- después de un **vocativo**:
  - *Lucas, sal a la pizarra.*
- con expresiones como: ***o sea***, ***es decir***, ***además***, ***sin embargo***, ***bueno***, ***por último***...:
  - *Bueno, ¿me lo vas a contar o no?*

2 En las siguientes frases han desaparecido las comas. Léelas y añade las que se necesiten.

a Daniel el chico al que conociste que te ha escrito esta semana por internet juega en un equipo de baloncesto con mi hermano.
b Verónica chica tómate unas vacaciones. Tienes que ir al campo disfrutar del aire libre relajarte y escuchar el cantar de los pájaros.
c Patricia es muy aventurera: ha hecho *puenting* surf y todos los fines de semana se va de acampada.

(6) **3 Dictado.**

Cuaderno de ejercicios p. 13 · Actividades interactivas

2

a. Daniel**,** el chico al que conociste que te ha escrito esta semana por internet**,** juega en un equipo de baloncesto con mi hermano; b. Verónica**,** chica**,** tómate unas vacaciones. Tienes que ir al campo**,** disfrutar del aire libre**,** relajarte y escuchar el cantar de los pájaros; c. Patricia es muy aventurera: ha hecho *puenting***,** surf y todos los fines de semana se va de acampada.

(6)

Esta tarde he ido a la biblioteca, he hecho los deberes y he vuelto a casa. En la biblioteca he visto a Luis, el primo de María, que va a mi instituto a un curso superior. Es un chico supersimpático y hemos hablado mucho.

1

Esta sección comienza con una audición para identificar la pronunciación correcta teniendo en cuenta la posición de las comas. Indique a los estudiantes que, en el habla, la coma se marca con una breve pausa, y, a veces, con un cambio en la entonación.

USOS DE LA COMA

Proyecte ahora el cuadro explicativo. Lea cada frase, poniendo énfasis en las comas, y pida a los estudiantes que repitan en voz alta los ejemplos propuestos.

2

El objetivo de esta actividad es practicar individualmente los usos de la coma. Para la corrección, con la ayuda de la pizarra digital, proyecte la actividad y explique por qué es necesaria cada coma.

3

Los estudiantes escriben las frases que escuchan en la audición. Recuérdeles que deben poner especial atención a las pausas para escribir las comas correctamente.

Después de la escucha, pueden comprobar con su compañero/a lo que han escrito antes de hacer la corrección en grupo clase.

Cuaderno de ejercicios p. 13
Actividad 1.24.

Actividades interactivas
La coma

Sesión de cine VÍDEO

VIAJAR A ASTURIAS

SINOPSIS

Marcos y Eva se encuentran por la calle. Ambos hablan sobre lo que han hecho el fin de semana. Eva ha estado en Asturias con su familia y unos amigos. Marcos ha ido a un partido de fútbol y a un parque de atracciones. De repente aparece Santi. ¿Cómo crees que habrá pasado Santi el fin de semana?

1 **Averigua si tu compañero/a ha hecho las siguientes cosas durante el pasado fin de semana.**

a ¿Has ido de compras?
b ¿Has comido fuera de casa?
c ¿Has salido con tus amigos?
d ¿Has practicado algún deporte?

2 **¿Conoces Asturias? Observa las siguientes imágenes y piensa en qué actividades puedes hacer en esta región de España.**

3 **Relaciona las siguientes actividades de ocio y tiempo libre con sus imágenes.**

[e] 1 Ir a un parque de atracciones.
[c] 2 Excursiones en *quad*.
[d] 3 Ver un partido de fútbol.
[a] 4 Senderismo.
[b] 5 Escalada.

4 **Observa el vídeo y haz las actividades que te va a dar tu profesor/a.**

Secuencia de vídeo · Actividades interactivas

veinticinco **25**

Unidad 1: p. 25

SESIÓN DE CINE

Objetivos

- Visionar un vídeo donde aparecen los contenidos de la unidad.
- Comprender conversaciones cotidianas entre hispanos.

Material fotocopiable 1.3.

Respuestas:
1. a; 2. c; 3. b; 4. b.
3. **Eva: a.** F; **b.** V; **c.** F. **Marcos: a.** F; **b.** F; **c.** V. **Santi: a.** V; **b.** F; **c.** V.

Material fotocopiable 1.4.

Respuestas:
1. Positivas: Ha sido genial, Me ha ido de miedo, Me lo he pasado estupendamente, Me lo he pasado superbién, Ha sido muy divertido, Ha sido estupendo, Me ha ido superbién; **Negativas:** Ha sido horrible, Ha sido aburridísimo, Ha sido un desastre, Me ha ido (muy) mal, Me lo he pasado fatal; **Neutras:** Ni fu ni fa, Regular, Más o menos.
2. a. 1; **b.** 1; **c.** 2; **d.** 3; **e.** 2; **f.** 1.
3. 1. e; **2.** c; **3.** f; **4.** d; **5.** b; **6.** a.
4. a, c, f, g, i.

Diga a los alumnos que observen las imágenes del vídeo e identifiquen los detalles que aparecen. Pregunte: *¿Dónde se desarrolla la acción? ¿De qué crees que están hablando?*

A continuación, invítelos a que lean la sinopsis individualmente y comprueben sus hipótesis.

1

En parejas, tienen que contestar a las preguntas sobre el tema que aparecerá en el vídeo: actividades que se hacen durante el fin de semana.

2

En parejas, tienen que observar las imágenes sobre Asturias y pensar en las actividades de tiempo libre que pueden hacer en estos lugares. Se espera que digan palabras como: *senderismo, escalada, montar a caballo*, etc. El objetivo es situar Asturias en el mapa de España y ver qué actividades se pueden realizar en la montaña.

3

Los alumnos deben identificar algunas actividades que aparecerán en el vídeo. Para ello, deben relacionar las imágenes con sus nombres.

Invítelos a relacionar las imágenes con los chicos del vídeo: Marcos, Eva o Santi.

4

A continuación, proyecte el vídeo de la serie y presente el Material fotocopiable 1.3.

Material fotocopiable 1.3.
Viajar a Asturias

Secuencia de vídeo
Viajar a Asturias

Actividades interactivas
Viajar a Asturias

Si lo desea, puede trabajar otros acentos a través de la serie hispana ¡Acción! y del Material fotocopiable 1.4.

Material fotocopiable 1.4. (1 y 2)
Un hotel con jacuzzi

¡Acción!
Un hotel con jacuzzi

Actividades interactivas
Un hotel con jacuzzi

Unidad 1: p. 26

MUNDO HISPANO

Objetivo

- Acercar a los estudiantes a diferentes lugares de España.

Nota cultural.

Las fotografías que aparecen alrededor del mapa de España son: 1. Catedral de Santiago de Compostela; 2. Las vistas de La Alhambra, en Granada; 3. El Parque Nacional de Timanfaya; 4. Las playas de Tarifa con gente haciendo surf; 5. Gente bailando en las playas de Ibiza; 6. Una paella; 7. El paseo de Las Ramblas, en Barcelona; 8. Los Sanfermines.

1

a. Valencia; **b.** la paella; **c.** Barcelona; **d.** He visto/ido a; **e.** gente; **f.** Granada; **g.** he visitado; **h.** he/hemos ido; **i.** Lanzarote; **j.** he montado; **k.** Tarifa; **l.** he visto/ido a; **m.** comer; **n.** Pamplona; **ñ.** blanco; **o.** toros; **p.** Santiago de Compostela; **q.** hemos comido; **r.** Ibiza; **s.** he bañado; **t.** he pasado.

Mundo hispano
Cultura

UN VIAJE POR ESPAÑA

1 **Leonard, un chico alemán, ha pasado unos meses en España. Ahora, en la playa, relee en su agenda todo lo que ha hecho, pero la agenda se ha mojado. Observa el mapa y las imágenes y ayuda a Leonard a reconstruir las palabras que se han borrado.**

19 de marzo

He estado en a ...., una ciudad llena de luz. He visitado la Ciudad de las Artes y de las Ciencias y he disfrutado de la fiesta más importante: las Fallas, en las que se queman unas figuras de cartón llamadas *ninots*... Estas fiestas siempre son a mediados de marzo y son increíbles. ¡Nunca he visto una fiesta igual! También he probado b ...., que está riquísima.

27 de marzo

Hoy en c .... he visto la arquitectura modernista de Antoni Gaudí, como la Pedrera y la Sagrada Familia, todavía en construcción y desde la que se puede ver toda la ciudad. d .... un partido de fútbol del Barça, el equipo de la ciudad, y después he paseado por las Ramblas. ¡Había muchísima e ....!

12 de abril

Este finde he ido a f ...., he esquiado en la nieve y g .... la Alhambra, una impresionante ciudad amurallada árabe del siglo XIII. Por la noche h .... de tapas, ¡se sirven gratis con la bebida!

15 de mayo

He estado en i ...., una isla del archipiélago canario conocida como la "isla de los volcanes". He visitado el Parque Nacional de Timanfaya y j .... en camello. El paisaje es tan increíble que por un momento ¡he creído estar en otro planeta!

26 veintiséis

1

La finalidad de esta actividad es presentar a los estudiantes diferentes características, fiestas y monumentos de algunos lugares de la geografía española para despertarles el interés por un país en el que se habla la lengua que están aprendiendo y para que tengan nociones sobre lo que pueden encontrar si algún día deciden visitarlo.

En los textos faltan algunas palabras, los estudiantes deberán completarlos con las palabras correctas.

Antes de realizar la actividad, se aconseja que proyecte el mapa de España y que presente las fotografías, explicando a qué lugar se refiere cada imagen.

A continuación, leen los textos y señalan las palabras clave que indican a qué lugar corresponde cada uno de ellos. Para su corrección, cada estudiante puede leer un texto diferente.

Como actividad adicional, divida la clase en ocho grupos y pídales que cada uno de ellos investigue más en internet sobre el lugar que se le ha asignado.

4 de junio

He estado en k .... y he hecho surf en sus playas, donde hay mucha gente haciéndolo. Por la tarde l .... un espectáculo flamenco, pero lo que más me ha gustado ha sido el *pescaíto* frito que puedes m .... en cualquier sitio y que es ¡superbarato!

7 de julio

Ayer en n .... empezaron los Sanfermines. Están de fiesta hasta el día 14. Es una de las fiestas más populares de España. Todo el mundo viste de ñ .... con un pañuelo, y los más valientes corren por las calles delante de los o .... ¡Ha sido divertidísimo!

25 de julio

Hoy he visitado la Catedral de p ...., donde está enterrado el apóstol Santiago y donde miles de peregrinos llegan haciendo el Camino de Santiago. Después, hemos ido a un restaurante y ¡q .... un marisco buenísimo!

7 de agosto

Ahora estoy en otra isla, r ...., que pertenece a las Islas Baleares. Me s .... en unas playas preciosas y he salido todos los días. Aquí hay mucha gente joven y ¡mucha fiesta! ¡Me lo t .... de miedo!

FIESTAS | EL DÍA DEL AMIGO

El Día del Amigo se inventó para celebrar la amistad. Inicialmente se celebraba solo en Argentina y Uruguay, donde eligieron el aniversario de la llegada del hombre a la Luna (20 de julio de 1969) para celebrarlo. Más tarde, otros países se unieron a este evento, si bien eligieron otras fechas para hacerlo. En 2011, la Asamblea General de las Naciones Unidas propuso extender esta celebración al resto de los países del mundo. Al 30 de julio se le llamó el Día Internacional de la Amistad.

El Café Tortoni, en Buenos Aires, es uno de los lugares más típicos para celebrar el Día de la Amistad.

En algunos países hispanoamericanos como México, República Dominicana, Costa Rica, Ecuador, Puerto Rico y Colombia, el 14 de febrero se celebra el Día del Amor y la Amistad. En otros lugares, como Guatemala, se llama el Día del Cariño, y en muchos países lo celebran como el Día del Amigo Secreto. Durante este día, los amigos se preparan regalos de forma secreta.

Puestos de libros y rosas, durante el Día de Sant Jordi, en Barcelona.

En Cataluña, España, se celebra el Día de Sant Jordi, también llamado Día de los Enamorados o Día del Libro y la Rosa. Según la tradición, los familiares, amigos o parejas regalan una rosa o un libro a las personas que quieren.

2 **Contesta.**

a ¿Celebras el Día Internacional de la Amistad? ¿Cómo?

b ¿Te gustaría celebrar el Día del Libro? ¿Crees que es una buena idea? ¿Por qué?

c En tu opinión, ¿crees que es importante tener un día que celebre el amor o la amistad? ¿Por qué?

Cuaderno de ejercicios p. 14 · Actividades interactivas

Unidad 1: p. 27

MUNDO HISPANO

Objetivo

- Conocer la celebración del Día del Amigo en los países hispanos.

2

El objetivo de esta actividad es que los estudiantes valoren la importancia de la amistad y su celebración.

Invite a los alumnos a que lean el texto individualmente y a que señalen las palabras que no entiendan. Después de su lectura, pregúnteles si existe un día similar en sus países. Pídales que escriban cómo se llama este día en los diferentes países hispanos.

A continuación, plantee las preguntas de la actividad en grupo clase y establezca un debate sobre la importancia de celebrar este día.

Cuaderno de ejercicios p. 14
Actividades 1.25. y 1.26.

Actividades interactivas
Un viaje por España

Unidad 1: p. 28

ÉRASE UNA VEZ...

Objetivos

- Conocer qué es el Camino de Santiago.
- Analizar un poema de un autor hispano.

Nota cultural.

El Camino de Santiago surge en el siglo IX, después de aparecer el cuerpo del apóstol Santiago en la ciudad de Santiago de Compostela, en Galicia. Esto hace que durante la Edad Media muchos peregrinos de toda Europa visitaran la ciudad, considerada "Ciudad Santa". Hay muchas rutas para ir a Santiago de Compostela, la más conocida es la denominada *Camino francés*. Actualmente, los peregrinos hacen el Camino por motivos religiosos, para buscar paz interior o simplemente con un objetivo turístico.

A lo largo del Camino hay muchos albergues donde los peregrinos pueden alojarse gratuitamente presentando la Credencial del Peregrino.

1

1. h; 2. f; 3. e; 4. c; 5. b; 6. d; 7. a; 8. g.

Érase una vez... LITERATURA

Camino de Santiago

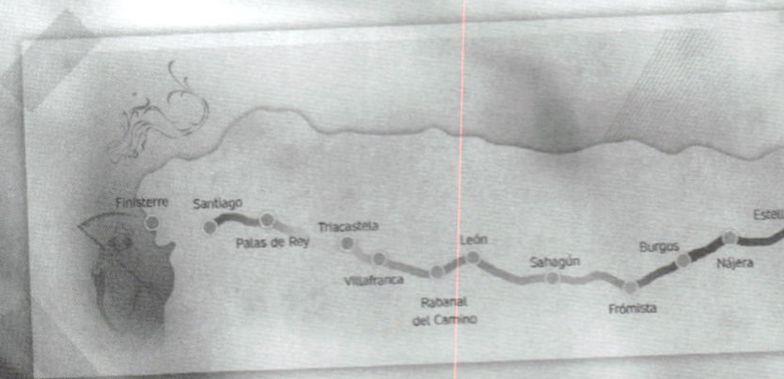

El Camino de Santiago

Esta ruta coincide con la Vía Láctea y, desde hace mucho, las personas la siguen porque es un camino mágico, lleno de leyendas y misterios. Los hombres venían de toda Europa y se dirigían hacia Finisterre. En aquella época se pensaba que ahí terminaba el mundo, al ser el punto situado más al oeste de Europa, donde moría el sol. Creían que en esas aguas había monstruos. Hoy en día esa zona se conoce con el nombre de *Costa da Morte*, que en español significa "Costa de la Muerte".

1 Relaciona cada palabra con su definición.

1. puesta de sol
2. ermitaño
3. decapitar
4. albergue
5. monstruo
6. la voluntad
7. Vía Láctea
8. tumba

- a Conjunto de estrellas.
- b Personaje fantástico y que da miedo.
- c Lugar donde puedes dormir y que suele ser muy barato o gratis.
- d Cantidad de dinero que voluntariamente das a alguien o que pagas por un servicio.
- e Cortarle la cabeza a alguien.
- f Persona que vive sola y aislada, sin relacionarse con el mundo.
- g Lugar donde se mete el cuerpo de un muerto.
- h Cuando se termina el día y el sol se esconde.

28 veintiocho

1

Antes de leer el texto, pregunte a los estudiantes si saben qué es el Camino de Santiago y qué conocen sobre él. Pídales que busquen información en internet sobre este y que expongan en clase las principales ideas extraídas, o también las puede explicar usted mismo. Escriba en la pizarra esas ideas principales. A continuación, invítelos a que realicen la actividad. Este ejercicio introduce el relato que van a leer en la siguiente página. Su principal objetivo es que deduzcan los significados de las palabras y ayudarlos con el vocabulario.

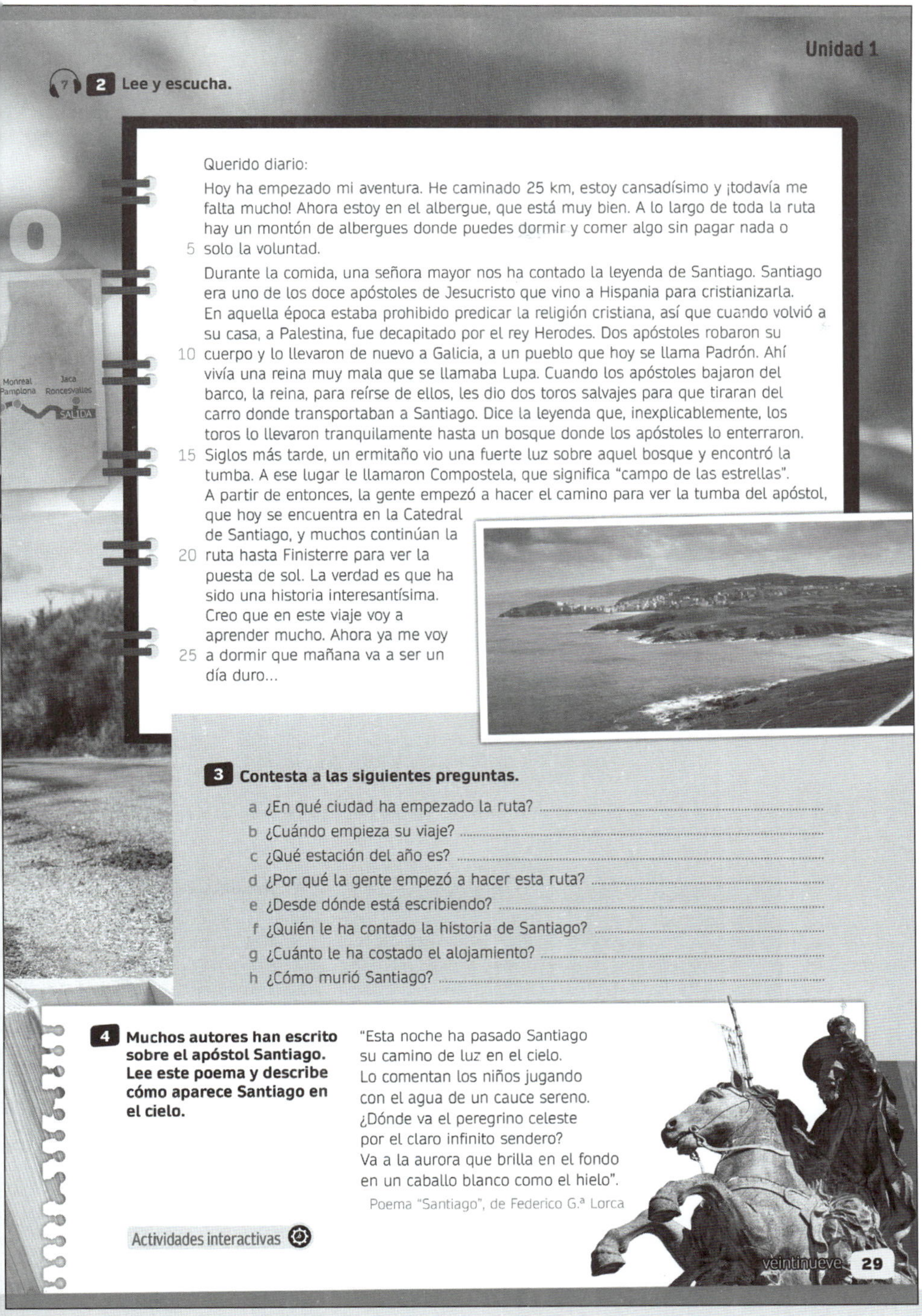

Unidad 1

2 Lee y escucha.

Querido diario:

Hoy ha empezado mi aventura. He caminado 25 km, estoy cansadísimo y ¡todavía me falta mucho! Ahora estoy en el albergue, que está muy bien. A lo largo de toda la ruta hay un montón de albergues donde puedes dormir y comer algo sin pagar nada o solo la voluntad.

Durante la comida, una señora mayor nos ha contado la leyenda de Santiago. Santiago era uno de los doce apóstoles de Jesucristo que vino a Hispania para cristianizarla. En aquella época estaba prohibido predicar la religión cristiana, así que cuando volvió a su casa, a Palestina, fue decapitado por el rey Herodes. Dos apóstoles robaron su cuerpo y lo llevaron de nuevo a Galicia, a un pueblo que hoy se llama Padrón. Ahí vivía una reina muy mala que se llamaba Lupa. Cuando los apóstoles bajaron del barco, la reina, para reírse de ellos, les dio dos toros salvajes para que tiraran del carro donde transportaban a Santiago. Dice la leyenda que, inexplicablemente, los toros lo llevaron tranquilamente hasta un bosque donde los apóstoles lo enterraron. Siglos más tarde, un ermitaño vio una fuerte luz sobre aquel bosque y encontró la tumba. A ese lugar le llamaron Compostela, que significa "campo de las estrellas". A partir de entonces, la gente empezó a hacer el camino para ver la tumba del apóstol, que hoy se encuentra en la Catedral de Santiago, y muchos continúan la ruta hasta Finisterre para ver la puesta de sol. La verdad es que ha sido una historia interesantísima. Creo que en este viaje voy a aprender mucho. Ahora ya me voy a dormir que mañana va a ser un día duro...

3 Contesta a las siguientes preguntas.

a ¿En qué ciudad ha empezado la ruta? ...
b ¿Cuándo empieza su viaje? ...
c ¿Qué estación del año es? ...
d ¿Por qué la gente empezó a hacer esta ruta? ...
e ¿Desde dónde está escribiendo? ...
f ¿Quién le ha contado la historia de Santiago? ...
g ¿Cuánto le ha costado el alojamiento? ...
h ¿Cómo murió Santiago? ...

4 **Muchos autores han escrito sobre el apóstol Santiago. Lee este poema y describe cómo aparece Santiago en el cielo.**

"Esta noche ha pasado Santiago
su camino de luz en el cielo.
Lo comentan los niños jugando
con el agua de un cauce sereno.
¿Dónde va el peregrino celeste
por el claro infinito sendero?
Va a la aurora que brilla en el fondo
en un caballo blanco como el hielo".

Poema "Santiago", de Federico G.ª Lorca

Actividades interactivas

veintinueve 29

Unidad 1: p. 29

ÉRASE UNA VEZ...

3

a. En Roncesvalles; **b.** El 1 de julio; **c.** Verano; **d.** Para ver la tumba del apóstol, que se encuentra en la Catedral de Santiago; **e.** En un diario; **f.** Una señora mayor que estaba en el albergue donde ha comido; **g.** Nada, la voluntad; **h.** Fue decapitado por el rey Herodes.

Nota cultural.

Con motivo de la festividad del apóstol Santiago, el 25 de julio de 1918, Lorca escribió el poema titulado "Santiago (balada ingenua)", en el que describe una visión del apóstol en el cielo, a lomos de un caballo blanco.

2

Ponga la audición y pídales que escuchen con atención el texto porque deben contestar después a las preguntas del ejercicio. A continuación, dígales que lean el texto para aclarar sus dudas.

Enseñe el vocabulario que estime necesario para su comprensión, como *un montón de*, *bajar*, *reírse de alguien*, *enterrar*... También debe advertir que *Hispania* era el nombre romano de España.

3

Los estudiantes realizan la actividad individualmente y, después, comprueban las respuestas con su compañero/a.

4

Diga a los estudiantes que en la literatura se ha escrito mucho sobre el Camino de Santiago, los peregrinos y el apóstol Santiago. Invítelos a que lean el poema de Federico García Lorca, un poeta español de fama internacional.

Como actividad final, los estudiantes pueden organizar un viaje a España para hacer el Camino de Santiago. Entre todos, deben señalar qué cosas son necesarias para llevar consigo en el Camino. Por otro lado, pueden buscar en internet otras rutas interesantes por las que llegar a Santiago de Compostela. Se puede consultar la página www.elcaminoasantiago.com para extraer información sobre este tema.

Para ello, deben exponen en clase por qué ciudades pasa el Camino, cuánto va a durar, qué tramos van a recorrer cada día, dónde se van a alojar, etc. Todo se puede presentar en grandes murales para colgarlos en la clase.

Actividades interactivas
El Camino de Santiago

Unidad 1: p. 30

ME PREPARO PARA EL DELE

Objetivos

- Familiarizarse con el examen de español DELE.
- Prepararse para lograr el nivel.

8
(Véase la transcripción en la pág. 136)

Me preparo para el DELE

Prueba de comprensión de lectura

1 **Selecciona una imagen para cada texto. ¡Cuidado!, sobran tres imágenes.**

a 

b 

c 

d 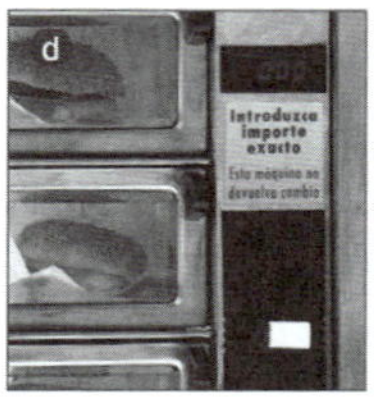

e 

f 

g 

1 [a] No va a abrir durante el mes de agosto.
2 [c] Solo se puede pagar en efectivo.
3 [e] El cajero no funciona.
4 [d] Hay que pagar con el dinero justo.

Prueba de comprensión auditiva

8 **2** **Vas a escuchar una conversación entre un recepcionista y una cliente. Lee las preguntas y selecciona la opción correcta.**

1 La mujer va a alojarse en...

a ☐ 

b ☒ 

c ☐ 

2 La mujer prefiere...
- a la casa con piscina.
- b la casa con barbacoa.
- (c) la casa compartida.

3 La oferta que prefiere la mujer es...
- (a) la excursión a caballo por el río.
- b el paseo en barca por el río.
- c la pensión completa.

4 La mujer pregunta...
- a si puede pagar con tarjeta.
- (b) si admiten animales.
- c si hay animales en el jardín.

5 La reserva no se puede hacer sin...
- a el número de teléfono.
- (b) el número de la tarjeta de crédito.
- c la dirección de su casa.

Cuaderno de ejercicios p. 15 y 16 · Actividades interactivas

ME PREPARO PARA EL DELE

Dedique una sesión de clase para realizar estas actividades. No haga ningún comentario que sirva de ayuda y simplemente dé las instrucciones como en el examen real.

Puede obtener más información sobre los diplomas DELE en https://examenes.cervantes.es/es/dele-para-escolares/examenes/a2-b1

También puede obtener modelos de examen similares a este en el manual *El Cronómetro. Nivel A2/B1 para escolares* (Editorial Edinumen).

La prueba de comprensión de lectura del DELE A2/B1 para escolares tiene cuatro tareas y se caracteriza por:

50 min.	Prueba de Comprensión de lectura — Características
Tarea 1	Anuncios publicitarios, carteleras, mensajes personales y avisos de todo tipo (museos, libros, deportes, vacaciones, juegos, ropa, estudios, profesiones, asignaturas, lugares donde vivir...).
Tarea 2	Textos descriptivos, narrativos o informativos (anécdotas, información práctica, experiencias...): cartas, noticias, diarios, biografías, guías de viaje...
Tarea 3	Textos informativos simples (pueden ser sobre un personaje relevante en cualquier disciplina o campo profesional) o relatos (cuentos adaptados, fragmentos de novelas juveniles...).
Tarea 4	Textos descriptivos, narrativos, informativos o epistolares (anécdotas, información, relatos, entrevistas, etc.).

1

Al corregir explique las imágenes y pregunte: *¿En qué contextos son posibles estas notas? ¿Dónde pueden aparecer?* Pida que subrayen en los anuncios e informaciones las palabras clave para relacionar unos con otras. Por ejemplo: *cierra / no va a abrir, agosto / agosto*. Es importante que comprendan la importancia de reconocer las palabras clave de un texto.

2

Para ver las características de la prueba de comprensión auditiva, vaya a la página 46 de este libro.

Cuaderno de ejercicios p. 15 y 16
Actividades 1.27. a 1.30.

Actividades interactivas
Expresión e interacción escritas
Expresión e interacción orales

Unidad 1: p. 31

¡ME LO SÉ!

Objetivos

- Practicar los contenidos aprendidos en la unidad.
- Autoevaluar su aprendizaje.
- Revisar lo aprendido con actividades lúdicas.

¡Me lo sé!

Unidad 1

EVALUACIÓN

1 ¿Cómo te lo has pasado? Ordena de mejor a peor las siguientes valoraciones. _/6

ni fu ni fa ▪ de miedo ▪ mal ▪ guay ▪ muy bien ▪ fatal

a de miedo b muy bien c guay d ni fu ni fa e mal f fatal

2 Escribe un adjetivo superlativo para cada medio de transporte. _/5

Posibles respuestas

a Es el más... caro
b Es... baratísimo.
c Es el más... cómodo
d Es... rapidísimo.
e Es... lentísimo.

3 Relaciona los usos del pretérito perfecto con sus ejemplos. _/5

1 Describir o narrar acciones sucedidas en un pasado reciente.
2 Describir o narrar acciones sucedidas en un periodo de tiempo no terminado.
3 Expresar la realización o no de un hecho hasta el presente.
4 Valorar una actividad o periodo de tiempo.
5 Hablar del número de veces que se ha hecho algo.

a La película que hemos visto ha sido genial.
b He ido muchas veces de acampada.
c Hace un rato he visto a Juan.
d Esta semana he estudiado mucho en el instituto.
e Nunca me he tirado en paracaídas.

4 Relaciona. _/5

1 Se lo diré.
2 Se la explicaré.
3 Te los he traído.
4 Me lo ha contado.
5 Nos la ha explicado.

a Los videojuegos que me pediste.
b Que Pedro y Ana se han enfadado.
c La lección en clase.
d La verdad a mis padres.
e El libro a Luis.

5 Completa las frases con las palabras del recuadro. _/8

patinar ▪ saco ▪ montar ▪ hacer ▪ ir ▪ jugar ▪ tienda ▪ reserva

a Será difícil encontrar una habitación libre. Te dije que era mejor hacer la reserva antes.
b ▶ A mí, los deportes que más me gustan son montar a caballo y hacer surf.
▷ Pues a mí, patinar y jugar al tenis.
c Para ir de *camping*, necesitas una tienda de campaña y un saco de dormir.

Ahora soy capaz de...

a ...hablar de acciones en un pasado reciente. Sí No
b ...valorar experiencias personales. Sí No
c ...intensificar la cualidad de las cosas. Sí No
d ...hablar sobre el Camino de Santiago y otros lugares de España. Sí No

Sigue practicando con... Spanish Blogger Misión 14

Actividades interactivas

¡ME LO SÉ!

En esta sección los estudiantes revisarán los contenidos vistos en la unidad. Esto le servirá para evaluar si han asimilado los objetivos propuestos.

3

Con esta actividad los estudiantes consolidan los diferentes usos del pretérito perfecto.

4

Después de la corrección, pida a los alumnos que escriban un ejemplo diferente para las opciones de la columna de la izquierda.

Actividades interactivas
Evaluación

AHORA SOY CAPAZ DE...

Explique a los estudiantes que esta actividad les servirá para evaluar su proceso de aprendizaje.

Pida a los estudiantes que reflexionen exhaustivamente y tomen conciencia de los conocimientos que han adquirido en esta unidad.

SPANISH BLOGGER

Invítelos a seguir practicando lo aprendido en esta unidad a través de la Misión 14. Con ella, los estudiantes podrán utilizar el español en un contexto divertido.

Misión 14
El Día de San Valentín

Unidad 2 HISTORIAS DE LA VIDA

Unidad 2: p. 32

Objetivos de la unidad

- Conocer el tema de la unidad y a los personajes del diálogo.
- Revisar contenidos de la unidad 1.

Recursos del profesor

Materiales fotocopiables
2.1. a 2.4.

Materiales proyectables
2.1. y 2.2.

Audios
9 a 16

Vídeos
- Serie: *El examen de Historia*
- *Videogramas*:
  - *El pretérito indefinido: verbos regulares*
  - *El pretérito indefinido: verbos irregulares*
- *Casa del español*:
  - *Referir datos biográficos*
- *¡Acción!*: *Dos genios y un examen*

Cuaderno de ejercicios
Unidad 2

Actividades interactivas
2.1. a 2.12.

Actividades colaborativas
La yincana de las preguntas

Spanish Blogger
Misión 13: *Conociendo otras culturas*

Nota cultural.
Reyes Católicos: este título fue otorgado a Fernando II de Aragón y a Isabel I de Castilla. El reinado de los Reyes Católicos significó el tránsito del mun-

>>>

Unidad 2 HISTORIAS DE LA VIDA

- **Comunicación**
  - Relacionar y situar acciones en el pasado
  - Expresar la repetición de una acción
- **Vocabulario**
  - Álbum de familia
  - Momentos históricos
- **Gramática**
  - Pretérito indefinido regular e irregular (repaso)
- **Pronunciación y ortografía**
  - Los signos de puntuación
- **Sesión de cine**
  - *El examen de Historia*
- **Cultura**
  - Encuentro de culturas
- **Literatura**
  - *El capitán Alatriste*, de Arturo Pérez-Reverte

¿Qué ves?

1 **Fíjate en la imagen: ¿qué asignatura crees que están estudiando?**
Están estudiando Historia.

2 **Escribe el nombre de cada estudiante según la época de la historia de España de la que están hablando.**

a La época de los Reyes Católicos y Cristóbal Colón.
→ María

b La llegada de los romanos.
→ Luis

c La llegada de los musulmanes a la península ibérica en el siglo VIII d.C.
→ Ana

3 **Relaciona.**

1 Al-Ándalus es el nombre que se le dio a los territorios de la península ibérica bajo dominio musulmán.
2 La Reconquista de la Península contra la dominación árabe finalizó en 1492 con los Reyes Católicos.
3 Hacia el año 200 a.C. gran parte de la Península empezó a formar parte del Imperio romano.
4 Las naves que llegaron a América con Colón fueron la Pinta, la Niña y la Santa María.

32 treinta y dos

1 y **2**
Invite a los estudiantes a observar la imagen de la unidad. Dígales que los chicos están hablando después de una clase. Pregúnteles de qué asignatura creen que hablan.

A continuación, pídales que se fijen en las ilustraciones y que comenten a qué época de la historia de España se refieren. Después de la actividad 2, podrán comprobar sus hipótesis.

3
Después de realizar la actividad, se recomienda hacer una breve introducción de la historia de España. Para ello, utilice la información aportada en las notas culturales.

Unidad 2

Comenzamos con un diálogo

9 **4 Escucha el diálogo y contesta a las preguntas según lo que dicen Luis, Ana y María.**

Luis: ¿Qué te pareció la clase de ayer?
Ana: Muy interesante, pero la historia reciente es la que más me gusta. Como son hechos que ocurrieron hace menos tiempo, los imagino mejor.
María: Pues a mí me gustan más otras épocas. ¿Os acordáis de la clase del otro día, cuando el profe nos explicó cómo llegó Colón a América?
Ana: Sí, ya me acuerdo. Colón fue a ver a los Reyes Católicos porque en Portugal no consiguió el dinero para el viaje.
Luis: A mí lo que me gusta de esa época es que, hasta que los Reyes Católicos expulsaron a los judíos y musulmanes, convivieron tres culturas en España.
María: Y, además, los árabes dejaron una huella muy importante, no solo en sus monumentos sino en la cultura, la ciencia, la lengua...
Ana: Ya, pero la huella que dejaron antes los romanos fue también muy profunda, en muchas ciudades españolas hay obras arquitectónicas suyas, puentes...
Luis: Sí, pero a mí lo árabe me parece más exótico, no sé, más diferente, ¿no?
Ana: Puede ser, de todas formas, prefiero la historia reciente. Además, quiero saber muchas más cosas de la historia de España.
María: Bueno, muchas más no, que luego tenemos que estudiarlas para el examen...
Luis: ¡Ja, ja! Tienes razón...

La Alhambra

El acueducto de Segovia

El castillo de la Mota

a ¿Por qué le gusta más a Luis la época de dominación árabe que la romana? ➔ ....
b ¿Qué prefiere estudiar Ana, la primera chica? ¿Por qué? ➔ ....
c ¿A quién pidió ayuda Colón antes de a España para realizar su viaje? ➔ ....
d ¿Qué otra cultura crees que convivió en España con judíos y musulmanes antes de su expulsión? ➔ ....

5 Selecciona la imagen correcta en el siguiente texto.

Los **a** llegaron a la península ibérica sobre el año 206 a.C. y estuvieron hasta el siglo V d.C. Siglos después, en el 711, llegaron del norte de África los **b** . Tras más de siete siglos de Reconquista, los **c** vencieron a los **d** con la conquista del reino de Granada. Los **e** financiaron el viaje de **f** a América. Lo curioso de la historia es que cuando **g** llegó allí ¡pensó que estaba en Asia!

Actividades interactivas

Unidad 2: p. 33

COMENZAMOS CON UN DIÁLOGO

Objetivos

- Comprender un diálogo oral y escrito.
- Describir a unos personajes.

>>> do medieval al mundo moderno en España. Durante su reinado se produjo el descubrimiento de América, lo que les proporcionó fama internacional. Otro de los hechos destacables bajo su reinado fue la expulsión de los judíos del territorio español, lo que produjo la unificación de todo el territorio bajo el dominio del catolicismo.
Roma en España: este periodo se encuentra entre 218 a.C. y principios del siglo V. Durante este tiempo, España perteneció al Imperio romano.
Los musulmanes en la península ibérica: los musulmanes invadieron España en el año 711. La dominación musulmana se extendió durante ocho siglos.

4

a. Le parece más exótica, más diferente; **b.** La historia reciente, porque puede imaginarse los hechos más fácilmente; **c.** A Portugal; **d.** La cristiana.

5

a. romanos; **b.** árabes; **c.** Reyes Católicos; **d.** árabes; **e.** Reyes Católicos; **f.** Colón; **g.** Colón.

4

Antes de poner la audición, pida a los alumnos que lean las preguntas para hacer una escucha más selectiva. Si lo desea, pueden hacer la actividad en parejas: cada estudiante intenta resolver dos de las preguntas. Después, ponen en común sus respuestas. De esta manera se fomenta la interacción oral entre los estudiantes.

A continuación, pídales que subrayen en el texto la información clave que les ha ayudado a resolver la actividad.

Actividades interactivas
Clase de Historia

Unidad 2: p. 34

HABLAR POR HABLAR

Objetivo

- Hablar de acciones en el pasado.

1

a. en 2000, al cabo de dos años; **b.** hasta que; **c.** Desde que; **d.** antes de; **e.** durante.

2

Posibles respuestas:

a. Estuvo en clase/Fue al instituto el lunes; **b.** Fue a estudiar a la biblioteca al día siguiente; **c.** A los dos días tuvo/hizo un examen/Dos días después tuvo/hizo un examen; **d.** Unas horas más tarde tomó un café con sus amigos; **e.** Al cabo de dos días fue a la discoteca a bailar/El sábado estuvo bailando en una fiesta durante dos horas.

Material fotocopiable 2.1.

Respuestas:

a. 4; **b.** 2; **c.** 5; **d.** 1; **e.** 3. Jorge perdió su mochila en la biblioteca.

Hablar por hablar COMUNICACIÓN

RELACIONAR Y SITUAR ACCIONES EN EL PASADO

- Para **relacionar dos acciones** en el pasado:
  - Antes de + llegar/salir/empezar...
  - Años/días/meses + más tarde...
  - A los dos meses/A las tres semanas...
  - Al cabo de + un mes/dos años...
  - Al año/A la mañana + siguiente...
  - Un día/mes/año + después...

  – ***Antes de salir*** *de casa, cogí las llaves.*
  – *Empecé a leer un libro y* ***al cabo de dos horas*** *lo terminé.*

- Para expresar el **inicio de una acción**:
  - Desde el lunes/1980/marzo...

  – ***Desde*** *marzo estudio español.*

- Para expresar la **duración de una acción**:
  - De... a
  - Desde... hasta
  - Durante

  – *Estuve estudiando español* ***desde*** *las cinco* ***hasta*** *las ocho.*
  – *Estuve estudiando español* ***durante*** *tres horas.*

- Para expresar el **final de una acción**:
  - Hasta (que)

  – *Estudié español* ***hasta que*** *cumplí dieciocho años y viajé a España.*

1 Selecciona la opción correcta.

hasta que ▪ antes de ▪ en 2000 ▪ durante ▪ desde que ▪ al cabo de dos años

a Mis padres se casaron .... y .... nací yo.
b No me lo creí .... Sergio no me lo contó.
c .... empezó el curso, Víctor no ha hecho ningún día los deberes.
d Empecé a ir a clases de piano .... cumplir los cinco años.
e Estuve viajando por Europa .... dos años.

2 Escribe lo que hizo Jorge la semana pasada. Utiliza las expresiones aprendidas sin repetir ninguna.

3 ¿Qué hiciste el año pasado? Habla con tu compañero/a.

Cuaderno de ejercicios p. 17

RELACIONAR Y SITUAR ACCIONES EN EL PASADO

Para presentar el cuadro comunicativo, escriba en la pizarra las siguientes frases:

- *Desde .... estudio español.*
- *Estudio en el instituto desde .... hasta ....*
- *Antes de venir a clase, ...*
- *..................... hasta que empezó el curso.*

A continuación, anime a los estudiantes a que completen las frases individualmente. Después, hablan con su compañero/a para contarle lo que han escrito. Al terminar, puede preguntar a algunos alumnos y completar cada frase.

Por último, explique el recuadro que aparece en el libro una vez que los estudiantes ya han visto varios ejemplos de manera intuitiva.

1 y **2**

Después de realizar las dos actividades, presente el Material fotocopiable 2.1.

Material fotocopiable 2.1.
¿Dónde está mi mochila?

Cuente a los estudiantes que Jorge perdió su mochila la semana pasada y que ellos tienen que hacer de detectives. Para ello, deben relacionar las fotografías con los textos y descubrir cuándo y dónde perdió su mochila.

3

Actividad de práctica libre para fomentar la interacción oral entre los estudiantes y mejorar la fluidez oral. Pasee por la clase solucionando las dudas de vocabulario que les puedan ir sugiriendo a los alumnos mientras realizan el ejercicio.

Cuaderno de ejercicios p. 17
Actividades 2.1. y 2.2.

EXPRESAR LA REPETICIÓN DE UNA ACCIÓN

- Para expresar la repetición de una acción se usa la forma **volver a** + infinitivo:
  - *Cristóbal Colón viajó a América en 1492 y* ***volvió a viajar*** *allí varias veces más.*
  - *Después de tres años, este verano he* ***vuelto a ir*** *al pueblo de mis abuelos.*
  - *El próximo curso* ***vuelvo a estudiar*** *francés en el instituto.*

10 **4 Completa estos diálogos con los verbos del recuadro conjugados en la persona del pretérito indefinido adecuada. Después, escucha y comprueba.**

volver a quedar ▪ volver a ganar ▪ volver a comprar

Diálogo A

- ¿Sabes que el otro día perdí el libro de Historia?
- ¿Sí? ¿Y qué hiciste?
- Pues volví a comprar otro. No sabes el enfado que tiene mi madre...
- Ya, me lo imagino.

Diálogo B

- ¿Te acuerdas de Jaime, aquel chico que conocimos el año pasado en los campamentos?
- Sí, era muy simpático. ¿Sabes algo de él?
- Pues hace mucho que no. Volvimos a quedar alguna vez, pero perdí su teléfono. Tú no lo tienes, ¿no?

Diálogo C

- ¿Sabes cuántas veces ha ganado el Mundial de Fútbol Argentina?
- Una, ¿no?
- No, dos. Lo ganó en 1978 y después lo volvió a ganar en 1986.

5 Observa las imágenes y las fechas y construye frases con *volver a* + infinitivo.

Mi tío/1995/2010

Examen/diciembre/marzo

Elecciones/Presidente/2008/2012

Luisa/Óscar/2002/2010

Posibles respuestas

a Mi tío se casó en 1995 y volvió a casarse en 2010.

b En diciembre suspendí un examen y en marzo volví a examinarme.

c El actual presidente ganó las elecciones en 2008 y volvió a ganarlas en 2012.

d Luisa ganó el Óscar a la mejor actriz en 2002 y volvió a ganarlo en 2010.

6 Escribe y representa con tu compañero/a un diálogo como los del ejercicio 4.

Cuaderno de ejercicios p. 18 · Actividades interactivas

Unidad 2: p. 35

HABLAR POR HABLAR

Objetivo

- Expresar la repetición de una acción.

4

Sugiera a los estudiantes que traten de completar los diálogos antes de escucharlos y que, después, confirmen sus repuestas con la audición.

A continuación, presente el cuadro comunicativo y explique que para expresar la repetición de una acción en español se utiliza la perífrasis verbal *volver a* + infinitivo. Lea con ellos las frases y aclare las dudas.

5

Antes de escribir las frases, invítelos a que observen cada una de las imágenes y digan qué ha pasado antes y después.

6

Los estudiantes escriben un diálogo parecido a los del ejercicio 4 sobre algún tema que les interese, utilizando la estructura anterior.

Cuaderno de ejercicios p. 18
Actividad 2.3.

Actividades interactivas
Relacionar acciones pasadas y repetición de acciones

Unidad 2: p. 36

PALABRA POR PALABRA

Objetivo

- Aprender el vocabulario relacionado con la vida de una persona.

Palabra por palabra VOCABULARIO

Álbum de familia

1 **Sergio está viendo con su abuela el álbum de fotos familiar. Relaciona las fotografías con lo que cuenta la abuela de Sergio.**

1 h Esta es del primer día que tu padre **fue a la universidad**. **Se graduó** cinco años después.

2 b Tu padre y tu madre **se conocieron** en la fiesta de cumpleaños de un amigo de la facultad. **Se enamoraron** en el momento en el que se vieron.

3 c Cuando tus padres **empezaron a salir** tu padre le regaló a tu madre un anillo precioso que desde entonces siempre lleva puesto.

4 a El día que **se casaron** tus padres, tu madre se enfadó mucho porque en lugar de ser ella la que llegó tarde a la boda ¡fue tu padre!

5 f El día que tu abuelo **se jubiló** compró dos billetes de avión y nos fuimos de vacaciones a Mallorca.

6 d Cuando **naciste**, todos nos pusimos muy contentos y fuimos al hospital a verte todos tus abuelos.

7 e Esta foto es del día que tu padre **empezó a trabajar** como arquitecto. Todavía recuerdo lo nervioso que estaba ese día.

8 g El primer día que **fuiste al colegio** estuviste llorando hasta que tu madre te recogió por la tarde.

2 **Ordena cronológicamente los verbos resaltados en la vida de una persona, según tu opinión. Compara con tu compañero/a, ¿coincidís?**

Posibles respuestas

a nacer
b ir al colegio
c ir a la universidad
d graduarse
e empezara trabajar
f conocerse
g enamorarse
h empezar a salir
i casarse
j jubilarse

3 **Cuéntale a tu compañero/a la historia de tu familia. ¿Coincidís en muchas cosas? ¿Qué es lo más curioso que te ha contado tu compañero/a?**

– Mi abuelo nació en Almería y mi abuela en un pueblecito de Málaga. Se conocieron a los 15 años en...

Cuaderno de ejercicios p. 18 y 19

36 treinta y seis

1

Antes de realizar la actividad, puede escribir el vocabulario que se va a utilizar con los verbos en infinitivo, diciendo a los estudiantes que este vocabulario se utiliza para hablar de la vida de una persona: *nacer*, *ir al colegio*, *ir a la universidad*, *graduarse*, *conocerse*, *enamorarse*, *empezar a salir*, *empezar a trabajar*, *casarse*, *tener hijos* y *jubilarse*. Con su ayuda, los estudiantes pueden intentar conjugar los verbos en pretérito indefinido.

2

Esta actividad sirve para fijar el vocabulario aprendido en la actividad anterior. Como hay verbos que pueden variar de orden, se recomienda que, antes de corregir en grupo clase, comparen sus respuestas en parejas para fomentar el autoaprendizaje y la interacción oral. Finalizada la actividad, enseñe otros verbos relacionados con la vida de una persona: *tener hijos*, *terminar la universidad*, *mudarse*, *divorciarse*, *morir*...

3

Como actividad adicional, pídales que escriban, en parejas, una breve biografía sobre algún personaje ficticio para incentivar su imaginación: Superman, E.T., Topo Gigio, Bob Esponja, etc.

Otra opción es realizar el Material proyectable 2.1.

Material proyectable 2.1.
Biografía de Germán

Proyecte las imágenes de la vida de Germán y pida a los alumnos que escriban un breve texto en primera persona contando los momentos más importantes de su vida.

Si lo desea, proyecte el vídeo de Casa del español para ver cómo la gente de la calle habla de las biografías.

Casa del español
Referir datos biográficos

Cuaderno de ejercicios p. 18 y 19
Actividades 2.4., 2.5. y 2.6.

Momentos históricos

4 **Relaciona las palabras de la columna de la izquierda con las de la derecha según su significado.**

1 **Invadir:** entrar en un país por la fuerza de forma inesperada.
2 **Reinar:** solo lo pueden hacer los reyes.
3 **Descubrir:** ver o encontrar algo por primera vez.
4 **Guerra:** lucha entre naciones o partes de una nación.
5 **Ganar:** obtener la victoria sobre el enemigo.

a **Explorar:** reconocer o examinar con detenimiento un lugar nuevo.
b **Batalla:** cada una de las luchas que se producen dentro de un conflicto armado.
c **Conquistar:** ganar mediante una guerra un territorio.
d **Vencer:** derrotar o rendir al enemigo.
e **Gobernar:** lo puede hacer un rey o un político.

5 **Completa la siguiente tabla según el ejemplo.**

Verbo	Nombre
reinar	reino/reinado
descubrir	descubrimiento
vencer	victoria

Verbo	Nombre
conquistar	conquista
gobernar	gobierno
explorar	exploración

! *Luchar* en una *batalla*.
Combatir en una *guerra*.
Ganar una *batalla*, una *guerra*...

6 **Lee los siguientes textos sobre la vida de dos personajes históricos y completa los espacios con algunas de las palabras del ejercicio anterior.**

RODRIGO DÍAZ

Conocido como **el Cid Campeador**, nació en Burgos en 1043. Fue un caballero castellano que a ...gobernó... el Levante de la península ibérica, ganando así el perdón del rey de Castilla, que lo desterró de su reino años antes. Luchó en numerosas batallas en las que b ...venció... a los árabes, lo que lo convirtió en un héroe de la Reconquista. Su vida inspiró una de las obras más importantes de la literatura española: *El Cantar del mío Cid*.

AMÉRICO VESPUCIO

Nació en Florencia en el año 1454. Fue un navegante que trabajó al servicio de los reyes de Portugal y de Castilla. Se considera que fue el primer europeo en darse cuenta de que las tierras que c ...descubrió... Cristóbal Colón pertenecían a un nuevo continente. Por esta razón, en 1507 el cartógrafo Martin Waldseemüller utilizó en un mapa el nombre de "América" en su honor para designar al Nuevo Mundo después de la d ...conquista...

7 **Escribe la vida de un personaje histórico de tu país.**

Cuaderno de ejercicios p. 19 y 20 · Actividades interactivas

Unidad 2: p. 37

PALABRA POR PALABRA

Objetivo

- Conocer el vocabulario para hablar de acontecimientos históricos.

4

Para introducir el tema, explique a los alumnos que también hay un léxico específico para hablar sobre los momentos históricos. A modo de sondeo, pregúnteles qué palabras saben en español sobre este tema. Para ayudarlos, sugiérales que repasen las páginas 32 y 33 de esta unidad y que busquen palabras relacionadas. Después de esta puesta en común, invítelos a realizar la actividad.

Para fijar el vocabulario, puede animarlos a que escriban una frase sobre un hecho histórico con cada una de las palabras que aparecen en la actividad.

5

Explique a los alumnos que van a ampliar el vocabulario sobre este tema conociendo un verbo o un sustantivo de la misma familia léxica. Para ello, deben completar el cuadro con una de las palabras de la actividad anterior.

6

Invite a los alumnos a leer los textos sobre la biografía de dos personajes históricos y pídales que los completen con las palabras vistas en la actividad anterior.

Después de realizar la actividad, sugiérales que, para conocer la figura del Cid, vean en su casa la película de dibujos animados *El Cid, la leyenda*. Aunque no es exactamente fiel a los hechos históricos, les aproximará, de una manera divertida, a la leyenda de este personaje.

Pídales que escriban la biografía en una hoja y que se la entreguen para su corrección.

Cuaderno de ejercicios p. 19 y 20
Actividades 2.7. a 2.11.

Actividades interactivas
Momentos históricos

Unidad 2: p. 38

PASO A PASO

Objetivos

- Hablar de acciones terminadas en el pasado.
- Revisar el pretérito indefinido regular.

Paso a paso GRAMÁTICA

PRETÉRITO INDEFINIDO REGULAR

REPASO

	viajar	volver	salir
yo	viajé	volví	salí
tú	viajaste	volviste	saliste
él/ella/usted	viajó	volvió	salió
nosotros/as	viajamos	volvimos	salimos
vosotros/as	viajasteis	volvisteis	salisteis
ellos/ellas/ustedes	viajaron	volvieron	salieron

- La 2.ª y 3.ª conjugación tienen las mismas terminaciones.
- La 1.ª persona del plural es igual a la del presente de indicativo en la 1.ª y 3.ª conjugación regular.

Videogramas

1 **Busca en la sopa de letras ocho verbos en pretérito indefinido. Aquí tienes una pista de cada verbo.**

a Lo contrario de *entrar* (3.ª persona singular).
b Lo hacen con un boli y un papel.
c Lo contrario de *encontrar* (1.ª persona singular).
d Cuando tienen que tomar una decisión.
e Lo contrario de *irse* (1.ª persona plural).
f Cuando vais a México, a Cuba, a Francia...
g Cuando ves a alguien por primera vez. ✓
h Lo contrario de *perder* (1.ª persona singular).

c	o	n	o	c	i	s	t	e	r	d
f	f	g	j	a	b	o	u	i	l	f
a	g	s	e	l	y	ó	o	i	o	e
d	e	c	i	d	i	e	r	o	n	e
h	y	e	n	c	o	n	t	r	é	v
e	t	r	o	e	ó	s	b	o	t	o
s	v	u	e	i	v	e	i	v	s	l
c	o	i	l	s	b	o	a	i	a	v
r	g	a	p	i	p	r	i	a	m	i
i	s	a	a	e	n	n	o	j	b	m
b	e	o	i	e	r	r	t	a	n	o
i	h	a	w	l	d	d	t	s	h	s
e	ó	b	a	l	ú	o	í	t	l	f
r	f	v	s	i	e	v	o	e	o	e
o	a	s	q	m	f	o	j	i	s	e
n	f	r	e	i	a	x	a	s	u	n

2 **Escribe frases con seis de esos verbos.**

a ...
b ...
c ...
d ...
e ...
f ...

3 **Piensa en otros tres verbos regulares en pretérito indefinido y escribe una pista como en el ejercicio 1. Tu compañero/a tiene que adivinar de qué verbos se trata.**

a ...
b ...
c ...

Cuaderno de ejercicios p. 21

PRETÉRITO INDEFINIDO REGULAR

Proyecte el cuadro gramatical y anime a sus estudiantes a que lo completen para sondear si recuerdan las formas regulares del pretérito indefinido. La actividad se puede hacer en grupo clase.

Proyecte el vídeo de gramática para ver una explicación gramatical del pretérito indefinido regular.

Videogramas
El pretérito indefinido: verbos regulares

1

Indique a sus alumnos que tienen que buscar los verbos en pretérito indefinido conjugados en las personas que se indican. Para realizar el ejercicio, primero adivinan y conjugan los verbos y, después, los buscan en la sopa de letras.

Para dinamizar la actividad, proyecte la sopa de letras y resuélvela en grupo clase: los alumnos salen a la pizarra y marcan los verbos. También puede plantear el ejercicio como una competición en parejas: gana la pareja que antes resuelva la sopa de letras.

2

Pida a los estudiantes que escriban las frases en sus cuadernos y que se las entreguen para corregir. Otra alternativa es que las escriban en el libro y que su compañero/a las lea y las corrija. De esta manera, se fomenta el autoaprendizaje.

3

Ayúdelos con el vocabulario que necesiten para escribir las tres pistas. Es importante recordarles que deben pensar en un verbo regular en pretérito indefinido.

Cuaderno de ejercicios p. 21
Actividades 2.12., 2.13. y 2.14.

VERBOS IRREGULARES EN LA 3.ª PERSONA

Algunos verbos de la 3.ª conjugación presentan un cambio vocálico en la 3.ª persona del singular y plural.

	(e → i) pedir	(o → u) dormir	(i → y) construir
yo	pedí	dormí	construí
tú	pediste	dormiste	construiste
él/ella/usted	pidió	durmió	construyó
nosotros/as	pedimos	dormimos	construimos
vosotros/as	pedisteis	dormisteis	construisteis
ellos/ellas/ustedes	pidieron	durmieron	construyeron

Ver **Apéndice gramatical** p. 119 Videogramas

OTROS VERBOS IRREGULARES

REPASO

1 ¿Cómo se conjugan los verbos ***ser/ir*** y ***dar*** en pretérito indefinido?

	ser/ir	dar
yo	fui	di
tú	fuiste	diste
él/ella/usted	fue	dio
nosotros/as	fuimos	dimos
vosotros/as	fuisteis	disteis
ellos/ellas/ustedes	fueron	dieron

2 ¿Cómo cambian su raíz algunos verbos irregulares?

a hacer → hic-, hiz- (él/ella/usted)
b querer → quis-
c poder → pud-
d tener → tuv-
e estar → estuv-
f caber → cup-

Ver **Apéndice gramatical** p. 120

4 **Completa el texto conjugando los verbos entre paréntesis en pretérito indefinido. ¿Sabes de qué famoso artista español habla?**

a Nació (Nacer) en Málaga en 1881 y b murió (morir) en Mougins, Francia en 1973. c Siguió (Seguir) los pasos de su padre José Ruiz Blasco, que d fue (ser) artista, profesor de arte y su maestro. e Hizo (Hacer) sus primeros dibujos a lápiz. f Aprendió (Aprender) con los dibujos de su padre y los g repitió (repetir) con una perfección increíble para un niño de su edad. Cuentan que una vez le h pidió (pedir) a su padre un lápiz y un papel y i dibujó (dibujar) unas palomas tan perfectas que su padre j se sintió (sentirse) peor artista que su propio hijo. Hoy en día está considerado el artista más importante del siglo XX y uno de los que más k influyó (influir) en el desarrollo del arte moderno.

5 **Clasifica los verbos que han aparecido en el texto.**

Regulares	Irregulares e>i (3.ª p.)	Irregulares o>u (3.ª p.)	Irregulares i>y (3.ª p.)	Otros irregulares
nació, aprendió, dibujó	siguió, repitió, pidió, se sintió	murió	influyó	fue, hizo

Cuaderno de ejercicios p. 22 a 26 Actividades interactivas

Unidad 2: p. 39

PASO A PASO

Objetivos

- Hablar de acciones terminadas en el pasado.
- Revisar el pretérito indefinido irregular.

Nota cultural.

Pablo Picasso es uno de los pintores españoles más importantes, no solo del siglo XX, sino de todos los tiempos. Sus obras abordan diferentes aspectos y registros en distintas etapas de su evolución pictórica: etapa azul, rosa, cubista y surrealista, entre otras. Algunas de sus obras más famosas son: el *Guernica*, *Las señoritas de Avignon*, *Pablo vestido de Arlequín*... Para más información, puede consultar en: http://www.biografiasyvidas.com/biografia/p/picasso.htm

PRETÉRITO INDEFINIDO IRREGULAR

Antes de presentar el cuadro gramatical, pregúnteles si recuerdan algún verbo irregular en pretérito indefinido y escriba las respuestas en la pizarra. Si no recuerdan los irregulares, deles alguna pista, como: *¿Recordáis que hay dos verbos que se conjugan igual? ¿Qué verbos cambian de raíz al conjugarse en este tiempo?* A continuación, explique el cuadro gramatical y pida que lo completen.

Proyecte el vídeo de gramática para ver una explicación gramatical del pretérito indefinido irregular.

Videogramas
El pretérito indefinido: verbos irregulares

4

Invite a sus alumnos a completar la biografía y a averiguar de qué artista español se trata.

5

Esta actividad sirve para fijar las formas verbales y les ayuda a reflexionar sobre los verbos irregulares del pretérito indefinido. Se puede hacer en parejas y corregir en grupo clase.

Como actividad adicional, realice el Material fotocopiable 2.2.

Material fotocopiable 2.2.
Oyes/Dices

En grupos de tres, cada alumno/a tiene una tarjeta dividida en dos columnas: a la izquierda, hay formas verbales conjugadas y a la derecha, infinitivos con un pronombre sujeto entre paréntesis. El primer alumno tiene en su tarjeta el verbo *poder* y el pronombre *yo*, con lo que tiene que conjugarlo en pretérito indefinido y decir en alto *pude*. Entonces, el alumno que tenga la palabra *pude* en su tarjeta, tiene que conjugar el infinitivo que esté al lado en la columna de la derecha, y así sucesivamente hasta el final. Es importante que comprendan bien la dinámica del juego antes de iniciarlo.

Cuaderno de ejercicios p. 22 a 26
Actividades 2.15. a 2.20.

Actividades interactivas
Pretérito indefinido, regular e irregular

Unidad 2: p. 40

SUENA BIEN

Objetivo

- Aprender a usar los signos de puntuación.

(11)

La puntuación facilita la comprensión de los mensajes escritos, organiza el discurso y da coherencia a los elementos que lo componen. También señala el carácter de determinados fragmentos: diálogos, citas..., y evita la ambigüedad de los textos, ya que según su puntuación pueden tener diferentes significados.

(13)

Alumno A. Estrofa del poema *Recuerdo infantil* de Antonio Machado.
Y todo un coro infantil / va cantando la lección: / "mil veces ciento, cien mil; / mil veces mil, un millón".

Alumno B. Estrofa del poema *Es una tarde cenicienta y mustia* de Antonio Machado.
La causa de esta angustia no consigo / ni vagamente comprender siquiera; / pero recuerdo y, recordando, digo: / -Sí, yo era niño, y tú, mi compañera.

Suena bien — **PRONUNCIACIÓN Y ORTOGRAFÍA**

Los signos de puntuación

(11) **1** **Señala las funciones que crees que tiene la puntuación en el lenguaje. Después, escucha y comprueba.**

a ☐ Reproduce la lengua escrita.
b ☒ Facilita la comprensión de los mensajes escritos.
c ☒ Organiza el discurso y da coherencia a los elementos que lo componen.
d ☒ Señala el carácter de determinados fragmentos: diálogos, citas...

SIGNOS DE PUNTUACIÓN

■ En español existen los siguientes signos de puntuación:

. punto	; punto y coma	... puntos suspensivos	— raya	" " comillas
: dos puntos	, coma	( ) paréntesis	¡! ¿? signos de exclamación e interrogación	

2 **Escribe cada signo de puntuación junto a su uso.**

a [;] Indica una pausa menor al punto y mayor a la coma. Separa elementos que ya tienen coma o frases independientes, pero que tienen una relación semántica.
b [—] Se usa para incisos (en lugar de paréntesis o comas) o para introducir el estilo directo.
c [:] Interrumpen el discurso y atraen la atención sobre lo que sigue: una enumeración, una cita, una conclusión, etc.
d [¡! ¿?] Abren y cierran frases exclamativas o interrogativas.
e [,] Separa los elementos de una enumeración.
f [( )] Contienen aclaraciones o información adicional.
g [" "] Se usan para las citas y los títulos, y para señalar una o más palabras utilizadas en un sentido no literal. Después de dos puntos, introducen el estilo directo.
h [...] Interrumpen una frase, por lo que queda incierta y sin conclusión. Colocados tras una enumeración, tienen la misma función que "etcétera" (etc.).
i [.] Señala el final de una frase. Después de él, siempre se escribe en mayúsculas.

(12) **3** **Escucha y escribe los signos de puntuación necesarios en estas frases.**

a Pepe dijo [:] ["] Mañana me voy a Italia ["] [.]
b Mi abuelo nació en Ronda [( ] Málaga [ )] [.]
c Tengo que comprar tomates [,] carne [,] fruta [ ] pan [...]
d Luisa preguntó [:] ["] [¿] Puedo venir más tarde [?] ["] [.]
e Jaime [,] que es el hermano de María [,] va a mi misma clase [.]

(13) **4** **Dictado de parejas. Escribe en tu cuaderno lo que lee tu compañero/a.**

Alumno A

Y todo un coro infantil
va cantando la lección:
"mil veces ciento, cien mil;
mil veces mil, un millón".
(Antonio Machado)

Alumno B

La causa de esta angustia no consigo
ni vagamente comprender siquiera;
pero recuerdo y, recordando, digo:
– Sí, yo era niño, y tú, mi compañera.
(Antonio Machado)

Cuaderno de ejercicios p. 27 · Actividades interactivas

1

Con esta actividad se pretende que los estudiantes reflexionen sobre la función de la puntuación en los textos escritos.

2

Explique los signos de puntuación en español y pídales que hagan esta actividad en parejas.

3

Los estudiantes pueden intentar resolver el ejercicio antes de escuchar la audición y, después, comprobar sus respuestas con la escucha.

4

Los estudiantes se dictan una estrofa de un poema, intentando dar la entonación adecuada para que su compañero/a sea capaz de escribir los signos de puntuación necesarios.

Después del dictado, comprueban las respuestas y pasan a escuchar el audio para fijarse en la entonación al recitar.

Cuaderno de ejercicios p. 27
Actividades 2.21., 2.22. y 2.23.

Actividades interactivas
Los signos de puntuación

1 **Con tu compañero/a, responde a las siguientes preguntas.**

a ¿Repasas las lecciones justo antes de empezar el examen?
b ¿Estás nervioso desde que empieza el examen hasta que termina?
c ¿Buscas las respuestas en el libro después del examen?
d ¿Hablas del examen con tus compañeros al día siguiente?
e ¿Tienes dificultades para memorizar fechas y las olvidas al cabo de poco tiempo?

2 **Observa las siguientes imágenes e intenta ponerlas en orden.**

a 1 · b 2 · c 6 · d 4 · e 3 · f 5

3 **Observa el vídeo y haz las actividades que te va a dar tu profesor/a.**

Secuencia de vídeo · Actividades interactivas

cuarenta y uno 41

Unidad 2: p. 41

SESIÓN DE CINE

Objetivos

- Visionar un vídeo donde aparecen los contenidos de la unidad.
- Comprender conversaciones cotidianas entre hispanos.

Material fotocopiable 2.3.

Respuestas:

1. a. 1; **b.** 2; **c.** 6; **d.** 4; **e.** 3; **f.** 5.
2. 1. c; **2.** a; **3.** e; **4.** f; **5.** d; **6.** b.
3. Paula: d, f, h; **Santi:** a, b, e, g; **Eva:** c, d.

Material fotocopiable 2.4.

Respuestas:

2. Imagen 1: 5, Eli les dice las respuestas correctas; **Imagen 2:** 4, los chicos piensan que son unos genios; **Imagen 3:** 3, Eli les pregunta a los chicos si están seguros de haber hecho un examen perfecto; **Imagen 4:** 2, Eli llega a casa de los dos amigos para comentar el examen; **Imagen 5:** 1, Alfonso y Juanjo están jugando a la videoconsola después de haber tenido un examen por la mañana; **Imagen 6:** 6, los chicos se pusieron muy tristes.
4. a. Alfonso y Juanjo están jugando a la videoconsola después de un examen; **b.** Los dos están muy contentos porque creen que han hecho muy bien el examen; **c.** Creen que respondieron bien a todas las preguntas; **d.** A Eli no le pareció tan fácil el examen.
5. a. hizo; **b.** consiguió; **c.** se equivocaron; **d.** Fue; **e.** invadió; **f.** Fue.
6. a. Huáscar; **b.** Algo más de quinientos; **c.** Moctezuma; **d.** En 1533.
7. 1. a; **2.** d; **3.** b; **4.** e; **5.** c.

Diga a los estudiantes que observen las imágenes del vídeo e identifiquen los diferentes detalles que aparecen. Pregúnteles también dónde están los chicos y qué creen que están comentando. A continuación, pídales que lean la sinopsis para comprobarlo.

1

En parejas, los estudiantes tienen que realizar esta actividad como introducción al visionado del vídeo. Después, haga las preguntas a algunos alumnos para que compartan sus respuestas con el resto de la clase.

2

El objetivo de esta actividad es trabajar con imágenes que aparecen en el vídeo para que hagan hipótesis sobre el orden en el que creen que tienen lugar. Después del visionado, podrán comprobar sus respuestas.

3

A continuación, proyecte el vídeo de la serie y presente el Material fotocopiable 2.3.

Material fotocopiable 2.3.
El examen de Historia

Secuencia de vídeo
El examen de Historia

Actividades interactivas
El examen de Historia

Si lo desea, puede trabajar otros acentos a través de la serie hispana ¡Acción! y del Material fotocopiable 2.4.

Material fotocopiable 2.4. (1 y 2)
Dos genios y un examen

¡Acción!
Dos genios y un examen

Actividades interactivas
Dos genios y un examen

Unidad 2: p. 42

MUNDO HISPANO

Objetivo

- Aprender sobre la herencia española en los países hispanos.

Mundo hispano

Cultura

ENCUENTRO DE CULTURAS

Carnaval de Cartagena de Indias, en Colombia.

Las culturas del mundo español

Con el descubrimiento de América, las culturas indígenas y española se combinaron. Pero la herencia cultural del continente no termina allí: tiene conexiones con África, con Asia y con otros países europeos. Estas son algunas de las culturas que forman parte de la identidad hispanoamericana.

- La llegada de los españoles a México significó el fin del Imperio azteca y el inicio del contacto con la cultura europea. Desde 1966, la Plaza de las Tres Culturas está en el lugar de la última batalla entre el español Hernán Cortés y Cuauhtémoc, el emperador azteca. En la plaza hay ruinas de un templo azteca, un convento español y una moderna torre.
- Los países del Caribe tienen una rica mezcla cultural, ya que su población desciende de africanos, indígenas y europeos. En esta región, el Carnaval es la fiesta que celebra la diversidad de herencias a través de la música, el baile, los trajes coloridos y los desfiles.
- En el Caribe, más de 600 000 personas pertenecen al grupo étnico "garífuna". Es un pueblo con herencia africana e indígena caribeña. Tienen su propia lengua, el garífuna, y una cultura única que combina tradiciones de las Antillas y del oeste de África. Viven en varios países centroamericanos y en Estados Unidos.
- En Uruguay y Argentina hay una gran comunidad judía. Está formada por descendientes de los inmigrantes de Europa Oriental, que emigraron a América en los siglos XIX y XX por motivos políticos y económicos. Hoy mantienen su religión y las fiestas tradicionales.

Músicos del grupo étnico garífuna.

Plaza de las Tres Culturas, en México, D.F.

42 cuarenta y dos

LAS CULTURAS DEL MUNDO ESPAÑOL

Antes de abordar el texto, pida a los estudiantes que observen las imágenes y que traten de predecir el tema del mismo. A continuación, introdúzcalo preguntándoles qué saben sobre la herencia cultural española en los países hispanos y si alguno de ellos sabe dónde está presente.

Comience leyendo el primer párrafo del texto y, después, invite a un voluntario a continuar leyéndolo.

Tras la lectura de cada párrafo, haga preguntas como: *¿Qué culturas forman parte de la identidad hispanoamericana? ¿En qué ciudad está la Plaza de las Tres Culturas? ¿Qué significa* "garífuna"*? ¿Cuándo se estableció la comunidad judía en Uruguay y Argentina?*, etc. Continúe con el resto de los párrafos.

Una vez leído el texto, pregúnteles si lo han entendido e invítelos a explicarlo con sus palabras.

Si lo desea, invítelos a realizar la actividad colaborativa 1. En grupos, contestarán a una serie de preguntas hasta encontrar el nombre de una imagen propuesta.

Actividades colaborativas
La yincana de las preguntas

14 **1** **¿Sabías que en Perú hay una gran comunidad japonesa? Escucha y lee.**

Alberto

Japoneses en Perú

"Me llamo Alberto y soy de Lima, Perú. Mis abuelos eran japoneses y emigraron a Perú a principios del siglo XX. En Perú hay una gran comunidad japonesa: ¡más de 50 000 personas! La gente de esta comunidad se llama *nikkei*. Pienso que hay muchas cosas en común entre los peruanos y los japoneses, como ser optimistas y amables. La comida también es parecida, porque las dos culturas disfrutan mucho del pescado fresco. El plato típico de Perú es el ceviche, ¡y en mi opinión se parece mucho a algunos platos deliciosos de Japón!

Mis padres mantienen el idioma y muchas tradiciones de su país. Es muy bonito celebrar fiestas típicas japonesas, como el Día de los Niños y el Día de las Niñas. Yo nací en Perú y siento que soy peruano, pero estoy orgulloso de mi herencia japonesa".

El rincón del deporte

El barrio de La Boca en Buenos Aires, Argentina, está junto al puerto. Tradicionalmente, es un barrio de inmigrantes, donde se hablan muchos idiomas. El club de fútbol local se llama Boca Juniors y es uno de los más famosos del mundo. En 1907, el club buscaba los colores para crear su identidad. Los responsables del club decidieron usar los colores del primer barco en llegar al puerto de Buenos Aires. Fue un barco con bandera sueca y, desde entonces, los colores del club son el amarillo y el azul.

Los fans del Boca Juniors, durante un partido.

2 **Contesta verdadero (V) o falso (F).**

a	La Plaza de las Tres Culturas está en el lugar de una batalla.	☒ Ⓕ
b	El Carnaval es una fiesta donde se come mucho.	Ⓥ ☒
c	Los peruano-japoneses solo hablan español.	Ⓥ ☒
d	Los árabes vivieron muchos años en España.	☒ Ⓕ
e	Los colores del Boca Juniors son los de la bandera suiza.	Ⓥ ☒

3 **Responde a las preguntas.**

a ¿En tu país conviven o han convivido en algún momento diferentes culturas? ¿Cuáles y cuándo?
b ¿En qué notas la influencia de otras culturas en la de tu país?
c ¿Existe algún tipo de influencia hispana actualmente en tu país?
d ¿Piensas que es importante mantener la herencia cultural? ¿Por qué?
e ¿Se usa en tu idioma alguna palabra de origen español? Di un ejemplo.

HISTORIA | Al-Ándalus

Los árabes vivieron en España durante 800 años, entre 711 y 1492. Durante ese tiempo, la región se llamó Al-Ándalus. Por eso, la cultura española tiene mucha influencia de la árabe, en el idioma, la cocina y las tradiciones. La Alhambra, un palacio en la ciudad de Granada, en el sur de España, es un símbolo de la herencia árabe en territorio español.

Detalle del edificio de La Alhambra, en España.

Cuaderno de ejercicios p. 27 y 28 Actividades interactivas

Unidad 2: p. 43

MUNDO HISPANO

Objetivo

- Reconocer la importancia del contacto de culturas.

2

a. verdadero; b. falso (Es una fiesta que celebra la diversidad de herencias a través de la música, el baile, los trajes coloridos y los desfiles); c. falso (Algunos mantienen el idioma japonés); d. verdadero; e. falso (Son los colores de la bandera sueca: el amarillo y el azul).

JAPONESES EN PERÚ

Diga a los estudiantes que van a escuchar a un joven hablando sobre su origen cultural japonés. Invítelos a que escuchen especialmente las palabras relacionadas con la comida y ponga el audio con el libro cerrado. A continuación, pregunte qué palabras relacionadas con la comida han entendido. Enseñe la palabra *ceviche* y pregunte de qué está hecho. Finalmente, ponga el audio otra vez con los libros abiertos para que sigan su lectura.

Como actividad adicional, pídales que busquen en internet más información sobre la comida en Perú y que hagan un póster con la información obtenida incluyendo recetas de los platos.

EL RINCÓN DEL DEPORTE

Antes de leer, pregúnteles si conocen algún equipo de fútbol o algún jugador de fútbol argentinos. Después, dígales que procedan a la lectura del texto.

AL-ÁNDALUS

Muestre un mapa de España y señale dónde estaba situada Al-Ándalus. Dígales que en España hay una gran herencia árabe de este período. Muestre algunas imágenes de monumentos de la herencia árabe en España, como la Alhambra (Granada), la Mezquita (Córdoba) o la Giralda (Sevilla). A continuación, pida que lean el último texto de la página.

2 y 3

Una vez leídos todos los textos de la sección y resueltas las posibles dudas de vocabulario, dígales que contesten a las preguntas de la actividad 2. Pueden comparar en parejas antes de la corrección en grupo clase.

Realizada la actividad 2, leen las preguntas de la actividad 3, piensan en sus respuestas y, después, las comentan en parejas o en grupo.

Cuaderno de ejercicios p. 27 y 28
Actividad 2.24.

Actividades interactivas
Encuentro de culturas

Unidad 2: p. 44

ÉRASE UNA VEZ

Objetivo

- Analizar un fragmento de una obra de literatura.

Nota cultural.

Las aventuras del capitán Alatriste es una colección literaria escrita por el español Arturo Pérez-Reverte. Actualmente, son siete novelas (editadas desde 1996) que se basan en las aventuras de Diego Alatriste y Tenorio, un soldado veterano de los tercios de Flandes y espadachín que malvive en el Madrid del siglo XVII alquilando su espada a todo aquel que la necesite. En 2011, se publicó el séptimo libro de la colección, último hasta el momento. Los libros que la componen son los siguientes: *El capitán Alatriste* (1996), *Limpieza de sangre* (1997), *El sol de Breda* (1998), *El oro del rey* (2000), *El caballero del jubón amarillo* (2003), *Corsarios de Levante* (2006) y *El puente de los asesinos* (2011).

Fuente: http://es.wikipedia.org/wiki/El_capitán_Alatriste

2

a. ¿Dónde nació Arturo Pérez-Reverte?; b. ¿Cuántos años trabajó como corresponsal de guerra?; c. ¿En qué año ingresó en la Real Academia de la Lengua Española?; d. ¿En qué novela se basó/está basada la película...; e. ¿Quién dirigió la película *Alatriste*?

Érase una vez... LITERATURA

1 Lee la biografía de este escritor español.

Arturo Pérez-Reverte

Arturo Pérez-Reverte es uno de los escritores españoles más leídos y más traducidos. Nació en Cartagena (España) en 1951. Desde 1973 hasta 1994, trabajó como corresponsal de guerra para prensa, radio y televisión. Es un escritor muy premiado tanto nacional como internacionalmente por su labor artística y periodística. Entre otros premios, recibió en 1993 el Príncipe de Asturias de Periodismo, por su trabajo como periodista para TVE en la guerra de la antigua Yugoslavia. En 1998 fue nombrado Caballero de la Orden de las Letras y las Artes de Francia y en 2003 ingresó en la Real Academia de la Lengua Española.

Pérez-Reverte

Pérez-Reverte es autor de numerosas novelas de éxito, algunas de las más conocidas son: *El club Dumas*, novela en la que se basó la película *La novena puerta* (1999) del director Roman Polanski, y protagonizada por Johnny Depp; y *Las aventuras del capitán Alatriste*, a quien dio vida en la gran pantalla Viggo Mortensen, en la película llamada *Alatriste* (2006), dirigida por Agustín Díaz Yanes.

Las aventuras del capitán Alatriste es quizás su obra más famosa. Son siete libros que cuentan la historia de Diego Alatriste, un antiguo soldado de la España imperial del siglo XVII y su joven ayudante Íñigo Balboa. Los dos juntos viven apasionantes aventuras de luchas, traiciones, amistad, lealtad y amor en un Madrid oscuro y lleno de peligros.

(Adaptado de http://www.perezreverte.com/biografia)

2 Escribe las preguntas para estas respuestas.

a .... → En Cartagena.
b .... → 21 años.
c .... → En 2003.
d .... *La novena puerta?* → En *El club Dumas*.
e .... → Agustín Díaz Yanes.

3 Vas a leer y a escuchar un fragmento de su obra ***Las aventuras del capitán Alatriste***. Antes, elige...

1 Un espadachín es...
 (a) una persona que usa bien la espada.
 b un tipo de espada.

2 Un soldado es...
 a cada una de las personas que forman un ejército.
 (b) una persona que forma parte del ejército y tiene el grado inferior.

3 La herencia es...
 (a) el conjunto de objetos (dinero, joyas, propiedades, etc.) que una persona deja a otras cuando muere.
 b el oro, el dinero y las joyas que buscan los piratas.

44 cuarenta y cuatro

1

Invite a sus estudiantes a leer los dos textos sobre la biografía del autor español Arturo Pérez-Reverte. Anímelos a que señalen las palabras o expresiones que no entiendan y explíqueselas con algunos ejemplos.

2

Una vez que han realizado la actividad, propóngales que escriban un par de preguntas más sobre lo que han leído y que se las hagan a su compañero/a. También se les puede entregar uno de los títulos de esta colección para que busquen ellos el argumento en internet.

3

Con esta actividad se introducen algunas palabras del texto que van a leer.

ÉRASE UNA VEZ

15 4 Lee y escucha.

No era el hombre más honesto ni el más piadoso, pero era un hombre valiente. Se llamaba Diego Alatriste y Tenorio, y había luchado como soldado en las guerras de Flandes. Cuando lo conocí, malvivía en Madrid, prestando sus servicios como espadachín por cuatro monedas a otros que no tenían la destreza para solucionar sus propios asuntos. [...] Ahora es fácil criticar eso; pero en aquellos tiempos la capital de las Españas era un lugar donde la vida había que buscársela de cualquier forma. [...]

El capitán Alatriste, por lo tanto, vivía de su espada. Hasta donde yo alcanzo, lo de capitán era más un apodo que un grado real. Una noche tuvo que cruzar, con otros veintinueve compañeros y un capitán [...], un río helado, con la espada entre los dientes y solo con una camisa a fin de confundirse con la nieve, para sorprender al ejército holandés, que era el enemigo de entonces porque pretendían proclamarse independientes. [...]

Solo dos soldados españoles consiguieron regresar a la otra orilla cuando llegó la noche. Diego Alatriste era uno de ellos, y como durante toda la jornada había mandado sobre la tropa –al capitán de verdad lo mataron–, se le quedó el mote. [...]

Mi padre fue el otro soldado español que regresó aquella noche. Se llamaba Lope Balboa y también era un hombre valiente. Dicen que Diego Alatriste y él fueron muy buenos amigos, casi como hermanos; y debe ser cierto porque después, cuando a mi padre lo mataron, le juró ocuparse de mí. Esa es la razón de que, a punto de cumplir los trece años, mi madre me mandó a vivir con el capitán. Así fue como entré a servir al amigo de mi padre.

(Adaptado de *Las aventuras del capitán Alatriste*, Arturo Pérez-Reverte, 1996)

5 Contesta a las siguientes preguntas.

a ¿En qué trabajaba Diego Alatriste en Madrid? → Era espadachín.

b ¿Por qué tiene el apodo de "capitán"? → Porque durante todo un día tomó el mando de una tropa al haber muerto el verdadero capitán.

c ¿Quién es el narrador de la historia? → Íñigo Balboa, el ayudante del capitán Alatriste.

d ¿Por qué fue a vivir con Diego Alatriste? → Porque, cuando el padre de Iñigo murió, el capitán Alatriste le juró hacerse cargo de su hijo.

6 Habla con tu compañero/a. ¿Cómo te imaginas al capitán Alatriste?

Actividades interactivas

4 y 5

Los estudiantes van a leer y a escuchar un fragmento de *Las aventuras del capitán Alatriste* para, posteriormente, responder a unas preguntas sobre este.

Puede que el vocabulario les resulte un poco difícil a los estudiantes. Si es así, y para facilitar la comprensión, antes de comenzar la lectura ponga la audición y enseñe las palabras que no conozcan.

Si lo desea, puede hacer una lectura en grupo clase. Se lee un fragmento del texto y se les pide que expliquen con sus palabras lo que se dice en esa parte del relato.

Motive a los alumnos proyectándoles el tráiler de la película en YouTube.

6

Antes de que los alumnos realicen la actividad, escriba en la pizarra los siguientes puntos:

1. Aspecto físico.
2. Carácter.
3. Gustos y aficiones (tiempo libre).
4. Familia.
5. Vida.
6. Experiencias.

Pídales que reflexionen sobre cómo creen que es el capitán Alatriste en estos aspectos para, después, tener más información que contar a su compañero/a. Con estas pautas, se ayuda a los estudiantes a conseguir una mayor fluidez al realizar la interacción oral.

En la página oficial de Arturo Pérez-Reverte (*http://www.perezreverte.com/capitan-alatriste/personajes/*) aparece una descripción detallada de los personajes por si desea trabajar este aspecto del texto.

Actividades interactivas
El capitán Alatriste

Unidad 2: p. 46

ME PREPARO PARA EL DELE

Objetivos

- Familiarizarse con el examen de español DELE.
- Prepararse para lograr el nivel.

16

Anuncio 1. Esta tarde, en *Hablar por hablar*, tendremos como invitada a Penélope Cruz, que nos va a contar todo sobre su nueva película junto a Johnny Deep. Además, nos dará información en exclusiva. No te pierdas hoy a las siete de la tarde *Hablar por hablar*, presentado por Paula Vargas que entrevistará en directo a Penélope Cruz. **Anuncio 2.** ¡Aprovecha las últimas rebajas! ¡Blusas para chicas y camisas para chicos por solo 15 euros! ¡Vestidos y pantalones de diferentes modelos por 20 euros! Recuerda, ¡solo hasta el 15 de septiembre! **Anuncio 3.** Mañana a las diez de la noche, Real Madrid–Barça, final de la Copa del Rey. En directo desde el estadio Santiago Bernabéu. Retransmitido por Pedro Egido y Teresa Pascual. **Anuncio 4.** ¡Ven a Óptica Buenavista! Este mes, por la compra de dos pares de gafas te regalamos unas maravillosas gafas de sol. ¡Para que presumas de buena vista este verano! ¿Cómo lo ves? Acércate hoy mismo a Óptica Buenavista y, además, podrás participar en el sorteo de un crucero por el Mediterráneo.

Me preparo para el **DELE**

Prueba de expresión e interacción escritas

1 **Observa las fotos y escribe un texto (70-80 palabras) para un blog de internet sobre las vacaciones. Di dónde has estado, con quién, qué has visto y cómo te lo has pasado.**

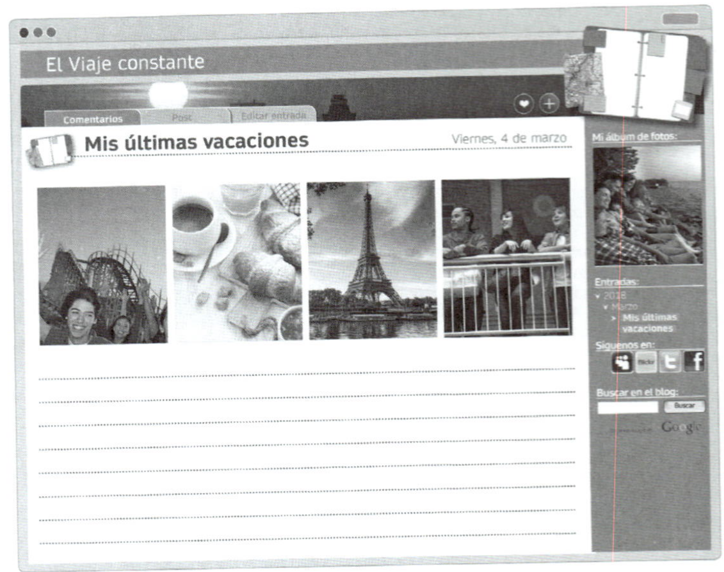

Prueba de comprensión auditiva

16 **2** **Vas a escuchar dos veces cuatro anuncios de radio. Elige la opción correcta.**

1 El programa de radio...
- a va a entrevistar a dos actores.
- (b) va a entrevistar a una actriz.
- c va a entrevistar a Paula Vargas.

2 El anuncio dice que...
- a las blusas y los vestidos cuestan 15€.
- b los vestidos y los pantalones tienen diferentes precios.
- (c) todos los vestidos cuestan lo mismo que los pantalones.

3 El partido...
- (a) es una final de un campeonato.
- b lo retransmiten dos hombres.
- c se juega a las ocho de la tarde.

4 Si vas a Óptica Buenavista...
- a te llevarás dos regalos.
- b te regalan un viaje si compras dos pares de gafas.
- (c) te regalan unas gafas de sol si te compras dos pares de gafas.

Cuaderno de ejercicios p. 29 y 30 · Actividades interactivas

ME PREPARO PARA EL DELE

Se recomienda que no haga ningún comentario que les sirva de ayuda y simplemente dé las instrucciones para que completen el examen. Limite el tiempo para completar la prueba (25 min. o lo que estime oportuno).

Para obtener más información sobre los diplomas DELE, acceda a https://examenes.cervantes.es/es/dele-para-escolares/examenes/a2-b1

1

La prueba de expresión e interacción escritas del DELE A2/B1 escolar consta de dos tareas y se caracteriza por:

50 min.	Características
Tarea 1	Interacción escrita: redactar una carta o un mensaje de foro, correo electrónico o blog..., que puede incluir descripción o narración.
Tarea 2	Expresión escrita: redactar una composición, redacción, entrada de diario, biografía..., que puede incluir descripción o narración, exponiendo información y opinión personal.

Haga que reflexionen sobre las pautas a seguir para escribir una redacción mediante el Material proyectable 2.2.

Material proyectable 2.2. *¿Qué debo hacer?*

2

La prueba de comprensión auditiva del examen DELE para el nivel A2/B1 escolar consta de las siguientes tareas:

35 min.	Características
Tarea 1	Escuchar siete conversaciones y contestar a siete preguntas con tres opciones de respuesta cada una.
Tarea 2	Escuchar seis mensajes y relacionarlos con seis de los nueve enunciados disponibles.
Tarea 3	Escuchar una conversación y relacionar seis enunciados con la persona a la que corresponden (hombre, mujer o ninguno de los dos).
Tarea 4	Escuchar tres noticias y contestar a seis preguntas con tres opciones de respuesta cada una.

Cuaderno de ejercicios p. 29 y 30
Actividades 2.25. a 2.29.

Actividades interactivas
Comprensión de lectura
Expresión e interacción orales

¡Me lo sé!

Unidad 2

EVALUACIÓN

1 Completa con los marcadores temporales más adecuados.

.../5

a Juan y Anabel se conocieron en julio y a l c a b o d e dos años empezaron a salir.
b Patricia vivió en Barcelona d e s d e 2001 h a s t a 2007.
c Javier fue a un campamento d u r a n t e el verano.
d Mi tía se casó muy joven, se divorció y a l o s dos años se volvió a casar.
e Mi hermano se graduó en 2006 y dos años d e s p u é s estudió un máster.

2 Marca en qué frases *volver* tiene significado de repetición.

.../4

a Me dejé la carpeta olvidada en la clase y volví a buscarla.
(b) Ayer volví a dejarme olvidada la carpeta en clase.
(c) Anoche los vecinos de arriba volvieron a hacer una fiesta.
d Anoche los vecinos de arriba volvieron a casa muy tarde.

3 Completa conjugando los verbos entre paréntesis en pretérito indefinido.

.../6

a Dicen que las pirámides de Egipto las construyeron (construir) los extraterretres.
b Los Reyes Católicos se casaron (casarse) en 1469 y reinaron (reinar) desde 1474 hasta 1516.
c He leído que Elvis Presley en realidad nunca murió (morir) y vive en algún lugar escondido.
d Dicen que Newton descubrió (descubrir) la ley de la gravedad cuando se le cayó (caer) una manzana en la cabeza.

4 Escribe el verbo relacionado con los momentos de una persona debajo de cada imagen.

.../3

a tener hijos

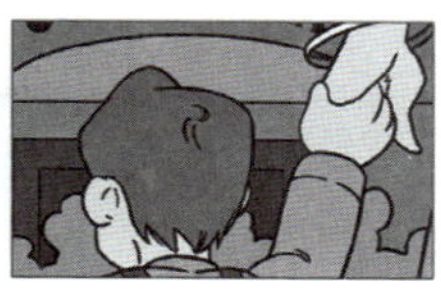

b ir al colegio

c casarse

5 Escribe la palabra relacionada con los momentos históricos para cada definición.

.../4

a Lo puede hacer un rey o un político. → gobernar
b Cada una de las luchas que se hacen dentro de un conflicto armado. → batalla
c Ver o encontrar algo por primera vez. → descubrir
d Entrar en un país por la fuerza de forma inesperada. → conquistar

Ahora soy capaz de...

a ...hablar de acontecimientos en el pasado. Sí No
b ...contar la biografía de un personaje histórico. Sí No
c ...hablar de algunos momentos históricos. Sí No
d ...puntuar un texto en español. Sí No

Sigue practicando con... Spanish Blogger Misión 13

Actividades interactivas

Unidad 2: p. 47

¡ME LO SÉ!

Objetivos

- Practicar los contenidos aprendidos en la unidad.
- Autoevaluar su aprendizaje.
- Revisar lo aprendido con actividades lúdicas.

¡ME LO SÉ!

En esta sección los estudiantes revisarán los contenidos vistos en la unidad. Esto le servirá para evaluar si han asimilado los objetivos propuestos.

Actividades interactivas
Evaluación

AHORA SOY CAPAZ DE...

Explique a los estudiantes que esta actividad les servirá para evaluar su proceso de aprendizaje.

Pídales que reflexionen exhaustivamente y tomen conciencia de los conocimientos que han adquirido en esta unidad.

SPANISH BLOGGER

Invítelos a seguir practicando lo aprendido en esta unidad a través de la Misión 13. Con ella, los estudiantes podrán utilizar el español en un contexto divertido.

Misión 13
Conociendo otras culturas

Unidades 1 y 2

AHORA COMPRUEBA

Objetivo

- Repasar los contenidos aprendidos en las unidades 1 y 2.

1

Pepe: Fue con su mujer / A Tailandia / Hace dos años / Practicó muchos deportes de aventuras e hizo submarinismo / Se lo pasó muy bien pero su mujer se puso enferma; **Ana:** Con su hermana / A París / El fin de semana pasado / Fue a muchos cafés y al museo del Louvre / Lo pasó bien aunque discutieron mucho y le llovió mucho y no pudo subir a la Torre Eiffel; **Iván:** Solo a casa de su tía / A Lanzarote / En Navidad, el año pasado / Estuvo todo el día en casa de su tía porque llovió mucho, no pudo hacer nada / Se aburrió mucho; **Eva:** Con su marido / A Ibiza / En el verano de 1973 / Recorrió la isla en moto y cogió un barco a Formentera / Se lo pasó de miedo.

17

Pepe: Hace dos años, mi mujer y yo fuimos de vacaciones a Tailandia. Es un lugar muy exótico.
Antonio: ¿Y qué tal es la gente?
P.: Es muy amable y la verdad es que hicimos un montón de amigos. Además, practicamos muchos deportes de aventuras e hicimos submarinismo. Yo disfruté muchísimo, pero mi mujer lo pasó un poco mal porque se puso enferma, por la comida, ¿sabes?
A.: ¡Ah!, ¿sí?
P.: Sí, bueno... es que comimos cosas rarísimas, ¡como insectos fritos!
A.: ¡Buaj! ¿En serio?
P.: Sí, de verdad. Y no creas, están muy buenos, son como... patatas fritas.

>>>

Ahora comprueba

17 **1** Vas a escuchar a cuatro personas explicando sus viajes. Completa el cuadro.

	¿Con quién fue?	¿Dónde?	¿Cuándo?	¿Qué hizo?	¿Lo pasó bien?
Pepe					
Ana					
Iván					
Eva					

17 **2** Vuelve a escuchar y escribe todos los superlativos absolutos que oigas.

a muchísimo
b preciosa
c rarísimas
d grandísimo
e aburridísimo
f horrible
g finísima

3 Relaciona las dos columnas y completa con los pronombres de objeto directo e indirecto correspondientes.

1 Ana compró una torre Eiffel de plata y...
2 Mi abuela tiene muchas fotos de cuando estuvo en Ibiza y siempre que vamos a su casa...
3 Pepe dice que comió insectos fritos,...
4 La tía de Iván es muy pesada, las historias...

a nos las enseña.
b se la regaló a su madre.
c me las contaba una y otra vez.
d se los sirvieron en un restaurante.

4 Vas a leer un texto de la página web de un aventurero muy famoso en España. Completa los espacios con el verbo en pretérito perfecto.

Mi pasión nació en mi tierra, en el corazón de los Picos de Europa; y a se ha desarrollado (desarrollarse) especialmente en el Himalaya. A Nepal, donde b he sido (ser) guía de montaña durante más de 16 años, ¡c he viajado (viajar) más de 40 veces! A mis expediciones más importantes, como la del Everest en 2005, empecé a llevarme una cámara y a grabar. Con ese material se inició *Desafío extremo*, que d se ha convertido (convertirse) en un programa de éxito y va ya por su tercera temporada. Enseguida empezó a acompañarme Emilio Valdés, amigo y alpinista, que registra con su cámara todo lo que nos pasa. Como e habéis podido (vosotros, poder) ver en temporadas anteriores de *Desafío extremo*, f he culminado (culminar) los picos más altos de cada continente: Elbrus, Everest, Pirámide de Carstenz, McKinley, Vinson y Aconcagua. g He llegado (Llegar) a la cima, además, de otros dos ochomiles, el Cho Oyu y el Lhotse, y h he alcanzado (alcanzar) el Polo Norte. Además de la montaña, me apasionan las motos, y i he ido (ir) en dos ocasiones al *rally* de los Faraones, en Egipto. También me gusta volar y soy piloto de avionetas. Últimamente j he empezado (empezar) a practicar el submarinismo, un deporte lleno de adrenalina que te permite conocer la extraordinaria vida marina. Esa no es mi especialidad y, de momento, siempre me k han acompañado (acompañar) y me l han ayudado (ayudar) mis amigos que son expertos submarinistas.

(Adaptado de *www.jesuscalleja.es*)

48 cuarenta y ocho

1

Antes de escuchar la audición, indique a los alumnos que lean el cuadro para saber en qué tienen que fijarse durante la escucha.

2

Antes de poner la audición de nuevo, pídales que escriban los superlativos que recuerden haber escuchado.

Adviértales que en la audición también aparecen cuatro superlativos absolutos con el adverbio *muy*: *muy exótico*, *muy amable*, *muy buenos* y *muy blanca*.

3

Los alumnos deben relacionar primero las columnas y, luego, completar con los pronombres de objeto directo e indirecto.

4

Para motivar la actividad, póngales un fragmento de alguno de los programas que pueden verse en www.jesuscalleja.es.

5 **Completa el texto sobre una aventurera española conjugando los verbos entre paréntesis en pretérito indefinido y añadiendo las palabras del recuadro.**

entonces ▪ nadie ▪ de adolescente ▪ allí ▪ porque
en 1635 ▪ 1607 ▪ años más tarde

Doña Catalina de Erauso 1 ...nació... (nacer) en San Sebastián, España, en 1592. 2 ...De adolescente... sus padres la 3 ...metieron... (meter) en un convento, pero en 4 ...1607... 5 ...se escapó... (escaparse) 6 ...porque... no soportaba la vida de religiosa. 7 ...Se disfrazó... (Disfrazarse) de hombre y 8 ...se fue... (irse) en un barco rumbo a América. 9 ...Allí..., 10 ...luchó... (luchar) como soldado por la conquista de Chile. 11 ...Fue... (Ser) tan valiente que la 12 ...nombraron... (nombrar) alférez. 13 ...Nadie... 14 ...descubrió... (descubrir) que era una mujer hasta que en 1624, durante un duelo, la 15 ...hirieron... (herir), y no 16 ...tuvo... (tener) más opción que confesarlo. 17 ...Entonces..., inmediatamente, 18 ...regresó... (regresar) a España para recuperarse y el rey Felipe IV le 19 ...dio... (dar) una recompensa por su valentía. 20 ...Años más tarde..., 21 ...se volvió... (volverse) a vestir de hombre y 22 ...viajó... (viajar) de nuevo a América. 23 ...Murió... (Morir) 24 ...en 1635... en Veracruz, México.

6 **Ahora contesta a estas preguntas sobre el texto anterior.**

a ¿De dónde se escapó Catalina? De un convento.

b "Convento" significa... ☒ la casa donde viven los religiosos.
☐ prisión.

c "Disfrazarse" significa... ☒ vestirse para parecer otra cosa.
☐ vestirse bien.

d ¿Por qué Catalina confesó que era una mujer? Porque la hirieron y no tenía más opción que decirlo.

e ¿Cuántas veces fue Catalina a América? Dos veces.

7 **Escribe un texto (100 palabras) sobre tu mejor viaje: dónde y cuándo fuiste, con quién, qué hiciste y cómo te lo pasaste.**

8 **Ahora cuéntale lo que has escrito a tu compañero/a y añade dos mentiras. Tu compañero/a tendrá que adivinarlas.**

Unidades 1 y 2

AHORA COMPRUEBA

17 >>>

Ana: El fin de semana pasado me fui a París. Mi madre nos regaló un billete a mi hermana y a mí.
Manuela: ¡Hala! ¡Qué suerte! ¡Es una ciudad preciosa! ¡A mí me encantó!
A.: Sí, a mí también. Lo malo es que estuvo lloviendo todo el día, así que no pudimos subir a la Torre Eiffel ni pasear mucho; pero sí fuimos a muchos cafés y al museo del Louvre, que ¡es grandísimo! La verdad es que nos lo pasamos bien, aunque mi hermana y yo discutimos mucho.

Iván: El año pasado, en Navidad, fui a Lanzarote, a casa de mi tía que vive allí.
Leticia: ¡Qué envidia! Seguro que te pudiste bañar en la playa, porque en las islas Canarias siempre hace buen tiempo.
I.: Sí, sí... pues a mí me llovió todos los días y allí, si está lloviendo, es aburridísimo, no hay nada que hacer. Así que estuve todo el día metido en casa de mi tía, y ya sabes cómo es mi tía... ¡no paró de hablar en todo el día! Me contó las mismas historias una y otra vez... ¡Fue horrible!
L.: ¡Qué exagerado!

Eva: Todavía recuerdo el verano de 1973. Ese año fui de vacaciones con tu padre a Ibiza. ¡Cómo lo pasamos! ¡Lo pasamos de miedo! Recorrimos toda la isla en una moto y un día cogimos un barco que nos llevó hasta Formentera.
Blanca: Sí, mamá, ya sé, la isla más bonita del mundo...
E.: ¡Qué playas! La arena era finísima y muy blanca ¡y el agua cristalina! ¡Era como estar en el paraíso!

5 y **6**

Para motivar a los alumnos, antes de empezar el ejercicio, muéstreles en internet la imagen de Doña Catalina de Erauso vestida de hombre junto a otras dos mujeres de la época, y pregunte cuál creen ellos que es la mujer aventurera de la que hablan las siguientes actividades.

7

Pida a los alumnos que usen el vocabulario y las expresiones para valorar experiencias que han aprendido en las unidades anteriores. También puede pedirles que introduzcan, como mínimo, dos superlativos.

8

Esta actividad puede servirle para evaluar la expresión oral y cerciorarse de que están usando el vocabulario aprendido. Puede hacer una puesta en común en grupo clase preguntando a los estudiantes por lo que les ha contado su compañero/a.

Unidad 3

¡QUÉ CURIOSO!

Unidad 3: p. 50

Objetivos de la unidad

- Conocer el tema de la unidad y a los personajes del diálogo.
- Revisar contenidos de la unidad 2.

Recursos del profesor

Materiales fotocopiables
3.1. a 3.7.

Materiales proyectables
3.1. a 3.3.

Audios
18 a 22

Vídeos
- Serie: *Esther, la bailarina*
- *Videogramas*:
  - *Contraste de los tiempos del pasado*
  - *Pronombres y adjetivos indefinidos*
- *Casa del español*:
  - *Contraste pretérito perfecto / indefinido*
- *¡Acción!*: *De nuevo juntos*

Cuaderno de ejercicios
Unidad 3

Actividades interactivas
3.1. a 3.12.

Spanish Blogger
Misión 15: *Historias de ayer y hoy*

Comunicación
- Hablar de hechos curiosos y contar anécdotas
- Describir experiencias personales

Vocabulario
- Los jóvenes y el tiempo libre
- Curiosidades

Gramática
- Contraste pretérito perfecto e indefinido
- Los pronombres y adjetivos indefinidos

Pronunciación y ortografía
- Las mayúsculas

Sesión de cine
- *Esther, la bailarina*

Cultura
- Historias maravillosas

Literatura
- *Llueve en Madrid*, de María Martín Serrano
- *¿Por qué los españoles comen tan tarde?*

¿Qué ves?

1 **Observa la imagen y contesta a las preguntas.**

a ¿Qué tienen las chicas en la mano?
b ¿Crees que han visto una película o la van a ver?
c ¿Cuál es la última película que has visto tú?
d ¿Conoces alguna película de Penélope Cruz? ¿Cuál?

2 **Relaciona las expresiones de tiempo con los momentos de la vida de Penélope Cruz.**

durante su vida ▪ en los años ochenta ▪ en 2010 ▪ durante cuatro años
hasta ahora ▪ en 1974 ▪ este año ▪ desde los 5 hasta los 18

Penélope Cruz

Nació a ..en 1974.., en Madrid. b ..Desde los 5 hasta los 18.. años estudió *ballet*. Sus primeros trabajos fueron c ..en los años ochenta.., con anuncios publicitarios, vídeos musicales, televisión… En 1991 empezó a trabajar en el cine y d ..hasta ahora.. no ha parado de hacer películas. e ..Durante cuatro años.., de 2001 a 2004, fue novia de Tom Cruise, antes de ganar un Óscar.
f ..Durante su vida.. ha tenido que aprender varios idiomas, porque ha rodado películas en Italia, Francia, Estados Unidos… g ..En 2010.. se casó con Javier Bardem y un año después tuvo a su primer hijo.
h ..Este año.. ha dicho que está en un momento muy feliz de su vida.

50 cincuenta

1

Antes de abrir el libro, escriba en la pizarra *cine* para que los estudiantes digan palabras relacionadas con este término. Así se recuerda y amplía el vocabulario de este campo semántico. Se espera que aparezcan palabras como: *entrada, película, actor, actriz, director, protagonista, guion, producción, cartel, premios, Óscar, sala, sesión, palomitas*… Haga ahora la pregunta: *¿Qué tipo de cine os gusta?* Después, escriba al lado de *cine* la palabra *español* y sondee los conocimientos de los alumnos: actores y actrices españoles, directores, títulos de películas…

Si los alumnos muestran interés, puede preguntar por el argumento de algunas películas y si les gustaron o no. Es muy posible que mencionen el nombre de Penélope Cruz, por lo que sería el momento de abrir el libro y centrarse en la foto y en el cartel de la película.

2

Antes de realizar el ejercicio y de conocer la información precisa sobre esta actriz, sondee a los alumnos con preguntas del tipo: *¿Qué sabéis de esta actriz? ¿Habéis visto alguna película suya? ¿Italiana o española? ¿Sabéis si está casada? ¿Tiene hijos?…*

Comenzamos con un diálogo

18 **3 Escucha el diálogo entre Irene y Paula y completa.**

Irene: Me apetece mucho ver esta película. Además, Penélope Cruz me encanta.
Paula: Pues ayer leí una a ...entrevista... suya muy interesante.
Irene: ¡Ah! ¿Sí? Cuenta, cuenta...
Paula: ¿Sabías que se llama Penélope porque a sus padres les gustaba mucho una b ...canción... que se titula así?
Irene: ¡Qué curioso! La verdad es que no es un nombre muy común. Me gusta, es c ...original..., aunque un poco largo...
Paula: Pues a su familia creo que también se lo parece porque la llaman Pe.
Irene: ¡Qué gracioso!
Paula: Y es una actriz muy preparada. Ha estudiado trece años de *ballet*, interpretación... ¡y habla cuatro d ...idiomas...!
Irene: ¡Qué envidia! ¡Me encantaría poder hablar tantos idiomas!
Paula: A mí también. Y también leí que colabora con varias ONG. Incluso grabó una canción para un e ...disco... benéfico. ¡Esta chica sabe hacer de todo!
Irene: Desde luego. Yo la he oído cantar en algunas f ...películas... y lo hace muy bien. También hizo una serie de televisión de una escuela de baile.
Paula: ¡Pero si no era ella! Era su g ...hermana... pequeña, Mónica Cruz, que también es actriz y se parece un montón.
Irene: ¡No me digas! ¡Son idénticas!
Paula: Ya ves, incluso en una peli de la saga *Piratas del Caribe*, Mónica hizo de doble de su hermana.
Irene: Pues sí que se parecen: las dos son guapas, ricas, h ...famosas......

4 Completa las frases con la información del diálogo.

a ...Mónica Cruz... hizo una serie sobre una academia de baile.
b Las dos hermanas se parecen ...mucho/un montón...
c Penélope colaboró en un ...disco benéfico....
d Mónica fue ...doble... de su hermana en una película.

5 Aquí tienes algunas preguntas de la entrevista que leyó Paula. Imagina que eres Penélope Cruz y escribe las respuestas en tu cuaderno. Después, compáralas con tu compañero/a.

a Penélope no es un nombre muy común, ¿por qué te lo pusieron?
b ¿Tu familia te llama de alguna forma especial? ¿Por qué?
c ¿Es verdad que te gusta mucho cantar y bailar?
d ¿Cómo es la relación con tu hermana?
e ¿Es cierto que realizas acciones solidarias?
f ¿Hablas idiomas?

6 Tu compañero/a es un personaje famoso. Preparad una entrevista hablando sobre los siguientes temas.

· Premios · Aficiones
· Trabajo · Vida

Actividades interactivas

cincuenta y uno 51

Unidad 3: p. 51

COMENZAMOS CON UN DIÁLOGO

Objetivos

- Comprender un diálogo oral y escrito.
- Introducir cómo contar anécdotas o hechos curiosos.

5

Posibles respuestas:
a. Bueno, me lo pusieron por una canción de la época de mis padres, que les gustaba mucho; **b.** Sí, mis padres y mis hermanos me llaman Pe, porque dicen que Penélope es muy largo; **c.** Sí, me encanta. Empecé a bailar a los cinco años y también he cantado en algunas películas; **d.** Nos llevamos muy bien, además de hermanas somos amigas, nos lo contamos todo; **e.** Bueno, cuando puedo me gusta ayudar a los que lo necesitan, colaboro con varias ONG y también grabé una canción para un disco benéfico; **f.** Sí, para trabajar en otros países he tenido que aprender varias lenguas.

Nota cultural.
Penélope Cruz es una actiz española de fama internacional. Ha conseguido grandes premios como un Óscar y varios Goya.

3 y 4

Invite a sus estudiantes a escuchar el diálogo con el libro cerrado. Antes de poner el audio, explíqueles que van a escuchar la conversación que tienen las dos chicas en la puerta del cine y pregúnteles de qué creen que hablarán. Una vez realizada la primera escucha y contestada su pregunta, vuelva a poner la audición para que completen el diálogo.

Finalmente, completan las frases de la actividad 4.

5

Actividad de expresión escrita donde los estudiantes tienen que contestar a las preguntas según la información del texto.

Una vez que han contestado por escrito a las preguntas, pueden hacérselas a su compañero/a de manera oral, simulando una entrevista entre la actriz y un/a periodista.

6

En parejas, los alumnos tienen que pensar en un personaje famoso y asumir este rol. Después de decirle a su compañero/a quién es ese famoso, cada uno tiene que preparar las preguntas de la entrevista. Aproveche para escenificar tal entrevista: si es posible, grabe las entrevistas y proceda posteriormente al visionado de las mismas.

Actividades interactivas
Penélope Cruz

Unidad 3: p. 52

HABLAR POR HABLAR

Objetivos

- Hablar de hechos curiosos.
- Contar anécdotas y reaccionar ante ellas.

Hablar por hablar **COMUNICACIÓN**

HABLAR DE HECHOS CURIOSOS Y CONTAR ANÉCDOTAS

■ Para **contar anécdotas** o **curiosidades**:

- ¿Sabías que...?
- Cuentan que...
- Dicen que...
- ¿Sabes...?

■ Para **reaccionar** o mostrar **interés**:

- Cuenta, cuenta...
- ¿De verdad?
- ¡No me digas!
- ¡Qué curioso!

▸ *¿**Sabes** cuál es el insecto que puede saltar más?*
▹ *No, **cuenta, cuenta**...*
▸ *La pulga, puede saltar 200 veces su propia altura.*
▹ *¡**Qué curioso**!*

19 **1** **Completa los diálogos y relaciónalos con las imágenes que aparecen a la derecha. Después, escucha y comprueba.**

de verdad ▪ cuenta, cuenta ▪ qué curioso
sabías que ▪ cuentan que ▪ sabes

Diálogo A

▸ ¿1 ......Sabías que...... el Chupa Chups lo inventó un español?
▹ ¿2 ......De verdad......?
▸ Sí, se llamaba Enric Bernat y tuvo la idea de colocarle un palo a un caramelo porque veía que los niños se manchaban las manos. Se hizo tan popular que hoy en día podemos encontrarlo en cualquier parte del mundo.

1 C

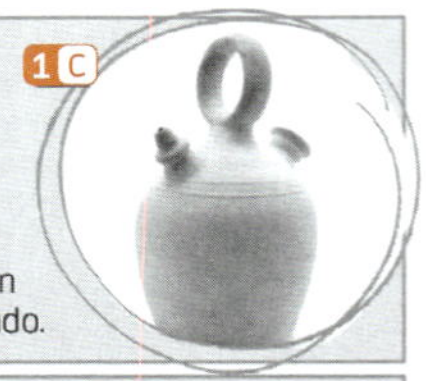

Diálogo B

▸ ¿3 ......Sabes...... cuál es el origen de la siesta?
▹ No, 4 ......cuenta, cuenta.........
▸ Pues se trata de una antigua norma de guardar reposo y silencio después de la sexta hora latina (nuestro mediodía), al ser la hora de más calor. Por eso, entre las tres y las cinco de la tarde, no está bien visto en España llamar a nadie por teléfono.

2 A

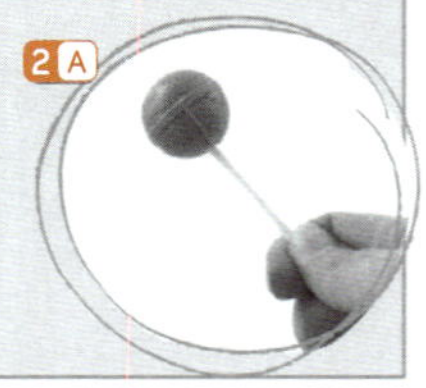

Diálogo C

▸ ¿Sabes qué es un botijo?
▹ ¿Un botijo? No, cuenta, cuenta...
▸ Es un recipiente de barro cocido que sirve para contener agua; y si lo colocas al sol, la enfría.
▹ ¡5 ......Qué curioso......!
▸ Sí, 6 ......cuentan que...... procede del tiempo en el que los romanos dominaban la península ibérica.

3 B

2 **Fíjate en las imágenes y cuenta una anécdota a tu compañero/a. Él/ella tiene que reaccionar.**

Alumno A

Alumno B

Cuaderno de ejercicios p. 31

HABLAR DE HECHOS CURIOSOS Y CONTAR ANÉCDOTAS

Presente el cuadro comunicativo aportando ejemplos para cada una de las estructuras que aparecen en él. Invite a los alumnos a utilizarlas contando algo curioso y compartiéndolo con el resto de la clase.

1

Antes de la escucha, muestre las imágenes de los objetos en la pizarra y pregunte qué saben de ellos sin decir el nombre: *¿Para qué sirven? ¿Los han visto alguna vez? ¿Los han utilizado?...* El objetivo es generar interés para que quieran aprender cosas sobre ellos y las estructuras que se quieren presentar.

A continuación, pídales que completen la actividad utilizando como ayuda el cuadro comunicativo. Los alumnos comparan sus respuestas con las de su compañero/a y, posteriormente, se procede a la escucha para comprobar y corregir la actividad.

Pregunte ahora si conocen otros inventos hispanos o de sus países. Puede presentarles los siguientes inventos españoles para que busquen información sobre ellos en internet: el futbolín, el submarino, el traje espacial de astronauta, la calculadora digital, la radio, la fregona, los cigarrillos, el teleférico, la guitarra clásica, la grapadora o la navaja.

2

En esta actividad el estudiante tiene que plantear una pequeña historia ficticia que le haya sucedido, teniendo en cuenta las dos fotografías. Antes de contar la anécdota a su compañero/a, pídales que escriban un pequeño diálogo utilizando las estructuras que acaban de aprender.

Cuaderno de ejercicios p. 31
Actividad 3.1.

DESCRIBIR EXPERIENCIAS PERSONALES

– ¿Has estado **alguna vez** en España?

Para responder afirmativamente

– *Sí, (he estado)* **muchas veces/varias veces/dos veces/una vez**...
– *Sí, (he nadado con delfines)* **muchas veces**.

- Cuando ya hemos realizado una acción:
  – ***Ya*** *he estado/nadado.*
  – ***Ya*** *he comido.*

– ¿Has nadado **alguna vez** con delfines?

Para responder negativamente

– **No**, *(no he estado)* ***nunca***.
– **No**, *(no he nadado con delfines)* ***nunca***.

- Cuando tenemos intención de hacer algo pero aún no lo hemos hecho:
  – ***Todavía/Aún no*** *he estado/nadado.*
  – ***Todavía/Aún no*** *he comido.*

En español los adverbios *ya, todavía, aún no* preceden o siguen al pretérito perfecto; pero nunca van entre el auxiliar y el participio:

– ***Ya*** *he nadado con delfines.*
– *He nadado* ***ya*** *con delfines.*
He ~~ya nadado~~ con delfines.

3 **¿Cuáles de las siguientes cosas has hecho? Habla con tu compañero/a. En caso afirmativo di cuántas veces, y en caso negativo puedes usar *nunca* o *todavía no*.**

Plantar un árbol.
Ir a un concierto.
Aprender a tocar un instrumento.
Tener una mascota.
Ir a una discoteca.
Escalar una montaña.
Cruzar el Atlántico.
Hacer un viaje sin los padres.
Hacer submarinismo.
Viajar en barco.
Enamorarse.
Ganar un premio.

4 **¿Tenéis algo en común? ¿Qué es lo que más te sorprende de tu compañero/a?**

5 **Piensa en tres cosas originales que has hecho en tu vida. Después, cuéntaselas a tu compañero/a y pregúntale si él/ella también las ha hecho.**

1 2 3

Cuaderno de ejercicios p. 31 Actividades interactivas

Unidad 3: p. 53

HABLAR POR HABLAR

Objetivo

- Describir experiencias personales.

DESCRIBIR EXPERIENCIAS PERSONALES

Con el libro cerrado, pregunte: *¿Qué cosas creéis que hay que hacer en la vida?* En esta lluvia de ideas puede surgir: *tener un hijo, plantar un árbol, dar la vuelta al mundo, escribir un libro, estudiar en un país extranjero, casarse, enamorarse*... Después, pregunte qué cosas han hecho ya (por ejemplo, *Ya he estudiado en un país extranjero*), qué cosas todavía no han hecho pero quieren hacer en el futuro (*Todavía no he dado la vuelta al mundo*) y qué cosas simplemente no han hecho nunca (*Nunca he comido serpiente*). Escriba algunas frases en la pizarra con las estructuras que se van a presentar. A continuación, lea el cuadro comunicativo.

3 y 4

Se sugiere que, durante la realización de la actividad, se pasee entre las mesas y vaya tomando nota de los errores que oiga para corregirlos al final del ejercicio. Esta corrección se hace al terminar, para fomentar la fluidez e interacción oral entre los estudiantes.

5

Como actividad adicional, con la información extraída de estos ejercicios, pueden hacer una gráfica con todas las actividades que han aparecido. Al lado de cada una, anotan cuántos estudiantes la han realizado y los que no. Es una forma de conocer al grupo, sus gustos e intereses.

También puede aprovechar para que los estudiantes cuenten una experiencia, explicando cómo lo pasaron, con quién la tuvieron, por qué la hicieron, etc. Al explicar ahora la anécdota, los alumnos practican los otros tiempos verbales del pasado.

Cuaderno de ejercicios p. 31
Actividad 3.2.

Actividades interactivas
Contar anécdotas y describir experiencias

Unidad 3: p. 54

PALABRA POR PALABRA

Objetivo

- Conocer el vocabulario sobre actividades que los jóvenes pueden hacer en su tiempo libre.

Palabra por palabra VOCABULARIO

Los jóvenes y el tiempo libre

1 Lee y completa.

teléfono ▪ videojuegos ▪ televisión ▪ WhatsApp
juegos de mesa ▪ ordenador ▪ Facebook e Instagram
▪ culturales ▪ internet ▪ hacer deporte

Un reciente estudio realizado a los jóvenes españoles de entre 15 y 18 años sobre sus prioridades en la vida concluye que el tiempo libre es una de sus prioridades y son la primera generación de españoles que dedica más tiempo a a ...internet... que a la televisión. Los b ...videojuegos... son otro de sus pasatiempos.

Las actividades que más practican son: usar el c ...ordenador..., escuchar música o la radio, salir o reunirse con amigos y ver la d ...televisión... En segundo lugar se sitúan actividades como ir a bailar, e ...hacer deporte..., asistir a conciertos o leer libros. En último lugar se encuentran actividades como visitar museos o exposiciones, colaborar con una ONG o asistir a conferencias. Atrás quedaron algunos de los más populares f ...juegos de mesa... de otros tiempos como el parchís, la oca o las cartas.

En general, lo que más les gusta es salir del entorno familiar y estar con los amigos, ya sea presencialmente o mediante redes sociales como g ...Facebook e Instagram...; y lo que menos practican son las actividades h ...culturales..., porque las consideran actividades escolares y no de ocio.

Lo que más diferencia a los nuevos adolescentes es el uso de las nuevas tecnologías, principalmente las interactivas, motivo por el que internet y el i ...teléfono... móvil están desplazando a la televisión, y j ...WhatsApp..., al correo electrónico.

Pero, aunque la adolescencia tiene mala fama y algunas personas dicen que los jóvenes no tienen principios ni control, según el psiquiatra español Luis Rojas Marcos, la mayoría de ellos son bondadosos, curiosos, inquietos y altruistas.

2 Completa con palabras del texto.

Juegos de mesa	Nuevas tecnologías (actividades)
dominó, trivial, parchís, oca, cartas	chatear, usar el ordenador, videojuegos, WhatsApp, correo electrónico, Facebook, Instagram, internet, redes sociales
Actividades al aire libre	**Actividades educativas o solidarias**
montar a caballo, rafting, hacer deporte, pasear, ir a la montaña	talleres, rehabilitación de casas, colaborar con una ONG, asistir a una conferencia, visitar museos o exposiciones

3 Contesta a las siguientes preguntas y coméntalas con tu compañero/a.

a ¿Te sientes identificado con el texto? ¿Por qué?
b ¿Cuáles son tus hábitos de tiempo libre?
c ¿Se parecen los jóvenes españoles y los de tu país? ¿En qué sí y en qué no?

Cuaderno de ejercicios p. 32

1

Con el libro cerrado y en grupo clase, muestre fotografías que representen las diferentes palabras que los alumnos tienen que introducir en el texto: *teléfono*, *televisión*, *ordenador*, *juegos de mesa*, *Facebook*... Estos tienen que decir el nombre y, en el caso de que no lo sepan, dígalo usted. De esta manera, se les conduce al tema que se va a tratar. Después de mostrar todas las fotografías, pregunte: *¿De qué vamos a hablar ahora?* Dígales que lean el texto, primero individualmente para completar los huecos, y después en grupo clase para corregirlo.

2

Invítelos a que hagan esta actividad primero individualmente. Después, comparan en parejas. Dígales que amplíen el vocabulario con otras palabras que conozcan. Corrija la actividad en grupo clase y pídales que pongan en común todas las palabras nuevas que hayan aparecido.

3

Al final de esta conversación entre los alumnos, pregúnteles si a alguno le ha sorprendido algo de lo que le ha contado su compañero/a. También puede poner en común lo que han comentado en la última pregunta: *hábitos de los jóvenes de mi país y de los jóvenes españoles*. Es una oportunidad para presentar las diferencias a través de murales para colgar en clase. Puede establecer varios grupos para que cada uno de ellos trate un tema diferente: diversión, tiempo libre, juegos, gustos, etc.

Cuaderno de ejercicios p. 32
Actividades 3.3. y 3.4.

Curiosidades

4 Relaciona cada palabra con su definición.

1 inventar
2 desembarcar
3 creador
4 conseguir
5 pico
6 lograr

a Llegar a un lugar en barco con la intención de iniciar una actividad.
b Sinónimo de conseguir y alcanzar.
c Alcanzar lo que se pretende o desea.
d Cumbre, punto más alto de una montaña.
e Persona que hace algo nuevo o encuentra una nueva manera de hacer algo.
f Idear algo nuevo artística o intelectualmente.

5 Comprueba las respuestas del ejercicio 4 leyendo las siguientes preguntas.

a ¿Sabes con qué otro nombre se conoció al **creador** del *Quijote*, Miguel de Cervantes?
b ¿Con el gol de qué futbolista **consiguió** la selección española de fútbol ganar el Mundial de Sudáfrica? ¿Contra qué otra selección jugaban?
c ¿Qué actor español de fama internacional **ha logrado** ganar un Óscar? ¿Con qué película?
d ¿Sabes quién **inventó** el submarino?
e ¿Sabes cuál es el **pico** más alto de la península ibérica y dónde se encuentra?
f ¿Qué pueblo **desembarcó** en la localidad de Ampurias en el 218 a.C., iniciando la dominación de la península ibérica?

20 **6 Escribe en estas tarjetas de Trivial la letra de la pregunta del ejercicio 5 que le corresponda según su categoría. ¿Sabes las respuestas? Juega con tu compañero/a. Después, escucha y comprueba.**

HISTORIA

Pregunta: f
Respuesta: ....

GEOGRAFÍA

Pregunta: e
Respuesta: ....

ARTE Y LITERATURA

Pregunta: a
Respuesta: ....

CINE Y ESPECTÁCULOS

Pregunta: c
Respuesta: ....

CIENCIA

Pregunta: d
Respuesta: ....

DEPORTES

Pregunta: b
Respuesta: ....

Cuaderno de ejercicios p. 33 Actividades interactivas

Unidad 3: p. 55

PALABRA POR PALABRA

Objetivo

- Aprender el vocabulario utilizado para contar algunas curiosidades.

4

Esta primera actividad sirve para aprender el léxico que van a encontrar en las actividades siguientes. La corrección del ejercicio se hace una vez que hayan leído las preguntas de la siguiente actividad.

5

Aquí los estudiantes observan las palabras de la actividad anterior en contexto y comprueban sus respuestas. Al mismo tiempo, les estamos preparando para la comprensión auditiva del ejercicio 6.

Antes de pasar a la siguiente actividad, pídales que contesten a las preguntas haciendo hipótesis sobre sus respuestas.

6

Actividad de comprensión auditiva donde van a escuchar las respuestas a las preguntas de la actividad anterior.

Primero, los alumnos tienen que relacionar las preguntas anteriores con su ficha correspondiente. Luego, van a escuchar las respuestas desordenadas y tienen que determinar a qué pregunta corresponde esa respuesta.

Dígales que por cada respuesta acertada obtendrán un "quesito" (cada una de las partes en que se divide la ficha del Trivial) del color de la pregunta. Gana el alumno que más quesitos consiga.

6

Historia: Los romanos; **Geografía:** El Mulhacén (en Sierra Nevada); **Arte y literatura:** El manco de Lepanto; **Cine y espectáculos:** Javier Bardem con *No es país para viejos*; **Ciencia:** Isaac Peral; **Deportes:** Andrés Iniesta, contra la selección holandesa.

20
(Véase la transcripción en la pág. 139)

Cuaderno de ejercicios p. 33
Actividad 3.5.

Actividades interactivas
Los jóvenes y el tiempo libre. Curiosidades

Unidad 3: p. 56

PASO A PASO

Objetivo

- Usar el pretérito perfecto e indefinido para contar anécdotas.

Material fotocopiable 3.1.

Respuestas:

1. **a.** hemos visitado; **b.** has estado, estuvimos; **c.** ha dicho; **d.** llegué; **e.** han terminado; **f.** ha escrito; **g.** pusisteis; **h.** se despertaron; **i.** volvió; **j.** vio; **k.** hemos ido; **l.** estudié; **m.** tuvo; **n.** han tenido; **ñ.** se han levantado; **o.** pidió.

Material fotocopiable 3.2.

Respuestas:

1. **a.** te has levantado; **b.** te pusiste; **c.** Has hecho; **d.** Viste; **e.** Has comido. **2. a.** Volviste; **b.** Has escrito; **c.** Has hablado; **d.** Fuisteis; **e.** has visto.

Paso a paso GRAMÁTICA

CONTRASTE PRETÉRITO PERFECTO E INDEFINIDO

- El **pretérito perfecto** se usa para hablar de:
  - acciones terminadas en un periodo de tiempo no acabado:
    - *Este año **he viajado** mucho.*
    - *Esta mañana **he desayunado**.* (El año y la mañana todavía no han terminado)
  - acciones terminadas que tienen relación con el presente:
    - *No puedo **entrar** porque he perdido la llave.*
  - acciones terminadas en un pasado no concreto:
    - *Yo ya **he visitado** tres teatros romanos.*
  - **Expresiones temporales** que se usan con el **pretérito perfecto**:
    - *Esta tarde/mañana/semana/primavera...*
    - *Este fin de semana/año/invierno...*
    - *Hoy...*
    - *Ya/Todavía no/Nunca...*
    - *Hace un rato/cinco minutos...*

- El **pretérito indefinido** se usa para hablar de:
  - acciones terminadas en un periodo de tiempo acabado:
    - *Ayer **vimos** una peli muy buena.*
    - *El otro día no **fui** a clase.*
  - acciones que no tienen relación con el presente:
    - *En marzo **viajé** a Bélgica.*

  - **Expresiones temporales** que se usan con el **pretérito indefinido**:
    - *La semana/primavera... pasada*
    - *El fin de semana/año/mes... pasado*
    - *Hace tres días/dos años...*
    - *Ayer/Anteayer/El otro día...*
    - *En verano/otoño/1980...*

Videogramas

1 **Señala el tiempo verbal correcto.**

a Esta tarde han dado / **dieron** en la tele un reportaje sobre inventos de la Historia.
b Yo nunca he estado / **estuve** en España pero sí he estado / **estuve** en Portugal.
c Ayer **hemos tenido** / tuvimos clase de Matemáticas y hoy hemos tenido / **tuvimos** de Literatura.
d Tengo un examen la semana que viene y todavía no he empezado / **empecé** a estudiar.
e ▸ El otro día **he visto** / vi a Luis y lo encontré un poco raro. ¿Sabes si le pasa algo?
▹ No, yo lo he visto / **vi** hace un rato y estaba como siempre.
f En verano **hemos ido** / fuimos de vacaciones a Menorca.

2 **Di qué frases son incorrectas y corrígelas.**

a Hace dos días fui a un concierto y me lo pasé genial. → ....
b Hace cinco minutos llamé a mi amigo Luis por teléfono. → he llamado
c El finde pasado he ido a la montaña. → fui
d Todavía no he hecho los deberes de Matemáticas. → ....

Cuaderno de ejercicios p. 33 a 38

Con el libro cerrado, proyecte la primera página (1) del Material proyectable 3.1. para presentar, reflexionar y sistematizar el uso de las expresiones temporales con estos tiempos del pasado. Tienen que ir decidiendo qué tiempo se utiliza en cada frase y por qué. Muestre la segunda página (2) al final para que comparen con sus conclusiones. Por último, presente el cuadro gramatical del libro.

Material proyectable 3.1. (1 y 2)

Seleccionamos el pasado

Proyecte el vídeo de gramática para ver una explicación gramatical del contraste perfecto/indefinido.

Videogramas

Contraste de los tiempos del pasado

1

Realizada la actividad, pueden seguir practicando estos tiempos con el Material fotocopiable 3.1.

Material fotocopiable 3.1.

Pretérito perfecto y pretérito indefinido

2

Después de la corrección y de las explicaciones oportunas, utilice el Material fotocopiable 3.2. como actividad de ampliación.

Material fotocopiable 3.2.

Hablamos del pasado

Como actividad lúdica, realice la actividad del Material fotocopiable 3.3.

Material fotocopiable 3.3.

El tablero del pasado

Tablero de expresiones temporales para que jueguen en grupos: tiran un dado y cuentan en el tablero las casillas. Construyen una frase y, si es correcta, obtienen un punto; si no lo es, el compañero/a que ha visto el error construye otra frase y gana el punto.

Si lo desea, proyecte el vídeo de Casa del español para ver cómo la gente de la calle habla del pasado.

Casa del español

Contraste pretérito perfecto / indefinido

Cuaderno de ejercicios p. 33 a 38

Actividades 3.6. a 3.16.

LOS PRONOMBRES Y ADJETIVOS INDEFINIDOS

- Los indefinidos se usan para referirse a personas o cosas de un modo general. Algunos indefinidos funcionan como pronombres y son invariables.

Pronombres

personas		cosas	
alguien	nadie	algo	nada
¿**Alguien** ha visto mi libro de mates? No, **nadie**.		¿Quieres **algo** de comer? No quiero **nada**, gracias.	

> Estos pronombres pueden ir seguidos de un adjetivo, que será siempre masculino singular:
> – ¿Hay **alguien** dispuesto a hablar con el profe en nombre de la clase?

- Algunos indefinidos tienen función de pronombre y de adjetivo y se usan para hablar de cosas y de personas. Concuerdan en género y número con el sustantivo al que acompañan o sustituyen.

Pronombres: personas y cosas		Adjetivos: personas y cosas	
alguno/a/os/as	ninguno/a	algún/a/os/as	ningún/a/os/as
– ¿Algún chico es de Francia? **Ninguno**. – **Algunos** de mis amigos hablan francés.		– No hay **ningún** chico de Francia. – Tengo **algunos** libros que te van a gustar.	

> - *Algún* y *ningún* se usan delante de un sustantivo masculino singular:
>   – ¿Ves **algún** coche?
> - Cuando en la frase aparece otro elemento negativo, *nada, nadie, ningún, ninguno/a* van después del verbo:
>   – **Ningún** amigo le llamó. → **No** le llamó **ningún** amigo.

Ver **Apéndice gramatical** p. 120 Videogramas

3 **Completa los siguientes diálogos con los pronombres *alguien, nadie, algo* o *nada*.**

a ¿Qué tal llevas el examen?
Fatal, no he estudiado ....nada...., porque ayer me encontraba fatal.
b Me voy al supermercado, ¿quieres que te traiga ....algo....?
No, no necesito ....nada...., gracias.
c ¿Alguien/Nadie ha visto a Marta? Tengo que decirle ....algo.... muy importante.
No, ...nadie.... la ha visto.

4 **Completa con *ningún, ninguno, ninguna, algún, alguno* o *alguna*. Después, di si funcionan como pronombres (P) o adjetivos (A).**

		P	A
a	¿No hay ....ningún.... tren para Murcia?		X
	Seguro que hay ....alguno....	X	
b	No conozco a ....ninguna.... chica rusa en este instituto.		X
c	¿....Alguna.... de vosotras tiene hambre?	X	
d	¿Tienes ....algún.... libro de Historia del Arte?		X
	Yo no tengo ....ninguno....	X	

Cuaderno de ejercicios p. 39 Actividades interactivas

Unidad 3: p. 57

PASO A PASO

Objetivo

- Conocer los pronombres y adjetivos indefinidos.

Material proyectable 3.2.

Respuestas:
Pronombres. Personas: a, g, j, k, o, q; Cosas: b, d, f, l, n.
Adjetivos. Personas: h, i, p; Cosas: c, e, m, ñ.

LOS PRONOMBRES Y ADJETIVOS INDEFINIDOS

Presente el Material fotocopiable 3.4. y el Material proyectable 3.2. para hacer una sistematización sobre los contenidos que van a estudiar. Recorte las frases de una en una y repártalas entre los estudiantes. Estos tendrán que leerlas y pensar si las palabras en negrita (indefinidos) acompañan a un nombre o lo sustituyen, y si hacen referencia a personas o a cosas. Después, los alumnos clasifican las tarjetas recortadas en la pizarra, donde se proyecta el cuadro de los pronombres y de los adjetivos indefinidos. El trabajo se puede realizar en parejas o en grupos de cuatro, dependiendo de la disposición de la clase.

A continuación, remítalos al cuadro gramatical del libro del alumno.

Material fotocopiable 3.4.
Pronombres y adjetivos indefinidos

Material proyectable 3.2.
Pronombres y adjetivos indefinidos

Proyecte el vídeo de gramática para ver una explicación gramatical de los pronombres y adjetivos indefinidos.

Videogramas
Pronombres y adjetivos indefinidos

3 y 4

Actividades para comprobar la adquisición de los contenidos presentados anteriormente de una forma muy controlada.

Si desea comprobar si son capaces de utilizar los pronombres y adjetivos indefinidos en contextos reales y de una manera fluida, pídales que escriban varios minidiálogos, semejantes a los que aparecen en las actividades 1 y 2, y que los representen delante de la clase.

Cuaderno de ejercicios p. 39
Actividades 3.17. a 3.20.

Actividades interactivas
Contraste perfecto e indefinido.
Los indefinidos

Unidad 3: p. 58

SUENA BIEN

Objetivo

- Aprender a usar las mayúsculas.

1

1. c; 2. i; 3. f; 4. d; 5. b; 6. g; 7. a; 8. k; 9. h; 10. j; 11. e.

21

1. Querido Juan: Hace mucho tiempo que no sé nada de ti; 2. La señora María me dijo que habías estado en Guatemala trabajando para una ONG; 3. ¿Por qué te fuiste sin decirme nada?; 4. Por favor, escríbeme y recuerda: "Siempre seremos amigos".

Suena bien PRONUNCIACIÓN Y ORTOGRAFÍA

Las mayúsculas

1 **Relaciona cada uso de las mayúsculas con su ejemplo.**

1 Los nombres propios.
2 Los nombres de asignaturas.
3 Los acontecimientos históricos.
4 Los periodos de la historia.
5 Las fiestas religiosas.
6 Las abreviaturas de tratamiento.
7 Las siglas.
8 Después de punto.
9 Después de puntos suspensivos, si funcionan como punto.
10 Después de dos puntos, si se trata de un inciso o cita.
11 Después de signo de interrogación o exclamación.

a Estudio 3.º de la ESO.
b En Semana Santa vamos a esquiar.
c Ayer me llamó María.
d La Edad Media me parece fascinante.
e ¡Qué bonito! ¿Quién te lo ha regalado?
f La Revolución francesa fue muy importante para el mundo.
g El Dr. Hernández le está esperando.
h Mis aficiones son leer, tocar el piano, pintar... Me gusta mucho el arte.
i Tengo un examen de Matemáticas.
j El profesor dijo: "Hay que ir a la biblioteca".
k Parece que va a llover. Voy a coger el paraguas.

2 **Pon mayúsculas donde sea necesario.**

Mensaje nuevo

De: saraMS@gmail.com Para: anaJimenez@hotmail.com

Hola, Ana:
¡El cumple fue genial! Te cuento: el sábado las chicas me hicieron una fiesta sorpresa. Me llevaron a Port Aventura. A las 9:00 vinieron a mi casa y me dijeron: "Sara, ¿no te acuerdas de que hoy tenemos partido? ¡Te estamos esperando! Como yo soy tan despistada... no me sorprendió y me fui con ellas. Luego cogimos el autobús que va al campo del Salou F.C., (el mismo que va al parque de atracciones). Seguro que estás pensando: "¡Pero si el parque está siete paradas después del campo de fútbol! ¿Cómo no te diste cuenta?". Pues no, ¡soy un desastre! Hasta que no llegamos a la entrada del parque no me di cuenta de nada. ¡Qué pena que no pudiste estar con nosotras! ¡Lo pasamos de miedo!

21 **3** **Dictado.**

Cuaderno de ejercicios p. 40 Actividades interactivas

1

Lleve a clase un fragmento o diferentes fragmentos de textos literarios, periodísticos, científicos, de divulgación... Los alumnos, en grupos de cuatro, deben marcan todas las mayúsculas y deducir la regla por la que se usa, por ejemplo: *es un nombre propio*. Puede acceder a webs de periódicos o revistas en español como: http://www.elpais.com/espana, http://www.elmundo.es/elmundo/espana.html, http://www.muyinteresante.es. No es necesario que en los textos aparezcan todos los casos.

Después de que los estudiantes hayan establecido diferentes reglas para el uso de las mayúsculas, pídales que realicen la actividad individualmente. Adviértales que después de un signo de interrogación o de exclamación (punto 11) se escribe mayúscula excepto si hay una coma, un punto y coma o dos puntos.

2

Los alumnos, después de realizar la actividad individualmente, tienen que compararla con su compañero/a. Si hay diferencias entre sus respuestas, negocian juntos la respuesta correcta. Finalmente, corrija la actividad en grupo clase y aclare las posibles dudas.

3

Tras la realización del dictado, pídales que intercambien su libro con un/a compañero/a para que se lo corrija.

Cuaderno de ejercicios p. 40
Actividades 3.21., 3.22. y 3.23.

Actividades interactivas
Las mayúsculas

Sesión de cine **VÍDEO**

Esther, la bailarina

SINOPSIS

Dos compañeros de clase caminan juntos por la calle y hablan sobre Esther, una compañera que es bailarina y ha participado en el *casting* para un programa de baile de la televisión. Uno de ellos sabe si la han seleccionado...

1 **Mira las imágenes y responde a las preguntas.**

a ¿Dónde van estos chicos?
b ¿Sobre qué están hablando?
c ¿Crees que a alguno de ellos le gusta bailar?
d ¿Quiénes son los chicos que están bailando en la foto de la derecha?
e ¿Es una foto actual o antigua?

2 **Observa el vídeo y haz las actividades que te va a repartir tu profesor/a.**

Secuencia de vídeo · Actividades interactivas

Unidad 3: p. 59

SESIÓN DE CINE

Objetivos

- Visionar un vídeo donde aparecen los contenidos de la unidad.
- Comprender conversaciones cotidianas entre hispanos.

1

Posibles respuestas:
a. Van a clases; **b.** Sobre una compañera que es bailarina; **c.** A Santi le gusta el baile; **d.** Son bailarines de *ballet*; **e.** Parece una foto antigua.

Material fotocopiable 3.5.

Respuestas:
1. Santi: b, g; **Marcos:** d, f; **Esther:** a, c, e. **2.** *ballet* clásico, *comercial dance*, *street dance*, *jazz* fusión y *broadway*.

Material fotocopiable 3.6.

Respuestas:
1. a. Eli, Alfonso, Juanjo y Lorena; **b.** En un restaurante; **c.** Comen, hablan y se enseñan fotos; **d.** Hablan de la escuela, de las vacaciones, de la comida, de las fotos...; **e.** Van a comer sándwiches, hamburguesas y patatas fritas; **f.** Porque se reúnen después de unas vacaciones separados.
2. a. F; **b.** F; **c.** V; **d.** F; **e.** V; **f.** F.
3. a. Fue a un parque natural, con amigos del colegio, lo pasó genial; **b.** Fue a un concierto, con su prima Laura, lo pasó muy bien; **c.** Fue a un restaurante, con sus padres.
4. 1. a; **2.** b; **3.** c; **4.** c.
5. a. en el restaurante de su tío; **b.** mesas; **c.** los platos; **d.** comida; **e.** ensaladas.
6. Fue al cine, Salió con sus amigas, Fue al museo, Paseó por la ciudad, Vio una exposición muy chévere, Salió varias noches a bailar, Hizo muchas cosas.

Diga a los alumnos que observen las imágenes del vídeo. Tienen que identificar los detalles que aparecen. Dígales que observen a los personajes de la imagen y pregunte quiénes creen que son.

1

En parejas, realizan esta actividad como introducción al visionado del vídeo. Invítelos a predecir las respuestas de las preguntas, observando las fotografías.
A continuación, dígales que lean la sinopsis de forma individual y comprueben alguna de sus hipótesis. Otras respuestas tendrán que esperar al visionado del vídeo.

2

A continuación, proyecte el vídeo y presente el Material fotocopiable 3.5.

Material fotocopiable 3.5.
Esther, la bailarina

Secuencia de vídeo
Esther, la bailarina

Actividades interactivas
Esther, la bailarina

Si lo desea, puede trabajar otros acentos a través de la serie hispana ¡Acción! y del Material fotocopiable 3.6.

Material fotocopiable 3.6. (1 y 2)
De nuevo juntos

¡Acción!
De nuevo juntos

Actividades interactivas
De nuevo juntos

Unidad 3: p. 60

MUNDO HISPANO

Objetivo

- Acercar a los estudiantes a diferentes curiosidades sobre el mundo hispano.

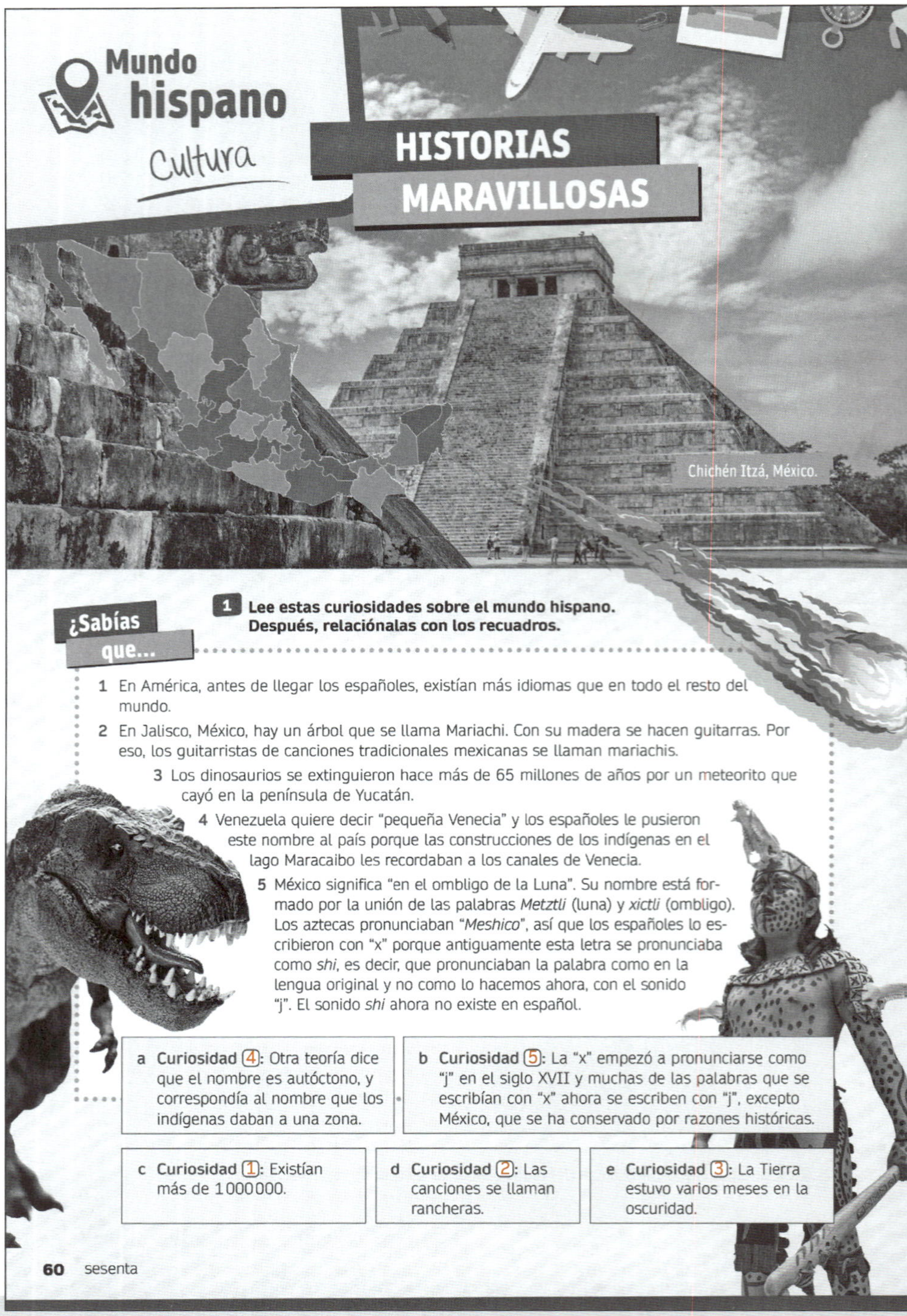

Mundo hispano

Cultura

HISTORIAS MARAVILLOSAS

Chichén Itzá, México.

¿Sabías que...

1 Lee estas curiosidades sobre el mundo hispano. Después, relaciónalas con los recuadros.

1 En América, antes de llegar los españoles, existían más idiomas que en todo el resto del mundo.

2 En Jalisco, México, hay un árbol que se llama Mariachi. Con su madera se hacen guitarras. Por eso, los guitarristas de canciones tradicionales mexicanas se llaman mariachis.

3 Los dinosaurios se extinguieron hace más de 65 millones de años por un meteorito que cayó en la península de Yucatán.

4 Venezuela quiere decir "pequeña Venecia" y los españoles le pusieron este nombre al país porque las construcciones de los indígenas en el lago Maracaibo les recordaban a los canales de Venecia.

5 México significa "en el ombligo de la Luna". Su nombre está formado por la unión de las palabras *Metztli* (luna) y *xictli* (ombligo). Los aztecas pronunciaban "*Meshico*", así que los españoles lo escribieron con "x" porque antiguamente esta letra se pronunciaba como *shi*, es decir, que pronunciaban la palabra como en la lengua original y no como lo hacemos ahora, con el sonido "j". El sonido *shi* ahora no existe en español.

a **Curiosidad** 4: Otra teoría dice que el nombre es autóctono, y correspondía al nombre que los indígenas daban a una zona.

b **Curiosidad** 5: La "x" empezó a pronunciarse como "j" en el siglo XVII y muchas de las palabras que se escribían con "x" ahora se escriben con "j", excepto México, que se ha conservado por razones históricas.

c **Curiosidad** 1: Existían más de 1 000 000.

d **Curiosidad** 2: Las canciones se llaman rancheras.

e **Curiosidad** 3: La Tierra estuvo varios meses en la oscuridad.

60 sesenta

HISTORIAS MARAVILLOSAS

En esta sección se trata el tema de las curiosidades sobre Hispanoamérica. Puede utilizar las imágenes que aparecen en el libro para activar el vocabulario y ayudarlos en la comprensión de los textos. Por ejemplo: *¿Dónde está esta pirámide? ¿Qué son los mariachis? ¿Sabéis cómo se llaman sus canciones? ¿Qué simboliza un jaguar?* Este puede ser el procedimiento a seguir con cada una de las diferentes fotos. De esta forma, los alumnos están preparados y sienten curiosidad por leer la información que aparece en su libro.

1

La lectura de los textos se realiza por diferentes alumnos, centrando el interés en la prosodia: pronunciación y entonación. Compruebe si todo se ha entendido correctamente con preguntas del tipo: *¿"Mariachi" es solo el nombre de un árbol?*

A continuación, en parejas, pueden continuar con la relación de la curiosidad y su continuación en los recuadros.

Historias curiosas de Hispanoamérica

Los países hispanoamericanos son ricos en tradiciones y en imaginación. Para explicar el origen del mundo y los fenómenos naturales, las culturas prehispánicas imaginaron historias maravillosas. En muchas de ellas, los animales de la región como el jaguar, el quetzal y la llama, son los protagonistas.

El jaguar es el felino más grande de América. Era un animal sagrado para las culturas precolombinas, ya que simbolizaba el poder y la fuerza. Es protagonista de muchas leyendas. Una de ellas cuenta que el jaguar saltó al cielo para agarrar el sol, pero el águila se lo quitó. Los dos animales pelearon y, al día siguiente, el jaguar despertó con manchas en la piel, resultado de las quemaduras del sol.

El quetzal es el pájaro nacional de Guatemala. Tiene plumas coloridas y una larga cola. En la época prehispánica, sus plumas eran tan valiosas que se usaban como moneda. Una de las leyendas dice que cuando los indios lucharon contra los conquistadores españoles hubo un río de sangre. El quetzal bajó de los árboles a mirar y parte de sus plumas verdes se volvieron rojas por la sangre.

La llama es un animal muy importante en la zona de los Andes. Está presente en la vida diaria: se usa para el transporte, por su lana y por su carne. Los antiguos habitantes de la región llamaron "Yakana" (*la llama*) a una de las constelaciones en la parte sur de la Vía Láctea. De acuerdo con la leyenda, Yakana vive en el cielo y el 28 de octubre (cuando la constelación está cerca del horizonte) baja la cabeza y bebe el océano.

El jaguar es un símbolo de fuerza y poder.

El quetzal es el pájaro nacional de Guatemala.

Dos niños andinos con llamas bebé.

MITOLOGÍA | LA LLORONA

El mito de la Llorona existe en muchos países hispanoamericanos. Algunos detalles son diferentes de acuerdo con la región, pero la historia es muy similar. La Llorona es, en teoría, el fantasma de una mujer llamada María. Después de una tragedia, María pierde a sus hijos. Desde entonces, va vestida de blanco y llorando de noche.

Una versión ilustrada del fantasma de la Llorona.

2 Indica si las siguientes afirmaciones son verdaderas (V) o falsas (F).

		V	F
a	El quetzal se usa como medio de transporte.		X
b	La leyenda dice que el jaguar se quemó con el sol.	X	
c	Los pueblos andinos prehispánicos veían una llama en el cielo.	X	
d	El jaguar forma parte de la vida cotidiana de los habitantes de los Andes.		X
e	La Llorona existe solamente en México.		X

Cuaderno de ejercicios p. 41
Actividades interactivas

Unidad 3: p. 61

MUNDO HISPANO

Objetivo

- Conocer algunas historias de Hispanoamérica.

2

a. falso (Es la llama la que se utiliza como medio de transporte en los Andes); b. verdadero; c. verdadero; d. falso (Es la llama); e. falso (Esta leyenda existe en otros países hispanos).

HISTORIAS CURIOSAS DE HISPANOAMÉRICA

Introduzca el texto preguntando qué saben sobre los animales de América del Sur y Central. Pida que observen las imágenes y adivinen de qué trata el texto. Pregunte: *¿Habéis visto alguna vez un jaguar? ¿Dónde viven las llamas?*, etc.

Después de leer el texto, pregunte: *¿Qué simboliza el jaguar? ¿Por qué dicen que tiene manchas?*, etc.

LA LLORONA

Lea el texto en clase y pregunte si conocían esta historia. En caso afirmativo, pregunte: *¿Dónde la escuchasteis o la leísteis? ¿Qué detalles de la historia son diferentes en la versión que conocéis?* Anímelos a hablar sobre la historia y el léxico que no conocen.

2

Como actividad adicional, pueden jugar al Trivial. Para ello, reparta el Material fotocopiable 3.7. y el Material proyectable 3.3.

Material fotocopiable 3.7.
Trivial de las curiosidades

Divida a los alumnos en tres grupos para hacer las tarjetas de Trivial. Un grupo busca curiosidades de España. Otro, curiosidades de América Latina. El tercero, de su país o sus países (si hay varias nacionalidades). Cuando cada grupo ha hecho 16 tarjetas, se separan en tres montones y se juega. Para ello, proyecte el tablero del Material proyectable 3.3. En él va marcando dónde está cada equipo y la puntuación. Se elige entre todos a un moderador que lea aleatoriamente las preguntas. Divida la clase en dos equipos para la competición. Se puntúa con 2 puntos la expresión oral y la respuesta correcta, y con 1 punto si se ha cometido un error en la expresión oral, pero la respuesta es correcta. De esta manera, aprenden y memorizan la información al tiempo que trabajan la lengua.

Material proyectable 3.3.
Trivial de las curiosidades

Cuaderno de ejercicios p. 41
Actividades 3.24. a 3.27.

Actividades interactivas
Historias maravillosas

Unidad 3: p. 62

ÉRASE UNA VEZ...

Objetivos

- Analizar un fragmento de una obra de literatura.
- Leer un relato sobre los hábitos de los españoles.

1

a. cruzó, caminó, Dio, Continuó, compró, Subió, continuó, Entró, Se sentó, pidió, Empezó, interrumpió.
b. ha cruzado, ha caminado, Ha dado, Ha continuado, ha comprado, Ha subido, ha continuado, Ha entrado, Se ha sentado, ha pedido, Ha empezado, ha acabado, ha interrumpido.

5

a. verdadero; **b.** falso (Se come entre la una y las cuatro); **c.** falso (Se acuestan muy tarde); **d.** verdadero.

Érase una vez... LITERATURA

Horario Es

22 **1** Lee y escucha.

Llueve en Madrid

Gonzalo cruza la plaza de Tirso de Molina y camina por Relatores hasta la calle Atocha. Da un paseo por la Puerta del Sol, llena de turistas, grupos de adolescentes, parejas de universitarios y algunos jubilados. Continúa su camino por Preciados, donde compra camisetas baratas, unas gafas de sol y algunos libros. Sube por la Gran Vía hasta Fuencarral y continúa su ruta por los barrios de Chueca y Malasaña. Entra en un café de la calle Libertad, casi vacío. Se sienta en una mesa y pide un té con leche y un vaso de agua. Empieza a leer uno de los libros que acaba de comprar. Poco después, una chica interrumpe su lectura.

–¿Te gusta Millás? Yo prefiero sus artículos, pero tiene algunas novelas que me encantan.

María Martín Serrano

2 Imagina que el texto que has leído empieza con los dos marcadores que tienes a continuación. ¿Cómo cambiarían los verbos? Reescríbelos haciendo los cambios necesarios.

a **Ayer** Gonzalo...

b **Esta mañana** Gonzalo...

3 Busca en un mapa de internet las calles y barrios citados en el texto y dibuja el camino que hace Gonzalo.

4 Con tu compañero/a, elige una de las dos versiones y dale un final a la historia.

5 A continuación, vas a leer un texto sobre los horarios de los españoles. Antes de leerlo, intenta decir si estas afirmaciones son verdaderas (V) o falsas (F).

		V	F
a	Los españoles cenan a partir de las nueve de la noche.	X	
b	Los españoles comen antes de la una.		X
c	Los españoles se acuestan temprano si tienen que ir a trabajar al día siguiente.		X
d	Los españoles son los europeos que menos duermen.	X	

62 sesenta y dos

1

Pregunte a sus estudiantes si conocen Madrid. Haga una lluvia de ideas sobre esta ciudad española. Invite a que cuenten sus anécdotas a aquellos alumnos que la hayan visitado o a que aporten curiosidades que conozcan de la ciudad.

A continuación, dígales que van a escuchar un texto sobre un joven que pasea por las calles de Madrid un día de lluvia. Escriba en la pizarra las siguientes preguntas: *¿En qué lugar hay muchos turistas?, ¿En qué calle puede comprar ropa?, ¿Qué pide en la cafetería?* y *¿Qué está leyendo?* Ponga la audición y pida que contesten a estas preguntas.

Finalmente, pida a varios alumnos que lean, por turnos, el texto en voz alta.

2

Actividad para practicar las formas del pretérito perfecto e indefinido.

3

Muestre un mapa del centro de Madrid y pídales que señalen el recorrido que hace Gonzalo: Plaza Tirso de Molina, calle Relatores, Puerta del Sol, calle Preciados, Gran Vía, calle Fuencarral y calle Libertad. El objetivo es situar el contexto en el que se desarrolla la historia.

4

Actividad de expresión escrita para que creen un final de la historia continuando la versión en perfecto o en indefinido. Invítelos a contar algo curioso que haya pasado.

5

Actividad de introducción al texto que van a leer en la actividad 6. Antes de proceder a la lectura, hágales la pregunta del título del texto: *¿Por qué los españoles comen tan tarde?* e invítelos a hacer predicciones. Las respuestas o hipótesis de los alumnos se escriben en la pizarra. Al final de la lectura, se puede volver a ellas para ver si alguien se había acercado a la respuesta correcta.

Unidad 3

6 Lee el texto y comprueba tus respuestas de la actividad anterior.

¿Por qué los españoles comen tan tarde?

En los años 60 había un eslogan para atraer a los turistas que decía: "*Spain is different*". En efecto, hay muchas cosas que diferencian España del resto de países y una de ellas es el horario de las comidas. Mientras que en el resto de Europa la gente normalmente come entre las doce y la una y cena entre las cinco y las ocho, en España se come entre la una y las cuatro y se cena entre las nueve y las once. Un dato curioso es que en España los programas de televisión de más audiencia empiezan a partir de las diez y nunca terminan antes de las doce. Como se cena tan tarde, los españoles son los últimos europeos en acostarse, pero se levantan, más o menos, a la misma hora que los demás. Por lo tanto, son los que menos duermen. Pero el horario de comidas no siempre ha sido así: en los años 30, los españoles comían a la misma hora que el resto de europeos, aunque se acostaban igual de tarde. Parece que acostarse más tarde de la medianoche siempre les ha gustado.

Con el horario "europeo" se aprovecha más la luz natural, indispensable para el trabajo en el campo. Con la guerra civil española, muchas personas se fueron a vivir a las ciudades y empezaron a trabajar en fábricas que tenían luz eléctrica, y las jornadas laborales se hicieron más largas. Además, con la difícil situación económica de la posguerra, algunas personas tuvieron que buscarse varios trabajos para poder subsistir. Por eso tuvieron que cambiar la distribución de las comidas durante el día, alargándolas en el tiempo.

Aunque el pluriempleo ya no es tan común actualmente, se sigue manteniendo el mismo horario, probablemente por el clima. En gran parte de España, en verano, empieza a anochecer a partir de las diez de la noche y, con el calor, a los españoles no les gusta salir de casa antes de las nueve de la noche. Por eso, la gente, aunque tiene que trabajar al día siguiente, aprovecha esa hora para salir a cenar fuera, pasear o hacer deporte.

Además, a las horas de más calor, entre las cuatro y las cinco de la tarde, si los españoles tienen la suerte de no estar trabajando, suelen dormir la siesta. Posiblemente esta es la explicación de por qué los españoles duermen la siesta, aunque este es otro tema…

7 **Contesta a las siguientes preguntas.**

a ¿Cuándo empezaron a cambiar los horarios en España? ……
b ¿Por qué? ……
c ¿A qué hora empieza a salir la gente por la noche en verano? ……
d ¿Crees que el clima influye en la forma de vida de la gente? ……
e Busca en el texto un sinónimo de "empleo". ……
f ¿A qué hora suele dormirse la siesta en España? ……

8 **Compara los horarios de España con los de tu país.**

	En España la gente…	En mi país la gente…
a se levanta…		
b come…		
c cena…		
d sale por la noche…		
e ve la tele…		
f se acuesta…		

9 **Habla con tu compañero/a y di qué ventajas y desventajas tiene el horario de cada país.**

Desventajas	Ventajas

Actividades interactivas

sesenta y tres **63**

Unidad 3: p. 63

ÉRASE UNA VEZ…

7

a. A partir de la Guerra Civil y la posguerra; **b.** Porque las jornadas laborales se hicieron más largas, a causa de la necesidad de trabajar más horas para subsistir y gracias a la iluminación con luz eléctrica de las fábricas; **c.** A partir de las nueve de la noche; **d.** Respuesta abierta; **e.** Trabajo; **f.** Entre las cuatro y las cinco de la tarde.

6

Enseñe el vocabulario necesario para la comprensión del texto. Otra forma de acercarse a este es fotocopiarlo y dividirlo en cinco partes, correspondientes a sus cinco párrafos. Forme grupos de cinco alumnos y deles a cada uno de ellos un fragmento que leerán individualmente y cuya información tendrán que contar a sus compañeros. Después, entre todos, ordenan los diferentes párrafos y reconstruyen el texto. Finalmente, tienen que comprobar el orden abriendo el libro.

7

Los alumnos contestan las preguntas individualmente y se corrige en grupo clase.

8

Los estudiantes hacen el ejercicio individualmente y, después, comparan sus respuestas con las de su compañero/a. Cuando haga la puesta en común, puede ampliar la tarea con la siguiente pregunta: *¿En todas las zonas de vuestro país hay los mismos horarios?*

9

La actividad se puede realizar en parejas, tal y como se indica en el libro del alumno, o a modo de debate en grupo clase. Para esta segunda opción, primero los alumnos completan el ejercicio individualmente. A continuación, divida la clase en dos grupos: uno que apoye las ventajas y otro las desventajas. Para ampliar su trabajo individual, tienen que poner en común, en su grupo, las ventajas y desventajas de este horario en España y buscar entre todos más argumentos y posibles réplicas según la postura que tienen que defender.

El debate tiene lugar con un moderador/alumno que da el turno de palabra. Escuche y tome nota de los errores en las exposiciones orales y, al final, escríbalos en la pizarra y, entre todos, se hace la corrección.

Actividades interactivas
Llueve en Madrid

Unidad 3: p. 64

ME PREPARO PARA EL DELE

Objetivos

- Familiarizarse con el examen de español DELE.
- Prepararse para lograr el nivel.

Me preparo para el DELE

Prueba de expresión e interacción escritas

1 **Has ido a un campamento de verano. Escribe una postal a un/a amigo/a (entre 70 y 80 palabras) contándole: dónde has estado, qué actividades has hecho, a quién has conocido, cómo te lo has pasado...**

Prueba de expresión e interacción orales

2 **Tienes que hablar durante 3 o 5 minutos sobre las actividades de tiempo libre que practicas. Las preguntas que te proponemos te pueden ayudar a preparar tu exposición.**

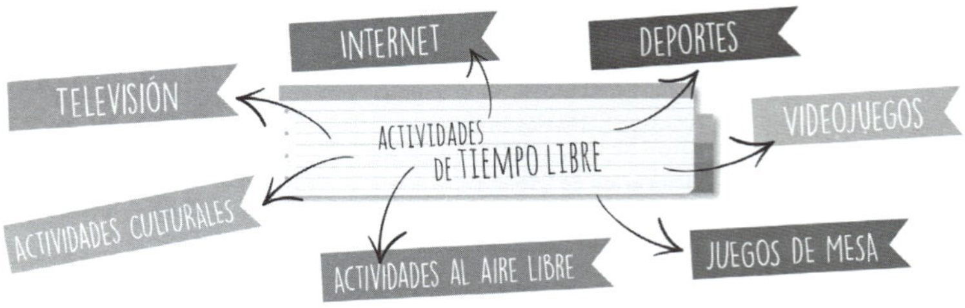

- ¿Cuántas horas a la semana dedicas a las actividades de ocio?
- ¿Cómo repartes esas horas durante la semana?
- ¿Qué actividades de tiempo libre practicas más? ¿Cuáles menos?
- ¿Con quién realizas esas actividades?
- ¿Cuáles crees que son las actividades más adecuadas para alguien de tu edad?
- ¿Hay alguna actividad que te gustaría practicar y aún no te dejan tus padres?

Cuaderno de ejercicios p. 41 y 42 Actividades interactivas

ME PREPARO PARA EL DELE

Dedique una sesión de clase para realizar esta actividad. No haga ningún tipo de comentario que les sirva de ayuda y simplemente dé las instrucciones como en el examen real.

1

En el caso de que considere oportuno facilitar la tarea a sus estudiantes antes de que realicen la actividad, puede activar su imaginación con preguntas del tipo: *¿Qué aparece en las fotos? ¿Qué están haciendo? ¿Se lo están pasando bien? ¿Están contentos? ¿Dónde están?* Otra forma de presentar la actividad es practicar estrategias de memorización haciendo cuadros semánticos: Actividades de agua/Actividades de tierra...

Para realizar la actividad, limite el tiempo (20 minutos o lo que estime oportuno).

2

El examen DELE para el nivel A2/B1 para escolares incluye la prueba de expresión e interacción orales con las siguientes características:

12 min. (+12 min. preparación)	Características
Tarea 1	Describir, de manera breve y sencilla, una fotografía.
Tarea 2	Conversación, en situación simulada, relacionada con el tema de la tarea previa.
Tarea 3	Realizar una presentación oral breve y preparada en la que se describa, en términos sencillos, aspectos y experiencias de la vida cotidiana en relación con un tema concreto.
Tarea 4	Responder a preguntas del entrevistador sobre el tema de la presentación.

Los alumnos, antes de hacer su exposición oral, pueden responder por escrito a las siguientes preguntas y hacer un esquema en el que señalen las ideas principales y secundarias que van a exponer, y cómo lo van a relacionar todo. Este trabajo puede ayudarles a hacer una exposición oral más organizada, correcta y fluida.

Cuaderno de ejercicios p. 41 y 42
Actividades 3.28. a 3.31.

Actividades interactivas
Expresión e interacción escritas
Expresión e interacción orales

Unidad 3

¡Me lo sé!

EVALUACIÓN

1 Completa las siguientes expresiones con las vocales que faltan. .../6

a ¿Sabes que...? b Cuentan que... c ¡Qué curioso!

d ¡No me digas! e ¿De verdad? f Cuenta, cuenta...

2 Relaciona los usos del pretérito perfecto e indefinido con sus ejemplos. .../4

1 Acciones terminadas en un periodo de tiempo no acabado.
2 Experiencias sucedidas en un tiempo no concreto o general.
3 Acciones terminadas en un periodo de tiempo acabado o no relacionado con el presente.
4 Acciones que no hemos realizado pero que tenemos intención de realizar.

a Todavía no he estado en España.
b Este año España ha ganado el Mundial de Fútbol.
c Javier Bardem nació en Las Palmas de Gran Canaria en 1969.
d Fernando Alonso ha ganado dos veces el campeonato del mundo de Fórmula 1.

3 Clasifica los siguientes marcadores con el tiempo verbal al que acompañan. .../12

a esta tarde ▪ **b** anteayer ▪ **c** hoy ▪ **d** la semana pasada ▪ **e** todavía no ▪ **f** nunca
g el otro día ▪ **h** en 2003 ▪ **i** hace tres días ▪ **j** ayer ▪ **k** en julio ▪ **l** alguna vez

Pretérito perfecto → a, c, e, f, l

Pretérito indefinido → b, d, g, h, i, j, k

4 Elige la opción correcta en cada caso. .../5

a ¿Tienes **algún** / **alguno** libro de ciencia ficción?
b **Ninguna** / **Ningún** clase tiene ordenadores?
c Mañana no va **nadie** / **alguien** a la fiesta.
d ▶ ¿Tienes algunos libros para dejarme?
▷ No, no tengo **ningunos** / **ninguno**.
e De mis amigas, **ningunas** / **ninguna** ha viajado fuera de Europa.

5 Escribe las mayúsculas necesarias. .../4

a ¿dónde has estado? ¡te he estado esperando todo el día!
b a la fiesta han venido: mi primo pablo, sergio y carlos.
c el profesor de historia del arte siempre dice: "el arte es la historia del mundo".
d unicef lucha por los derechos de la infancia.

Ahora soy capaz de...

a	...hablar de experiencias personales.	Sí	No
b	...contar anécdotas y hechos curiosos.	Sí	No
c	...hablar de lo que hago en mi tiempo libre.	Sí	No
d	...escribir correctamente las mayúsculas en español.	Sí	No

Sigue practicando con... Spanish Blogger Misión 15

Actividades interactivas

Unidad 3: p. 65

¡ME LO SÉ!

Objetivos

- Practicar los contenidos aprendidos en la unidad.
- Autoevaluar su aprendizaje.
- Revisar lo aprendido con actividades lúdicas.

5

a. ¿Dónde has estado? ¡Te he estado esperando todo el día!; **b.** A la fiesta han venido mi primo Pablo, Sergio y Carlos; **c.** El profesor de Historia del Arte siempre dice: "El arte es la historia del mundo"; **d.** UNICEF lucha por los derechos de la infancia.

¡ME LO SÉ!

En esta sección los estudiantes revisarán los contenidos vistos en la unidad. Esto le servirá para evaluar si han asimilado los objetivos propuestos.

Los alumnos hacen individualmente el test. En la corrección, para que presten más atención, pueden intercambiarse los libros y así corregir el test del compañero/a, debiendo completar la casilla con el resultado.

Actividades interactivas
Evaluación

AHORA SOY CAPAZ DE...

Explique a los estudiantes que esta actividad les servirá para evaluar su proceso de aprendizaje.

Pídales que reflexionen exhaustivamente y tomen conciencia de los conocimientos que han adquirido en esta unidad.

SPANISH BLOGGER

Invítelos a seguir practicando lo aprendido en esta unidad a través de la Misión 15. Con ella, los estudiantes podrán utilizar el español en un contexto divertido.

Misión 15
Historias de ayer y hoy

Unidad 4 HABÍA UNA VEZ...

Unidad 4: p. 66

Objetivos de la unidad

- Conocer el tema de la unidad y a los personajes del diálogo.
- Revisar el léxico de la unidad 3.

Recursos del profesor

Materiales fotocopiables
4.1. a 4.3.

Material proyectable
4.1.

Audios
23 a 31

Vídeos
- Serie: *El misterio del* pendrive
- *Videogramas*:
  - *Narrar en pasado*
  - *Marcadores temporales de pretérito imperfecto. El verbo* soler
- *Casa del español*:
  - *Hablar sobre momentos importantes en la vida*
- *¡Acción!: ¡Brad Pitt está en la ciudad!*

Cuaderno de ejercicios
Unidad 4

Actividades interactivas
4.1. a 4.12.

Actividades colaborativas
Programas y series de televisión en España

Spanish Blogger
Misión 16: *Historias con ritmo*

Unidad 4

HABÍA UNA VEZ...

- **Comunicación**
  - Pedir disculpas y justificarse
  - Aceptar disculpas
- **Vocabulario**
  - Los tipos de textos: cuentos, fábulas, anécdotas, noticias...
- **Gramática**
  - Contraste pretérito indefinido, imperfecto y perfecto
  - *Soler* + infinitivo
- **Pronunciación y ortografía**
  - La tilde en interrogativos y exclamativos
- **Sesión de cine**
  - *El misterio del* pendrive
- **Cultura**
  - ¡Viva la música latina!
- **Literatura**
  - *Los amantes de Teruel*

Cultura y ocio

13 Noviembre

ESPECTACULAR CONCIERTO DEL GRUPO MOVIDA

¿Qué ves?

1 **Marcos fue al concierto de *Movida*, su grupo de música favorito. ¿Qué crees que le pasó? Habla con tu compañero/a.**

a Marcos era amigo de la cantante.
(b) La cantante invitó a Marcos a subir al escenario con ella.
c Marcos forma parte del grupo y toca en todos los conciertos.
d Marcos llevaba su guitarra por si acaso le pedían tocar con el grupo.

2 **Ordena las palabras para formar frases y saber qué pasó en el concierto.**

a de Movida / Marcos / en las Ventas. / fue al concierto → Marcos fue al concierto de Movida en las Ventas.
b lanzó su guitarra / La cantante / cogió. / al público / y Marcos la → La cantante lanzó su guitarra al público y Marcos la cogió.
c cogió la guitarra. / al escenario / porque / Marcos subió → Marcos subió al escenario porque cogió la guitarra.
d su canción / Marcos / favorita. / cantó con ellos → Marcos cantó con ellos su canción favorita.
e la guitarra firmada. / El grupo / a Marcos / le regaló → El grupo le regaló a Marcos la guitarra firmada.

66 sesenta y seis

1

Antes de comenzar con la actividad, diga a los estudiantes que se fijen en la imagen y pregúnteles si han ido alguna vez a un concierto. En caso afirmativo, pídales que recuerden y anoten cuándo (este mes, el año pasado, hace una semana...), qué grupo vieron, dónde se celebró, con quién fueron... También invítelos a que, en una hoja aparte, describan en presente la ropa que llevaban en el concierto y el aspecto del escenario y de los artistas. Por último, dígales que guarden todo lo escrito porque lo van a utilizar en otra actividad.

A continuación, informe que el concierto de la imagen es el concierto al que fue Marcos. Anímelos a que, en parejas, comenten qué creen que le pasó, que imaginen qué cosas pueden pasar en un concierto y que se inventen cinco hechos importantes.

2

Introduzca esta actividad pidiendo a los alumnos que comparen sus historias con lo que en realidad sucedió. Para ello, tienen que ordenar las frases tal y como se indica en el enunciado de la actividad. Después, corrija la actividad en grupo clase asegurándose de que han entendido completamente las frases.

Comenzamos con un diálogo

23 3 Marcos le cuenta a su amiga Elena lo que le pasó en el concierto de Movida. Escucha y completa el diálogo.

Marcos: ¿Has visto, Elena? ¡Salgo en el a ...periódico...!
Elena: ¿Sí? ¡¿Qué dices?!
Marcos: Mira, mira...
Elena: ¡Es verdad! Es el b ...concierto... de *Movida*, ¿no?
Marcos: Sí, estuvo genial. Pero lo mejor de todo fue lo que me pasó allí. ¡Ha sido la mejor c ...experiencia... de mi vida!
Elena: ¿Qué te pasó?
Marcos: Pues resulta que **a mitad del** concierto la cantante **lanzó** su guitarra al **público** y dijo que, si una persona la cogía, iba a tener una d ...sorpresa... Yo no podía imaginar que esa persona iba a ser yo, pero cuando la lanzó, no sé, vino directamente hacia mí y ¡la cogí!
Elena: ¡Qué fuerte!
Marcos: Entonces la e ...cantante... dijo que la sorpresa era subir al f ...escenario... y cantar un **tema** con ellos.
Elena: ¡Qué **corte**!
Marcos: Pues la verdad es que al principio sí, pero después me olvidé de que había tanta gente mirándonos y solo pensaba en que estaba al lado ¡del g ...grupo... *Movida*! y que podía cantar con ellos. ¡Fue maravilloso!
Elena: Me lo imagino...
Marcos: Y además, después del concierto, me firmaron la guitarra, me la h ...regalaron... y me hicieron una i ...foto... que hoy sale en todos los periódicos. Mira, mira lo que pone en la guitarra: "Para Marcos, una joven promesa del *rock*".
Elena: ¡Qué pasada! ¡Esta sí es una **historia** para contársela a tus j ...nietos...!

4 Busca un sinónimo de estas palabras entre las que aparecen resaltadas en el texto.

- a Anécdota → historia
- b Canción → tema
- c Vergüenza → corte
- d Tiró → lanzó
- e En medio del → a mitad
- f Espectadores → público

5 Contesta a las siguientes preguntas.

a ¿Por qué crees que Elena le dice a Marcos que es una historia para contar a los nietos?
....

b ¿Por qué dejó de pasar vergüenza Marcos?
....

c ¿Por qué crees que le escribieron en la guitarra a Marcos *Para una joven promesa del* rock?
....

d ¿Has vivido alguna experiencia parecida?
....

Actividades interactivas

sesenta y siete **67**

Unidad 4: p. 67

COMENZAMOS CON UN DIÁLOGO

Objetivos

- Comprender un diálogo oral y escrito.
- Hablar de acciones terminadas en el pasado.

5

a. Porque es una anécdota poco habitual y es algo que no se olvida; **b.** Porque se olvidó de que había tanta gente; **c.** Porque es un chico con talento y piensan que en el futuro podría dedicarse a la música; **d.** Respuesta abierta.

3

Contextualice la actividad diciendo a los estudiantes que van a escuchar la historia del concierto de Marcos contada por él mismo a su amiga Elena. Haga una primera escucha sin que anoten nada y sin que lean el texto. Después, comente en grupo clase las posibles respuestas a la actividad leyendo el diálogo. Cuando los estudiantes digan las posibles respuestas, acepte aquellas correctas y rechace las erróneas. En cualquier caso, no adelante todas las respuestas, ya que se va a hacer una segunda escucha para verificar estas y completar las que falten.

4

Presente las palabras de la actividad y asegúrese de que conocen su significado. A continuación, remítalos al texto para que encuentren en este palabras sinónimas a las presentadas.

5

Pida a los estudiantes que respondan individualmente a las preguntas de la actividad y que después comparen sus respuestas con las de un/a compañero/a. Mientras los estudiantes hacen la actividad, muévase entre ellos para aclarar cualquier consulta.

Actividades interactivas
El concierto de Movida

Unidad 4: p. 68

HABLAR POR HABLAR

Objetivo

- Pedir disculpas y justificarse.

24

Diálogo 1.

- ¡Pero bueno!, ¿qué le ha pasado? ¡Tiene varias páginas rotas!
- Ay, lo siento muchísimo, ha sido mi perro.
- Ya, pero... tienes que cuidar más las cosas cuando te las preste.
- Sí, tienes razón. De verdad, no va a volver a pasar.

Diálogo 2.

- Hola, Javier. ¿Me lo has traído?
- Perdóname, pero lo he perdido.
- ¿Cómo?
- Ha sido sin querer. Perdí la mochila en el parque y estaba dentro. Mañana te compro el nuevo que ha salido para la Wii, ¿vale?
- Bueno, no te preocupes, no pasa nada.

Hablar por hablar COMUNICACIÓN

PEDIR DISCULPAS Y JUSTIFICARSE

■ Para **pedir disculpas** se usa:

- Perdón.
- Perdona (tú)/Perdone (usted).
- Perdóname (tú)/Perdóneme (usted).
- Lo siento (mucho/muchísimo/de verdad).
- ¡Cuánto lo siento!
- Siento (mucho)...

■ Para **justificarse** al pedir disculpas usamos:

- Es que...
- No lo voy a volver a hacer más.
- No va a volver a pasar.
- Ha sido sin querer.
- Yo no lo sabía.

– ***Perdón*** *por llegar tarde,* ***es que*** *el metro no funcionaba bien.*
– ***Perdóneme, ha sido sin querer.***
– ***Siento mucho*** *haber cogido tu móvil sin permiso.* ***No lo voy a volver a hacer más.***

1 **Relaciona las imágenes. Después, escribe qué crees que dicen los personajes para justificarse.**

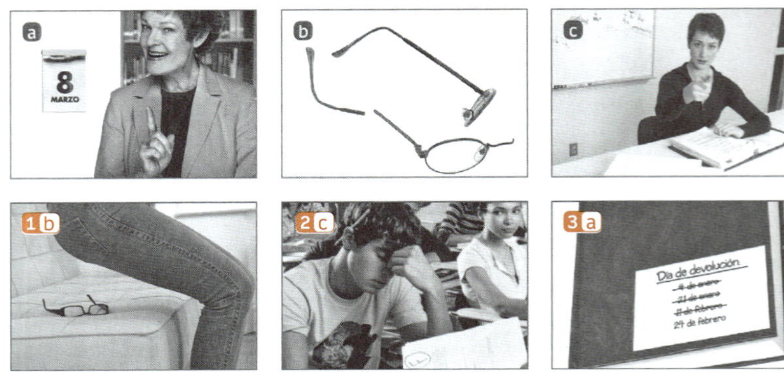

a ......

b ......

c ......

24 **2** **Escucha los siguientes diálogos e imagina qué ha pasado.**

Diálogo 1 Una amiga le ha dejado a otra un libro que ha roto su perro.
Diálogo 2 Javier ha perdido un videojuego de su amiga.

Posibles respuestas

3 **Habla con tu compañero/a.**

a ¿Cuándo fue la última vez que **pediste perdón**? ¿A quién se lo pediste? ¿Pusiste alguna excusa para justicarte? ¿Te perdonó?

b ¿Cuándo fue la última vez que **te pidieron perdón a ti**? ¿Quién fue? ¿Te puso alguna excusa? ¿Le perdonaste?

Cuaderno de ejercicios p. 43

68 sesenta y ocho

1

Antes de comenzar con la actividad, comente las imágenes con los estudiantes. Anímelos a relacionarlas, a hablar de los contextos de cada una y guíeles hacia el significado que tienen que inferir del ejercicio. Después, indíqueles que esas situaciones necesitan una expresión para pedir disculpas y justificarse.

A continuación, presente el cuadro comunicativo y sugiérales que escriban las tres frases de la actividad para justificarse.

2

Antes de comenzar la audición, explique a los estudiantes que van a escuchar dos diálogos en los que una de las personas se excusa por algo y que ellos tienen que intentar explicar por qué. Primero, pida que comenten las hipótesis en parejas y, después, corrija en grupo clase.

3

Fije en la pizarra las estructuras para pedir perdón. Siguiendo el modelo anterior, comente otras situaciones para pedir disculpas, como a una profesora, a alguien que no se conoce, a un/a amigo/a o compañero/a, etc. Corrija las estructuras que se han pronunciado o conjugado de forma incorrecta y añada las que crea convenientes. Conserve la información de la pizarra mientras los estudiantes realizan la actividad 3.

Cuaderno de ejercicios p. 43
Actividades 4.1., 4.2. y 4.3.

ACEPTAR DISCULPAS

- Para **aceptar disculpas** de alguien se usa:
  - No te preocupes.
  - Tranquilo, no pasa nada.
  - No tiene importancia.
  - Te perdono.
- Algunas veces se añade una condición, que se introduce con ***pero***:
  - Te perdono, **pero** no lo vuelvas a hacer más.

25 **4** **Escucha estos diálogos y relaciónalos con las imágenes.**

Diálogo: B

Diálogo: C

Diálogo: A

25 **5** **Vuelve a escuchar y completa.**

Diálogo A

Gabriel: ¡Eh! ¡Mira por dónde vas! ¡Me has dado con la mochila en la cabeza!
Álex: 1 Perdona, tengo prisa y no te he visto.
Gabriel: Bueno, 2 no pasa nada, pero ten cuidado.

Diálogo B

Olga: ¡Llevo más de media hora esperando!
Álvaro: 3 Lo siento, es que el autobús ha tardado mucho en venir.
Olga: ¡Siempre me pones la misma excusa!
Álvaro: ¡Pero es verdad! Mira, ha tardado tanto que, mientras esperaba el autobús, te he comprado las flores que tanto te gustan.
Olga: Bueno, 4 te perdono, pero porque me has traído flores, que si no...

Diálogo C

Óscar: 5 Siento mucho llamarte a estas horas, pero necesito para mañana el libro de Lengua, ¿me lo puedes llevar mañana a clase?
Carlos: Sí, claro, 6 no te preocupes, mañana te lo llevo, 7 pero por favor, intenta acordarte de las cosas antes, ¡son las doce de la noche!
Óscar: Ya, lo siento, 8 no va a volver a pasar.

6 **Habla con tu compañero/a. Sigue las instrucciones de tu recuadro.**

Alumno A
Situación 1. Empiezas tú.
- Invita a tu compañero/a, que es tu mejor amigo/a, a una fiesta. Acepta sus disculpas por no asistir a tu fiesta.

Situación 2. Empieza tu compañero/a.
- Tu compañero/a te ha dejado su pantalón favorito y dice que se lo has devuelto roto. Pídele perdón y justifícate.

Alumno B
Situación 1. Empieza tu compañero/a.
- Tu mejor amigo/a te ha invitado a una fiesta, pero otro amigo te ha invitado a otra fiesta más guay. Discúlpate y pone una excusa para no ir.

Situación 2. Empiezas tú.
- Le has dejado tu pantalón favorito a tu compañero/a y te lo ha devuelto roto. Díselo. Luego, acepta sus disculpas.

Cuaderno de ejercicios p. 44 · Actividades interactivas

Unidad 4: p. 69

HABLAR POR HABLAR

Objetivo

- Aceptar disculpas.

4 y **5**

Retome la información que se escribió en la pizarra para la actividad 3 y relaciónela con las imágenes 1, 2 y 3 de la actividad 4, que son situaciones en las que se piden disculpas a una pareja, a un amigo y a un compañero.

A continuación, ponga la audición y haga una primera escucha en la que los estudiantes deben relacionar los diálogos con las imágenes.

Posteriormente, en la actividad 5, vuelven a escuchar los diálogos para completarlos.

Al terminar, pídales que clasifiquen las expresiones de los diálogos en las categorías de los cuadros comunicativos de las páginas 68 y 69.

6

Actividad de interacción oral en la que los estudiantes tienen que activar algunos de los exponentes presentados. Para ello, divida la clase en parejas e indique a los alumnos que, durante la realización de la actividad, tienen que respetar los turnos de las fichas y cambiar los roles una vez representadas las situaciones.

Cuaderno de ejercicios p. 44
Actividades 4.4. y 4.5.

Actividades interactivas
Pedir y aceptar disculpas y justificarse

Unidad 4: p. 70

PALABRA POR PALABRA

Objetivo

• Identificar distintos tipos de textos.

Nota cultural.

La sombra del viento (2004): uno de los libros de más éxito de los últimos años de la literatura española y de repercusión mundial, se han vendido más de seis millones de ejemplares en todo el mundo. Su escritor es Carlos Ruiz Zafón. Para más información, se puede consultar la página web dedicada a su libro, en la que se pueden descargar los dos primeros capítulos y que incluye un juego, fotos e información sobre el autor: *www.lasombradelviento.net/*

Antonio Machado (1875 – 1939): poeta y prosista español perteneciente al movimiento literario conocido como Generación del 98. Mantuvo una estrecha relación con otros poetas y escritores de su época como Rubén Darío, Juan Ramón Jiménez o Unamuno, entre otros. Su hermano Manuel Machado fue también poeta. Fue miembro de la Real Academia Española. Algunas de sus obras más conocidas son *Soledades, galerías y otros poemas*, *Campos de Castilla* y *La guerra*.

La leyenda que aparece en la actividad es la **leyenda de Sant Jordi**, que se va a estudiar en el *Repaso de las unidades 3 y 4*.

Palabra por palabra VOCABULARIO

Los tipos de textos

1 Lee estos fragmentos y relaciónalos con su tipo de texto correspondiente.

a HABÍA UNA VEZ UNA NIÑA QUE VIVÍA CON SU MADRE EN UNA CASITA EN EL BOSQUE. UN DÍA SU MADRE LE DIJO:
— HIJA MÍA, TIENES QUE IR A CASA DE TU ABUELITA PARA LLEVARLE...
(CAPERUCITA ROJA, ANÓNIMO)

b *Anoche cuando dormía*
soñé, ¡bendita ilusión!,
que una fontana fluía
dentro de mi corazón.
(*Anoche cuando dormía*, Antonio Machado)

c *Dicen que en un país muy lejano había un dragón que se comía a las jóvenes del lugar. Las chicas se elegían por sorteo y un día le tocó a la hija del rey. Pero un apuesto caballero llegó en su caballo blanco...*

d ROBO EN UN CHALÉ DE MARBELLA
La policía está investigando el misterioso robo, ocurrido ayer por la noche en un lujoso chalé de Marbella.

e Había una vez una cigarra y una hormiga que vivían en el mismo prado. En verano, mientras la hormiga trabajaba, la cigarra cantaba...
(*La cigarra y la hormiga*, Esopo)

f EL OTRO DÍA ESTABA EN EL METRO Y ESTABA TAN CANSADA QUE CORRÍ PARA SENTARME EN UN ASIENTO, PERO HABÍA OTRO HOMBRE QUE TAMBIÉN SE IBA A SENTAR Y AL FINAL, SIN QUERER, ME SENTÉ ENCIMA DE ÉL. ¡QUÉ VERGÜENZA!

g «Todavía recuerdo aquel amanecer en que mi padre me llevó por primera vez a visitar el Cementerio de los Libros Olvidados...».
(*La sombra del viento*, Carlos Ruiz Zafón)

1 [g] novela
2 [d] noticia
3 [a] cuento
4 [e] fábula
5 [b] poema
6 [f] anécdota
7 [c] leyenda

2 Completa las frases con los tipos de textos.

a La ....fábula.... es una historia inventada. Los protagonistas siempre son animales y el final de la historia suele tener una lección moral a la que se le llama moraleja.
b La ....anécdota.... es una historia normalmente divertida o curiosa que nos ha pasado en nuestra vida, aunque después de contarla muchas veces es habitual introducir elementos nuevos inventados.
c La ....leyenda.... es una historia inventada, aunque siempre se dice que tiene algo de realidad. Es muy antigua y no se sabe quién es el autor porque ha llegado a nuestros días de forma oral.
d La ....novela.... es un relato que puede ser sobre un hecho real o inventado. No es para niños.
e El ....poema.... suele estar escrito en verso y rimar.
f Las ....noticias.... las encontramos en los periódicos.
g El ....cuento.... es un relato para niños.

70 setenta

1

Proponga que realicen la actividad en parejas y, después, haga una puesta en común para conocer sus respuestas. Durante la corrección, pida a los alumnos que justifiquen su elección indicando qué elementos les han ayudado en cada caso.

2

En esta actividad los estudiantes fijan el léxico presentado y relacionan lo que ya saben de los tipos de texto con las descripciones de cada uno de ellos, adquiriendo nuevos términos del mismo campo semántico. Indíqueles que realicen la actividad individualmente y corríjala, después, en grupo clase.

3 Escucha y di de qué género se trata.

1 poema 2 noticia 3 anécdota

4 Lee esta fábula y contesta a las preguntas.

Fábula de la cigarra y la hormiga

Había una vez una cigarra y una hormiga que vivían en el mismo prado. En verano, mientras la hormiga trabajaba, la cigarra cantaba y se reía de la pobre hormiguita.

– ¿Por qué trabajas tanto y no disfrutas del verano? –le decía la cigarra.

Pero llegó el duro invierno y la cigarra no tuvo nada que comer, dejó de cantar y fue a casa de la hormiga para pedirle ayuda. Cuando entró en la casa, la cigarra vio a la hormiga calentita y rodeada de comida. La cigarra le pidió algo de comer, pero la hormiga le respondió:

– ¿Ya no cantas ni te ríes? Pues ahora no quiero compartir contigo lo que tanto trabajo a mí me ha costado.

Y así fue como el trabajo de la hormiga se vio recompensado.

(Adaptado de *La cigarra y la hormiga*, fábula de Esopo)

a ¿Para qué trabaja tanto la hormiga durante el verano? Para estar preparada para el invierno.

b ¿Por qué la hormiga no ayuda a la cigarra? Porque prefiere disfrutar del verano.

c ¿Por qué la cigarra tiene hambre y frío en invierno? Porque no ha trabajado ni ha guardado comida durante el verano.

5 Convierte la fábula anterior en una noticia. Para escribir una noticia tienes que seguir la siguiente estructura:

TITULAR. Tiene que ser corto y destaca lo más importante de la noticia.

ENTRADA. Resume la noticia y responde a: ¿Qué? ¿Quién? ¿Cómo? ¿Dónde? ¿Cuándo? ¿Por qué?

CUERPO. Texto que narra los acontecimientos más importantes de la noticia en orden de mayor a menor importancia.

Cuaderno de ejercicios p. 44 a 46 · Actividades interactivas

Unidad 4: p. 71

PALABRA POR PALABRA

Objetivos

- Leer una fábula tradicional.
- Identificar las partes de una noticia.

26

1. La vaca está triste, muge lastimera, ni duerme, ni bebe ni pasta en la hierba.
La vaca está triste, porque a su chotito se lo han llevado los carniceros al mercado.
Está tan delgada, la vaca de Elena, que en vez de dar leche, da pena.

2. Molero afirma que los datos son los mejores de los últimos años. El ministro de Medioambiente ha dicho que los datos obtenidos en la encuesta de las diferentes comunidades autónomas reflejan que las medidas tomadas por el gobierno han mejorado visiblemente la concienciación ciudadana hacia el reciclaje. También ha recordado que este ha aumentado en los últimos cuatro años más que en los veinte anteriores. Después, ha repasado las leyes del gobierno que... [...]

3. - No sabes lo que me ha pasado.
- No, cuenta, cuenta...
- Pues es que ayer por la tarde, cuando volvía a casa me di cuenta de que no llevaba el billete de autobús y tampoco llevaba dinero.
- ¿En serio? ¿Y cómo volviste entonces a casa?
- Pues nada, tuve que pedir dinero a un chico del colegio que iba a coger el autobús también.
- ¡Qué corte!, ¿no?
- Pues sí, además, era Raúl Prieto, el chico de cuarto.
- ¡Qué me dices! ¿Y qué le dijiste?
- Pues le pregunté si... [...]

3

Después de la escucha, pida a sus estudiantes que comparen sus respuestas en parejas. A continuación, corrija la actividad en grupo clase.

4

Antes de comenzar con la lectura de la fábula, comente con los estudiantes las imágenes sin decirles quién es la cigarra y quién es la hormiga. Después, invítelos a leer el texto e indíqueles que se centren en relacionar cada personaje de la ilustración con la cigarra y la hormiga de la fábula. A continuación, invítelos a leer las preguntas antes de volver a leer el texto.

Deje que, en parejas, hagan hipótesis sobre las posibles respuestas y, por último, sugiérales otra lectura para comprobarlas. Corrija en grupo clase, deteniéndose en las descripciones del inicio hechas en pretérito imperfecto. Si lo cree oportuno, puede hacer una reflexión más profunda del uso de los pasados en la fábula.

Finalice la actividad escribiendo en la pizarra la palabra *moraleja*, que ya apareció en la descripción de la actividad 2, y recordando su significado. Por último, pregunte a los estudiantes por la moraleja de esta fábula y dígales que, en parejas, la escriban.

5

En la actividad se presenta la estructura de una noticia. Si tiene la oportunidad, muestre una noticia en español extraída de un periódico a modo de ejemplo. Después, proponga que, en parejas, transformen la fábula en noticia siguiendo la estructura dada.

Cuaderno de ejercicios p. 44 a 46
Actividades 4.6. a 4.9.

Actividades interactivas
Los tipos de textos

Unidad 4: p. 72

PASO A PASO

Objetivo

- Aprender el contraste entre pretérito indefinido, imperfecto y perfecto.

Paso a paso GRAMÁTICA

CONTRASTE PRETÉRITO INDEFINIDO, IMPERFECTO Y PERFECTO

- Para **narrar** en pasado se usan estos tiempos verbales:

Pretérito indefinido	Pretérito imperfecto	Pretérito perfecto
• Se usa para hablar de acciones pasadas, **terminadas** en el momento en el que se habla y que **no tienen relación** con el presente: – *Ayer **fui** en bici a clase.* – *El año pasado **fui** de vacaciones a Menorca.*	• Se usa para describir **situaciones pasadas**, con una cierta duración o acciones habituales en el pasado: – *Aquel día **llovía** mucho.* – *Antes yo siempre **iba** a Mallorca de vacaciones.*	• Se usa para hablar de acciones en un **pasado reciente** o que **tienen relación** con el presente: – *Últimamente **he tenido** que estudiar mucho.* – *Este año **he ido** a Ibiza.*

Videogramas

1 **Completa con el verbo entre paréntesis en el tiempo adecuado.**

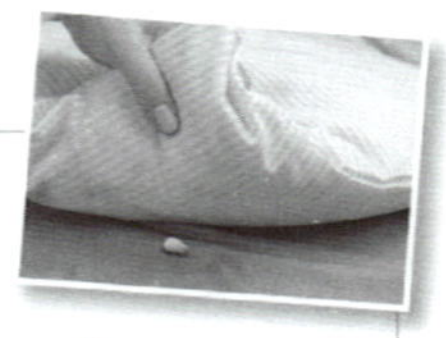

El ratoncito Pérez

Había una vez un príncipe llamado Buby que a ...vivía... (vivir) en un palacio. Sus padres b ...eran... (ser) muy ricos y casi todos los días le c ...regalaban... (regalar) algo. Un día, se le d ...cayó... (caer) su primer diente y su madre le e ...dijo... (decir):

—Si pones el diente bajo la almohada, el ratoncito Pérez te lo cambiará por un regalo.

Buby así lo f ...hizo... (hacer) y, mientras esperaba la llegada del ratoncito, g ...se durmió... (dormirse). De pronto, algo lo h ...despertó... (despertar) y i ...vio... (ver) sobre la almohada a un pequeño ratón, que j ...llevaba... (llevar) un sombrero y una maleta verde.

—¿k ...Has venido... (venir) para darme un regalo? Es que se me l ...ha caído... (caer) un diente —m ...dijo... (decir) Buby.

—Tu regalo va a ser venir conmigo —n ...respondió... (responder) el ratón.

Entonces el ratón ñ ...pasó... (pasar) su cola por la nariz del niño y al instante:

—¡Oh! o Me he convertido (convertirse) en un ratón como tú! —p ...exclamó... (exclamar) Buby.

De esta forma los dos q ...salieron... (salir) del palacio para llevar un regalo a un niño que r ...vivía... (vivir) en una casa muy vieja y que s ...era... (ser) muy pobre...

(Basado en el cuento *Ratón Pérez* de Luis Coloma)

2 **Marca qué expresa cada frase. Después, busca en el texto un ejemplo más para cada caso.**

	Acción sin relación con el presente	Descripción de la situación	Acción en un pasado reciente	Acción habitual
a Vivía con sus padres.	☐	☒	☐	☐
b Me he convertido en un ratón.	☐	☐	☒	☐
c Se le cayó su primer diente.	☒	☐	☐	☐
d Casi todos los días le regalaban algo.	☐	☐	☐	☒

Cuaderno de ejercicios p. 46 a 50

CONTRASTE PRETÉRITO INDEFINIDO, IMPERFECTO Y PERFECTO

Escriba en la pizarra tres columnas con los pasados, como las que encabezan la pág. 72, y pida que saquen la hoja con la información que escribieron al iniciar la unidad, cuando hablaron de si habían estado alguna vez en un concierto. A continuación, pregunte: *¿Quién ha estado en un concierto este año?* Si nadie responde afirmativamente, escriba en el cuadro de pretérito perfecto: *En esta clase nadie ha estado en un concierto este año.* Así va completando el cuadro con ejemplos de los estudiantes. Seguidamente, pase al indefinido y haga lo mismo hasta completar las reglas del contraste de pasados. Para el imperfecto, utilice la última pregunta en la que tenían que describir la ropa que llevaban. Después, leen el cuadro gramatical del libro y comparan con los nuevos ejemplos.

A continuación, proyecte el vídeo de gramática para ver una explicación gramatical del contraste de los verbos del pasado.

Videogramas
Narrar en pasado

1

Pida que completen el texto, basado en un cuento que ilustra la tradición española del ratoncito Pérez, conjugando el verbo en el tiempo adecuado.

2

Actividad de reflexión final para seguir analizando los contextos temporales de los pasados con ejemplos del texto. Como actividad adicional, realice el Material proyectable 4.1.

Material proyectable 4.1.
¿Qué pasó?

Proyecte las imágenes y pida que, con su imaginación, expliquen qué pudo pasar y creen una historia en pasado.

Si lo desea, proyecte el vídeo de Casa del español para ver cómo la gente de la calle habla de su pasado.

Casa del español
Hablar sobre momentos importantes en la vida

Cuaderno de ejercicios p. 46 a 50
Actividades 4.10. a 4.16.

SOLER + INFINITIVO

- Para hablar de acciones que **se hacen** habitualmente, se usa el verbo ***soler*** en **presente + infinitivo**:
  - *Yo **suelo ir** en autobús al instituto, pero a veces, cuando hace calor, voy en bici.*
- Para hablar de acciones que **se hacían** habitualmente, se usa el verbo ***soler*** en **pretérito imperfecto + infinitivo**:
  - Antes ***solía comer*** en el instituto, pero ahora como en casa de mis abuelos.

Videogramas

3 **Completa las frases con el verbo *soler* en imperfecto o en presente.**

a Antes ......solía...... levantarme a las siete de la mañana, pero desde que vivo cerca del instituto ......suelo...... levantarme a las ocho.

b ¿Qué ......sueles...... (tú) hacer ahora los domingos por la tarde?

c Cuando voy al cine ......suelo...... ver las películas en versión original.

d Mamá, ¿este no es el restaurante donde ......solíamos...... (nosotros) celebrar mi cumple de pequeño?

4 **Imagina cómo era la vida de estas personas antes, qué les pasó y cómo son ahora. Escribe su historia usando el contraste de pasados, el verbo *soler* y las siguientes expresiones.**

conocer a alguien ▪ hacerse médico ▪ tener un accidente ▪ reencontrarse

Antes

5 de julio de 2016

Este año

Escribe aquí su historia

Antes

3 de marzo de 2005

Este año

Escribe aquí su historia

5 **Habla con tu compañero/a. Explícale qué cosas solías hacer antes que ya no haces.**

Cuaderno de ejercicios p. 51 · Actividades interactivas

Unidad 4: p. 73

PASO A PASO

Objetivos

- Aprender la estructura *soler* + infinitivo para hablar de hábitos en el presente y en el pasado.
- Comparar épocas pasadas con el presente.

Material fotocopiable 4.1.

Respuestas:

1. 1. c; **2.** a; **3.** b.
2. 1. decidió; **2.** Se cogió; **3.** se fue; **4.** estaba; **5.** conoció; **6.** se quedó; **7.** parecía; **8.** decidió; **9.** ha vuelto; **10.** ha abierto; **11.** trabajaba; **12.** tenía; **13.** ganaba; **14.** estaba.
3. c, a, b.
4. Posible respuesta: Indefinido: Un día… conoció a unos monjes budistas; **Imperfecto:** Juan trabajaba en una multinacional; **Perfecto:** Este año ha abierto una academia de Chi Kung.

4

La primera serie de fotos trata de mostrar la historia de un chico que tocaba en un grupo, solía viajar mucho, pero que, el 5 de julio de 2016, tuvo un accidente que le cambió la vida. Después del accidente empezó a estudiar medicina, porque quería salvar otras vidas, y este año ha terminado la universidad y se ha hecho médico.
La segunda serie de fotos muestra la historia de una pareja que de jóvenes eran novios. Solían hablar de su futuro y se querían mucho, hasta que, el 3 de marzo de 2005, ella cambió de ciudad, conoció a otra persona y rehizo su vida. Este año, en la boda de un amigo común, la antigua pareja se ha reencontrado y han empezado a salir de nuevo.

SOLER + INFINITIVO

Escriba en la pizarra: *Normalmente voy a clase en bus, pero cuando hace calor voy en bici*. A continuación, indíqueles que normalmente *voy* significa lo mismo que *suelo ir*, y lea con ellos el cuadro gramatical de *soler* + infinitivo.

Proyecte el vídeo de gramática para ver una explicación gramatical de la perífrasis *soler* + infinitivo y los marcadores temporales que acompañan al pretérito imperfecto.

Videogramas
El verbo soler

3

Actividad para conjugar el verbo *soler* en imperfecto o en presente.

4

Comente con los alumnos las imágenes de la actividad para facilitarles la interpretación y la redacción de las historias. Pueden realizar la actividad individualmente o en parejas.

Una vez escritas y comparadas las historias, puede seguir trabajando el contraste de pasados mediante la narración de historias con el Material fotocopiable 4.1.

Material fotocopiable 4.1.
El día que cambió mi vida

Entrégueles la ficha para reconstruir la historia de las fotos reflexionando sobre el contraste de pasados. Guíelos ayudándoles a colocar las frases en el uso correcto del pasado.

5

Ayúdelos sugiriendo hábitos o acciones de la infancia que dejan de hacerse con el tiempo: *ver dibujos animados, ir acompañado a la escuela, dormir con la luz encendida…*

Si lo desea, realice la actividad colaborativa 2 sobre algunas series que solían ver los españoles.

Actividades colaborativas
Programas y series de televisión en España

Cuaderno de ejercicios p. 51
Actividades 4.17. y 4.18.

Actividades interactivas
Contraste de pasados.
Soler + infinitivo

Unidad 4: p. 74

SUENA BIEN

Objetivos

- Identificar los signos ortográficos en las oraciones interrogativas y exclamativas.
- Reconocer la tilde en los pronombres interrogativos y exclamativos.

27

1. ¡Qué cansado estoy!; 2. ¿Tienes que hacer muchas cosas?; 3. ¿Cuándo vas al gimnasio?; 4. ¡Dónde está el libro!; 5. ¡Cómo has venido!; 6. ¿Cómo has venido?

2

a. ¿Cuál es tu color favorito?; b. ¡Oye!, ¿vas a ir a la fiesta?; c. ¡Qué bonita tu camiseta!; d. No sé dónde he dejado el libro.; e. El concierto de ayer, ¡fue genial!; f. ¿Cuántos años tienes?

28

1. ¿A dónde has ido esta tarde?; 2. ¿Cuánto tiempo más voy a tener que esperarte?; 3. No sé cómo se llama el profesor nuevo; 4. Dime qué quieres.

Suena bien PRONUNCIACIÓN Y ORTOGRAFÍA

La tilde en interrogativos y exclamativos

27 **1 Escucha las frases y marca si se trata de una interrogación o una exclamación.**

	1	2	3	4	5	6
Interrogación	☐	☒	☒	☐	☐	☒
Exclamación	☒	☐	☐	☒	☒	☐

- Como sabes, en español las frases interrogativas van introducidas por el signo de interrogación **¿** y las exclamativas por el signo de exclamación **¡**:
  - *¡Qué día tan bueno hace!*
  - *¿Qué tal estás?*
  - *De todos tus compañeros de clase, ¿quién es el más simpático?*
  - *Ayer fui a la fiesta de Jaime y ¡me lo pasé genial!*
- En las **frases interrogativas** o **exclamativas indirectas** no se escriben los signos de interrogación o de exclamación:
  - *¿A qué hora va a llegar Alberto?* ➜ *No sé a qué hora va a llegar.*
  - *¡Qué alto estás!* ➜ *Mira qué alto estás.*

2 Escribe los signos de interrogación y exclamación necesarios.

a Cuál es tu color favorito
b Oye, vas a ir a la fiesta
c Qué bonita tu camiseta
d No sé dónde he dejado el libro
e El concierto de ayer, fue genial
f Cuántos años tienes

- Las palabras ***qué***, ***quién***, ***cuál***, ***cuánto***, ***cuándo***, ***dónde*** y ***cómo*** van **siempre acentuadas** cuando son interrogativas o exclamativas directas o indirectas:
  - *¿**Dónde** estuviste ayer? / No sé **dónde** estuviste ayer.*
  - *¡**Cuánta** gente ha venido! / Mira **cuánta** gente ha venido.*
  - *¿**Quién** quiere cenar? / A ver **quién** viene a cenar.*

3 Elige la opción correcta en cada caso.

a Voy al gimnasio [cuando] / **cuándo** puedo.
b No sé **que** / [**qué**] tengo que hacer.
c No me has dicho **cuantos** / [**cuántos**] años tienes.
d [¡**Cómo**] / **Como** has venido tan tarde!
e Oye, ¿puedes decirme **que** / [**qué**] hora es?
f El coche no es tan rápido **cómo** / [**como**] el metro.

28 **4 Dictado.**

Cuaderno de ejercicios p. 51 · Actividades interactivas

1

Comience escribiendo en la pizarra una frase interrogativa y otra exclamativa: *¿Qué hora es? ¡Qué tarde es!* Es importante marcar bien los signos de exclamación e interrogación y fijar la entonación. A continuación, lea con los estudiantes las reglas del recuadro y pase a realizar la actividad.

2

En la realización de esta actividad, se sugiere que lea y entone en voz alta las frases para ayudar a los estudiantes a añadir los signos necesarios.

3

Pase a leer y a reflexionar acerca del contenido del cuadro previo a la actividad 3 sobre los pronombres interrogativos y proponga la realización de la actividad siguiente.

4

Como explotación alternativa al dictado de frases, puede proponer que, en parejas, uno de los dos alumnos escuche una por una las frases del dictado y se las vaya repitiendo al otro para que las escriba. De este modo, además de trabajar la escucha y reconocimiento de los patrones entonativos, también trabajan la producción de los mismos.

Cuaderno de ejercicios p. 51
Actividad 4.19.

Actividades interactivas
La tilde en interrogativos y exclamativos

1 **Haz a tu compañero/a las siguientes preguntas.**

a ¿Cómo te gusta estudiar y hacer los trabajos de clase: en grupo o solo?
b ¿Dónde prefieres estudiar: en casa o en la biblioteca?
c ¿Cómo crees que aprendes más: haciendo un examen o presentando un trabajo?

2 **Mira las imágenes y responde a las preguntas.**

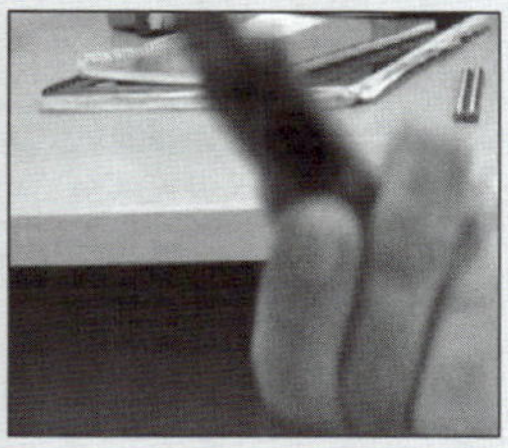

a ¿Qué crees que está haciendo Santi? ¿Por qué?
b ¿Quién crees que es ella? ¿Son familia, amigos o compañeros de clase? ¿Crees que van a trabajar juntos?
c ¿Por qué crees que tiene un *pendrive* en la mano? ¿Crees que es suyo?

3 **Observa el vídeo y haz las actividades que te va a dar tu profesor/a.**

Secuencia de vídeo · Actividades interactivas

setenta y cinco 75

Unidad 4: p. 75

SESIÓN DE CINE

Objetivos

- Visionar un vídeo donde aparecen los contenidos de la unidad.
- Comprender conversaciones cotidianas entre hispanos sobre una anécdota.

Material fotocopiable 4.2.

Respuestas:

1. a. Está haciendo el trabajo de Ciencias porque todavía no ha podido hacerlo; **b.** Es Paula, su compañera de clase, pero no van a trabajar juntos; **c.** Porque le está explicando a Paula que tenía la información del trabajo grabada en él y que lo perdió. Este *pendrive* sí es el de Santi.
2. a. F; **b.** F; **c.** F; **d.** V; **e.** F; **f.** V; **g.** V.
3. a. Datos de personas; **b.** Volvió a la biblioteca y preguntó si alguien había preguntado por el *pendrive*; **c.** Que la policía había preguntado por el *pendrive* y le pidió sus datos personales; **d.** Le han dado las gracias y le han devuelto su *pendrive*.

Material fotocopiable 4.3.

Respuestas:

3. a. Imagen 6; **b.** Imagen 5; **c.** Imagen 2; **d.** Imagen 4; **e.** Imagen 3; **f.** Imagen 1.
4. La secuencia es: 1. Primera imagen; **2.** Quinta imagen; **3.** Segunda imagen; **4.** Sexta imagen; **5.** Tercera imagen; **6.** Cuarta imagen.
5. a. Porque ahora es su mejor amiga; **b.** Porque eran horribles; **c.** Porque regresaron sucios y cansados; **d.** Porque Juanjo era el camarero, era su primer día y lo hizo muy mal.
6. La versión que cuenta es la *b*.
7. a. Eli; **b.** Juanjo; **c.** Alfonso.

Diga a los estudiantes que observen las imágenes del vídeo. Tienen que identificar los diferentes detalles que aparecen. Pídales que piensen quiénes son las personas de las imágenes y qué están haciendo en cada una de ellas.

1

En parejas, los estudiantes tienen que responder a una serie de preguntas como introducción al visionado del vídeo. Cuando terminen, pídales que compartan sus respuestas con el resto de la clase.

2

Invite a los alumnos que observen estas tres escenas del vídeo que van a ver y a que hagan hipótesis sobre lo que está pasando. Después, dígales que lean la sinopsis de forma individual y comprueben algunas de sus hipótesis. Otras respuestas tendrán que esperar al visionado del vídeo.

A continuación, proyecte el vídeo y presente el **Material fotocopiable 4.2.**

Material fotocopiable 4.2.
El misterio del pendrive

Secuencia de vídeo
El misterio del pendrive

Actividades interactivas
El misterio del pendrive

Si lo desea, puede trabajar otros acentos a través de la serie hispana **¡Acción!** y del **Material fotocopiable 4.3.**

Material fotocopiable 4.3. (1 y 2)
¡Brad Pitt está en la ciudad!

¡Acción!
¡Brad Pitt está en la ciudad!

Actividades interactivas
¡Brad Pitt está en la ciudad!

Unidad 4: p. 76

MUNDO HISPANO

Objetivo

- Acercar a los estudiantes a los ritmos latinos.

Mundo hispano

Cultura

¡VIVA LA MÚSICA LATINA!

La salsa es uno de los ritmos latinos más famosos. Se baila sobre todo en el Caribe.

Los TOP 5 de... los ritmos latinos

La música latina abarca los ritmos de América Latina y el Caribe. Merengue, bachata, salsa, cumbia, tango, milonga, habanera... Seguro que has escuchado muchos de estos ritmos. Quizás no conozcas sus nombres, pero su influencia se encuentra en muchas canciones de hoy en día.

1 Los géneros de la música latina se encuentran desde el norte de México hasta el sur de Argentina y Chile, pasando por toda América Latina. No hay país en esta región sin su propia variante o ritmo.

2 Los ritmos latinos tienen influencia africana, europea e incluso de géneros como el *rock*, el *hip-hop* o el *jazz*.

3 La característica más importante de la música latina es la síncopa, una composición que rompe la pauta natural del ritmo.

4 Muchos ritmos latinos, como la bachata o el tango, empezaron siendo polémicos y hasta prohibidos. El reguetón también ha sido polémico. ¿Cuál será el próximo ritmo prohibido?

5 Los cantantes contemporáneos también utilizan fórmulas tradicionales latinas. Ejemplos son Enrique Iglesias, Shakira, Ricky Martin, Juanes o Christina Aguilera.

El tango es una música y un baile, típicos de Argentina.

Un percusionista cubano toca los bongos, un instrumento típico de la música latina.

El cantante colombiano Juanes, una de las figuras más importantes de la música latina en los últimos años.

76 setenta y seis

LOS TOP 5 DE... LOS RITMOS LATINOS

Introduzca el tema preguntando a los alumnos qué saben de la música, cantantes o ritmos latinos.

Pídales que observen las imágenes y que traten de adivinar sobre qué trata el texto.

Hable sobre cada una de las imágenes e invítelos a que hagan sus aportaciones.

A continuación, lea el primer párrafo del texto y pida a varios alumnos que, por turnos y en voz alta, vayan leyendo el resto. Hágales las siguientes preguntas después de leer cada párrafo, como por ejemplo: *¿Cuáles son algunos de los ritmos latinos más famosos? ¿Puedes nombrar a un cantante latino muy famoso en este país? ¿De dónde es?*, etc. Aclare las dudas de vocabulario que puedan surgir tras la lectura del texto.

29 **1** **¿Sabes qué tipo de música se hace en Puerto Rico? Escucha y lee.**

Ritmos puertorriqueños

"Soy Rosana y tengo 17 años. Mi pasión es la música, sobre todo la música de Puerto Rico, mi país. Toco la trompeta y el saxofón. Empecé a estudiar cuando era pequeña: a los cinco años mi mamá me dio una flauta. Hoy en día toco en una banda. Cantamos en bodas, comuniones y fiestas familiares. Puerto Rico es un país musical. Mucha gente allí baila, canta o toca algún instrumento. Los ritmos puertorriqueños tienen influencia española y africana. Los más famosos son el bolero, el merengue, la salsa y, sobre todo, el reguetón. Daddy Yankee y Don Omar son de mi país".

Rosana con su saxofón

El rincón de la música

"La música es poesía con ritmo. La música de mi país es poesía con ritmo y pasión", solía decir la cantante cubana Celia Cruz. Celia Cruz nació en La Habana (Cuba) en 1925 y fue una de las cantantes más famosas de salsa cubana. La cantante tenía los apodos de la Reina de la Salsa y la Reina de la Música Latina. Se especializó en salsa, bolero y chachachá, y ganó muchísimos premios musicales. En sus actuaciones siempre gritaba '¡azúcar!': era su símbolo. Una de las canciones que solía cantar era *Guantanamera*, una canción patriótica, basada en poemas de José Martí. Jennifer López rindió homenaje a esta cantante en los American Music Awards de 2013. Celia Cruz murió en el año 2003.

Celia Cruz, en un sello conmemorativo de 2011.

2 **Lee todos los textos y relaciona los elementos de las dos columnas.**

1 La salsa
2 Celia Cruz
3 Don Omar
4 *Chico y Rita*
5 Los ritmos africanos

a rinde homenaje a la música cubana.
b es un cantante de reguetón de Puerto Rico.
c es un ritmo, un baile y una música del Caribe.
d tuvieron influencia en la música latina.
e fue una cantante cubana muy famosa.

Músicos callejeros tocan rumba en las calles de La Habana, Cuba.

3 **Contesta a estas preguntas.**

a ¿Te gusta la música latina? ¿Por qué?
b ¿Por qué crees que la música es tan importante en los países latinos?
c ¿Piensas que la música tiene una función en la cultura de un país? ¿Qué refleja la música sobre una cultura o un país?

MÚSICA | CHICO Y RITA

Chico y Rita es una película española de animación. Se estrenó en 2010. La película es un homenaje a los ritmos cubanos y estuvo nominada a un premio Óscar. Además, ganó muchos premios internacionales (premios Goya, del Cine Europeo y de Annecy). En Cuba es común ver a músicos callejeros y hay muchos músicos cubanos famosos. La película rinde homenaje a Mario Bauzá y Chano Pozo, leyendas del *jazz* cubano-americano. Estos músicos fueron muy famosos en Nueva York en los años 30 y 40. En la película aparecen muchos instrumentos típicos de los ritmos caribeños como el bongo, las maracas y el güiro.

Una escena de la película.

Cuaderno de ejercicios p. 52 · Actividades interactivas

Unidad 4: p. 77

MUNDO HISPANO

Objetivos

- Reconocer la música de Puerto Rico.
- Conocer la figura de Celia Cruz.
- Acercarse a una película hispana con ritmos latinos.

1

Diga a los estudiantes que van a escuchar a una joven que va a hablar sobre su pasión por la música de Puerto Rico e invítelos a escuchar algunos ritmos puertorriquenses.

Ponga la audición mientras escuchan con sus libros cerrados. A continuación, pregúnteles qué instrumentos toca la joven (la trompeta, el saxofón y la flauta). Después, pídales que abran el libro, lean el texto y comprueben sus respuestas.

Como actividad adicional, dígales que busquen información en internet sobre la música de Puerto Rico. Pueden traer fotografías y hacer un póster para colgar en el aula.

EL RINCÓN DE LA MÚSICA

Lea el texto junto a sus alumnos y pregúnteles si conocían a Celia Cruz y si han escuchado alguna de sus canciones.

CHICO Y RITA

Después de leer la información sobre esta película ambientada en Cuba, proyecte el tráiler de la película para que vean algunas escenas de la misma.

2 y 3

Después de la lectura de todos los textos de esta sección, los alumnos tienen que responder a las preguntas de comprensión.

Finalmente, establezca un debate en grupo clase sobre las preguntas que aparecen en el ejercicio 3.

Cuaderno de ejercicios p. 52
Actividades 4.20. y 4.21.

Actividades interactivas
¡Viva la música latina!

Unidad 4: p. 78

ÉRASE UNA VEZ...

Objetivo

- Analizar un fragmento de una leyenda española.

Érase una vez... LITERATURA

Los amantes de Teruel

Teruel

Es una ciudad española que se encuentra en el sur de la Comunidad de Aragón. Posee un valioso patrimonio artístico mudéjar, reconocido por la Unesco como Patrimonio de la Humanidad. Además, esta ciudad es el escenario de una de las más famosas leyendas españolas, la de los Amantes de Teruel.

1 **Ordena las siguientes palabras para descubrir la definición de una palabra que has aprendido en esta unidad.**

pero que ▪ algo de realidad ▪ y anónima
inventada ▪ una historia ▪ suele tener ▪ Es

→ Es una historia inventada y anónima pero que suele tener algo de realidad.

→ Palabra: leyenda

2 **Las siguientes viñetas representan una de las leyendas españolas más famosas. Obsérvalas, imagina la historia y cuéntasela a tu compañero/a. ¿Coincidís?**

78 setenta y ocho

1

Recuerde a los estudiantes los diferentes tipos de textos que han aprendido en la página 70 y proponga la resolución del ejercicio.

2

Presente a los estudiantes la ciudad española de Teruel e invítelos a que lean el texto sobre ella. Dígales que esta ciudad ha sido escenario de una de las más famosas leyendas de amor en España.

Los alumnos tienen que recrear la historia a partir de las imágenes ofrecidas en la actividad. Pasee entre las mesas para ayudarlos con las posibles dudas de vocabulario que puedan surgir al escribir la leyenda.

Cuando terminen, deje que comparen sus creaciones en parejas. Haga puesta en común en la que se puedan comentar las historias inventadas por algunos de los estudiantes.

Unidad 4

3 Vas a leer y escuchar la leyenda real para comprobar si es igual a la vuestra. Antes tienes que ordenar los párrafos.

Los amantes de Teruel

[2] Un día Isabel conoció a Juan Diego Martínez de Marcilla, un joven muy valiente y guapo, pero que pertenecía a una familia humilde y con pocos recursos económicos. Pronto se hicieron amigos y de esa amistad nació el amor.

[3] Los jóvenes decidieron hablar con sus padres y confesarles su amor, pero como él era pobre, los padres de Isabel se negaron a aceptarlo. Finalmente, le dieron un plazo de cinco años para hacer fortuna luchando con las tropas cristianas contra la invasión musulmana. Si lo conseguía, podría casarse con Isabel.

[7] Las familias de los amantes, desconsoladas por la desgracia, entendieron entonces la fuerza de aquel amor y decidieron enterrarlos juntos. Así es como los amantes permanecen, desde entonces, eternamente unidos.

[6] Al día siguiente, las campanas de la iglesia anunciaron el triste funeral. Entre la gente que lloraba a Juan, apareció una mujer de luto que se acercó a él: era Isabel, que quiso "darle en muerte el beso que le negó en vida". Durante aquel largo beso, Isabel murió también abrazada a su amado.

[4] Así, Juan se marchó a la guerra en busca de fortuna. Pasados cinco años, el joven regresó a Teruel rico y famoso pero vio que Isabel estaba casándose con otro hombre.

[5] Desconsolado, decidió despedirse para siempre de su amada. Entró en su casa y le pidió el primer y último beso, pero Isabel, aunque le quería, se lo negó porque ya era una mujer casada. Juan no pudo soportar el dolor y cayó muerto al suelo.

[1] Había una vez, a principios del siglo XIII, una bella joven que vivía en una ciudad española llamada Teruel. La joven se llamaba Isabel de Segura y era la hija única de una de las familias más ricas de la ciudad.

(Fuente de: *http://www.teruelversionoriginal.es/Turismo/home.nsf/documento/los_amantes_de_teruel*)

4 ¿Recuerdas qué es una moraleja? ¿Cuál crees que se deduce de esta leyenda? Háblalo con tu compañero/a.

- (a) El amor es más fuerte que la muerte y, si es verdadero, nada ni nadie lo puede vencer.
- b Muchas veces los padres, pensando que están haciendo lo mejor para sus hijos, se equivocan y lo que consiguen es hacerlos más desgraciados.
- (c) No se pueden cerrar los ojos a los sentimientos de otras personas ni intentar que estas sientan lo que nosotros queremos.

5 De esta leyenda, en la que los dos amantes murieron por amor, surgió una frase popular: "Los amantes de Teruel, tonta ella, tonto él".

Creo que...

- a se le dice a la gente que, por amor, se comporta de forma incomprensible para los demás.
- b quiere decir que los amantes fueron tontos porque no supieron convencer a los padres de Isabel para que los dejaran casarse.
- c quiere decir que el amor nos hace ser un poco "tontos" y que por él nos dejamos llevar más por los sentimientos o instintos que por la razón.

6 ¿Conoces alguna leyenda similar? ¿Tiene moraleja? Cuéntasela a tu compañero/a.

Actividades interactivas

setenta y nueve 79

Unidad 4: p. 79

ÉRASE UNA VEZ...

30

Había una vez, a principios del siglo XIII, una bella joven que vivía en una ciudad española llamada Teruel. La joven se llamaba Isabel de Segura y era la hija única de una de las familias más ricas de la ciudad.
Un día Isabel conoció a Juan Diego Martínez de Marcilla, un joven muy valiente y guapo, pero que pertenecía a una familia humilde y con pocos recursos económicos. Pronto se hicieron amigos y de esa amistad nació el amor. Los jóvenes decidieron hablar con sus padres y confesarles su amor, pero como él era pobre, los padres de Isabel se negaron a aceptarlo. Finalmente, le dieron un plazo de cinco años para hacer fortuna luchando con las tropas cristianas contra la invasión musulmana. Si lo conseguía, podría casarse con Isabel. Así, Juan se marchó a la guerra en busca de fortuna. Pasados cinco años, el joven regresó a Teruel rico y famoso pero vio que Isabel estaba casándose con otro hombre. Desconsolado, decidió despedirse para siempre de su amada. Entró en su casa y le pidió el primer y último beso, pero Isabel, aunque le quería, se lo negó porque ya era una mujer casada. Juan no pudo soportar el dolor y cayó muerto al suelo.
Al día siguiente, las campanas de la iglesia anunciaron el triste funeral. Entre la gente que lloraba a Juan, apareció una mujer de luto que se acercó a él: era Isabel, que quiso "darle en muerte el beso que le negó en vida". Durante aquel largo beso, Isabel murió también abrazada a su amado. Las familias de los amantes, desconsoladas por la desgracia, entendieron entonces la fuerza de aquel amor y decidieron enterrarlos juntos. Así es como los amantes permanecen, desde entonces, eternamente unidos.

3

Preséntales la leyenda de *Los amantes de Teruel* diciéndoles que es una leyenda medieval y que, para conocerla, primero tienen que ordenar los párrafos en parejas.

En el momento de corregir en grupo clase, pídales que relacionen cada párrafo con las viñetas de la actividad 2.

Comente con ellos la leyenda y dígales que se fijen en los elementos propios de este tipo de texto, preguntando: *¿Qué elementos de la historia han podido ser ciertos? ¿Cuáles ficticios? ¿Es creíble la historia en general?* Finalmente, para enlazar con la siguiente actividad, pregúnteles: *¿Recordáis qué es una moraleja?*

4

Lea en voz alta las posibles moralejas *a*, *b* y *c*, aclare cualquier duda y deje que, en parejas, negocien cuál creen que se adapta mejor al mensaje de *Los amantes de Teruel*. No hay una respuesta correcta, se trata de que justifiquen las suyas poniéndolas en común.

5

Aproveche la dinámica de la actividad anterior y explique que la frase popular puede referirse a dos de las propuestas.

Para continuar con la expresión oral, pídales que pongan ejemplos de los comportamientos típicos de los enamorados. Escriba en la pizarra: *Las personas que están enamoradas suelen...* Anote las diferentes aportaciones de los alumnos e inicie un debate sobre si están de acuerdo o no con todas las opiniones.

6

Pregunte primero si conocen alguna leyenda similar. Comente que no tiene por qué ser igual, cualquier leyenda de amor con o sin moraleja sería suficiente. Invítelos a que la compartan con el resto de la clase.

Actividades interactivas
Los amantes de Teruel

Unidad 4: p. 80

ME PREPARO PARA EL DELE

Objetivos

- Familiarizarse con el examen de español DELE.
- Prepararse para lograr el nivel.

31

El 88,1% de los españoles vio el partido de España contra Holanda de la final del Mundial de Fútbol de Sudáfrica. Según un estudio, la mayoría lo vio en su casa o en la de amigos o familiares. El 40,3% de los españoles de más de 55 años lo hizo en su casa, mientras que el 35,7% de las personas de entre 25 y 34 años lo vio en un bar. Casi la mitad de los jóvenes de entre los 14 y 24 años salió a la calle para verlo en las pantallas gigantes distribuidas por toda España. Otro dato interesante del estudio es que la mayoría disfrutó de la final en compañía de otras personas. El 86,9% lo hizo en grupos de más de cinco personas. La encuesta fue realizada entre 800 personas de más de catorce años de edad de la Península, Baleares y Canarias.

Me preparo para el DELE

Prueba de comprensión auditiva

31 **1 Escucha la audición y elige la opción correcta.**

1 La noticia es sobre...
- a el Mundial de Fútbol.
- b una encuesta sobre cómo se vio en el mundo la final de España.
- (c) una encuesta sobre cómo se vio en España la final del Mundial.

2 La mayoría vio la final...
- (a) en casa.
- b en un bar.
- c en la calle.

3 La mayoría vio la final...
- a sola.
- (b) con más gente.
- c con su familia.

4 La mayoría de los que vieron la final en las pantallas gigantes...
- a tenía entre 25 y 34 años.
- (b) tenía entre 14 y 24 años.
- c estaba en grupos de más de 5 personas.

5 El estudio se realizó preguntando...
- (a) a personas de más de 14 años.
- b al 88,1% de los españoles.
- c a más de 800 personas.

6 La final...
- (a) fue en Sudáfrica y jugó España contra Holanda.
- b la vio el 40,3% de los españoles.
- c no se vio en los bares.

Prueba de expresión e interacción escritas

2 Has cambiado de ciudad. Escribe un correo electrónico a un/a amigo/a (70-80 palabras). En él debes:

- Comparar tu nueva ciudad con la anterior.
- Describir tu nueva casa.
- Explicar cómo es la gente que has conocido.

Mensaje nuevo

De:

Para:

Asunto:

80 ochenta

Cuaderno de ejercicios p. 52 a 54   Actividades interactivas

ME PREPARO PARA EL DELE

Dedique una sesión de clase para realizar estas actividades. No haga ningún tipo de comentario que sirva de ayuda a los estudiantes y simplemente deles las instrucciones como si fuera el examen real. Para ver las características de la prueba de comprensión auditiva y de la prueba de expresión e interacción escritas, puede consultar la página 46 de este libro.

Para obtener más información sobre los diplomas DELE, acceda a *https://examenes.cervantes.es/es/dele-para-escolares/examenes/a2-b1*

También puede obtener modelos de exámenes similares a este en el manual *El Cronómetro. Nivel A2/B1 para escolares* (Editorial Edinumen).

1

Explique a los estudiantes que van a realizar una audición similar a la del DELE. Dígales que van a realizar la escucha dos veces para completar el test de opción múltiple en el que solo una de las opciones es la correcta. Para corregir, anímelos a que expliquen por qué han rechazado las otras opciones en cada pregunta.

2

Recuerde a sus estudiantes que tienen que escribir una carta a un/a amigo/a e indíqueles que, por lo tanto, no se trata de un texto formal. Por último, explíqueles que antes de comenzar a escribir es bueno hacer un esquema con los puntos que se quieren tratar en la redacción.

Una vez corregidas las cartas, puede devolverlas a los estudiantes con las correcciones necesarias marcadas y pedirles que las vuelvan a escribir, esta vez sin errores.

Cuaderno de ejercicios p. 52 a 54
Actividades 4.22. a 4.25.

Actividades interactivas
Comprensión de lectura
Expresión e interacción orales

¡Me lo sé!

EVALUACIÓN

1 Relaciona cada disculpa con la justificación correspondiente.

.../5

1 Perdona por no haberte cogido el teléfono,
2 Perdóname por haberme comido todo el pastel,
3 Siento no haberte llamado últimamente,
4 Perdone por no cederle el asiento, señora,
5 Perdóname por haber hecho una fiesta en casa el fin de semana sin avisarte,

a te prometo que no lo volveré a hacer sin tu permiso.
b es que no he visto que estaba usted de pie.
c es que estaba en clase y no podía hablar.
d es que he estado muy ocupado con los exámenes finales.
e no sabía que tú no lo habías probado.

2 Escribe una frase aceptando cada disculpa del ejercicio anterior.

.../5

a ....
b ....
c ....
d ....
e ....

3 Completa el diálogo conjugando los verbos en el tiempo del pasado adecuado.

.../14

▶ Cuando a era (ser) pequeña siempre b iba (ir) de vacaciones a la playa. Recuerdo que un año mi padre c decidió (decidir) ir a la montaña y d pasamos (pasar, nosotros) el verano en Asturias. Al principio no me e gustaba (gustar) porque f me aburría (aburrirse) y no g conocía (conocer) a nadie, pero después h hice (hacer) muchos amigos y desde entonces i he ido (ir) a Asturias muchas más veces.

▷ Pues yo de pequeña nunca j pude/podía (poder) ir de vacaciones porque mi padre k trabajaba (trabajar) siempre en verano. La primera vez que l fuimos/fui (ir) de vacaciones m tenía (tener) ya 15 años. Eso sí, desde entonces n he viajado (viajar) mucho.

4 Observa las imágenes y escribe qué solía hacer Álex de pequeño. Usa el verbo *soler* + infinitivo.

.../4

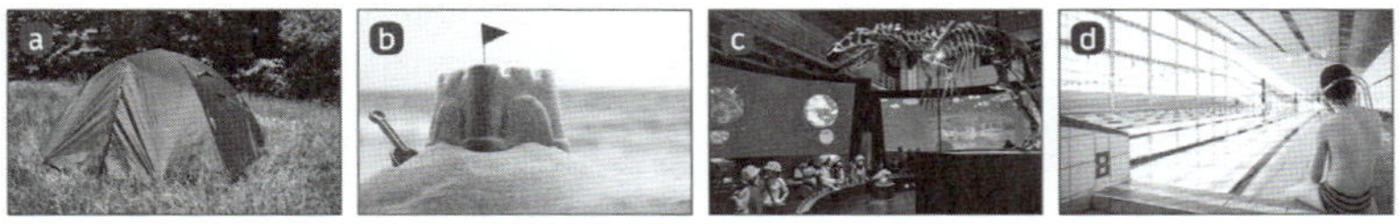

a .... b .... c .... d ....

Ahora soy capaz de...

a ...narrar en pasado. Sí No
b ...describir situaciones en el pasado. Sí No
c ...entender un cuento en español. Sí No
d ...justificarme cuando pido disculpas. Sí No

Actividades interactivas

Sigue practicando con... SPANISH BLOGGER Misión 16

ochenta y uno 81

Unidad 4: p. 81

¡ME LO SÉ!

Objetivos

- Practicar los contenidos aprendidos en la unidad.
- Autoevaluar su aprendizaje.
- Revisar lo aprendido con actividades lúdicas.

2

Respuesta libre.

4

Posibles respuestas:
a. Álex solía ir de *camping* y dormir en una tienda de campaña; **b.** En la playa solía hacer castillos de arena; **c.** Solía ir a museos; **d.** Solía ir a la piscina a nadar todas las tardes.

¡ME LO SÉ!

En esta sección los estudiantes revisarán los contenidos vistos en la unidad. Esto le servirá para evaluar si han asimilado los objetivos propuestos.

Una vez que han terminado de realizar el apartado de *¡Me lo sé!* y *Evaluación*, es un buen momento para que los estudiantes, según los errores que hayan cometido en los ejercicios, decidan qué deben reforzar o mejorar en su aprendizaje.

Actividades interactivas
Evaluación

AHORA SOY CAPAZ DE...

Explique a los estudiantes que esta actividad les servirá para evaluar su proceso de aprendizaje.

Pídales que reflexionen exhaustivamente y tomen conciencia de los conocimientos que han adquirido en esta unidad.

SPANISH BLOGGER

Invítelos a seguir practicando lo aprendido en esta unidad a través de la Misión 16. Con ella, los estudiantes podrán utilizar el español en un contexto divertido.

Misión 16
Historias con ritmo

Unidades 3 y 4

AHORA COMPRUEBA

Objetivo

- Repasar los contenidos aprendidos en las unidades 3 y 4.

32
(Véase la transcripción en la pág. 141)

Ahora comprueba

32 **1 Escucha a estas personas y elige la opción correcta.**

1 Casa Botín...
a es el mejor restaurante del mundo.
b es el edificio más antiguo del mundo.
(c) es el restaurante más antiguo del mundo.

2 ¿Dónde está la estatua?
(a) En el parque del Retiro.
b En Portugal.
c En un monte de Madrid.

3 "Me da mucho yuyu" significa...
a me da risa.
(b) me da miedo.
c no me lo creo.

4 ¿De qué situación hablan?
a 
(b) 

2 Lee la noticia y complétala con estos verbos en la forma indicada.

Pretérito perfecto	Pretérito indefinido	Pretérito imperfecto
confesar ▪ convertirse	poder ▪ falsificar	dudar ▪ hacer

29 de agosto. Este fin de semana la española Edurne Pasabán a se ha convertido oficialmente en la primera mujer en escalar los catorce 'ochomiles', es decir, las catorce cumbres más altas del mundo. Este título lo tenía la escaladora Eun Sun, conocida como Miss Oh, pero se ha demostrado que la alpinista b falsificó unas fotos en las que decía estar en la cima del Kanchenjunga. Tal como ella misma c ha confesado, esas fotos fueron tomadas desde más abajo. Según ella no d pudo tomar las fotos en la cumbre porque e hacía muy mal tiempo. Tanto Edurne Pasabán y todo su equipo, como la Federación de alpinismo, f dudaban sobre la subida de Eun Sun. Miss Hawley, la juez mundial del alpinismo, ha investigado el tema.

3 Estas son las pruebas con las que trabajó Miss Hawley. Míralas y reconstruye con tu compañero/a el veredicto de la investigación.

Estas páginas están pensadas para que el alumno trabaje individualmente y pueda valorar y ser consciente de su progreso, pero, si lo desea, puede trabajarlas en clase. Para ello, hay algunas sugerencias de explotación.

1

Antes de la audición, diga a los estudiantes que lean las preguntas para saber en qué tienen que fijarse durante la escucha.

2

En las siguientes actividades, se va a trabajar sobre un hecho real que se dio en el alpinismo profesional entre dos deportistas: Edurne Pasabán y Miss Oh, que competían por conseguir el título de ser la primera mujer en escalar las catorce cumbres más altas del mundo. Se supone que había ganado Miss Oh, hasta que se vio que había aportado pruebas falsas. Es importante que usted confirme con preguntas de comprensión que los estudiantes han entendido bien el texto, ya que en los siguientes ejercicios se trabajará sobre esta historia.

Después de corregir la actividad, si lo cree necesario, puede hacer una reflexión gramatical sobre el uso de los pasados.

3

Avise a los alumnos de que estas pruebas son las fotos del momento en el que los alpinistas llegaron a la cima y que tienen que mirarlas detenidamente para intentar averiguar la conclusión a la que llegó Miss Hawley en su investigación.

REPASO UNIDADES 3 Y 4

Miss Hawley tomó declaraciones a varios alpinistas que alcanzaron la cima en esas fechas y aseguraron que...

...,cuando llegaron, había dos botellas de oxígeno, pero Miss Oh no comentó este hecho. Además, en las dos primeras fotos aparece claramente el mismo perfil de la montaña, en cambio en la de Miss Oh no se ven ni la cima, ni las botellas.

33 **4** **Ahora escucha las conclusiones de Miss Hawley y compáralas con las que habéis escrito.**

5 **Imagina que eres Miss Oh y estás arrepentida por lo que has hecho. Escribe una carta de disculpa para Edurne y justifica tu actuación.**

Querida Edurne:

6 **Estos dibujos ilustran una antigua leyenda. Ordénalos y cuéntale la historia a tu compañero/a.**

34 **7** **Ahora escucha la leyenda y comprueba el orden correcto. ¿Coincide con la leyenda que has imaginado?**

Unidades 3 y 4

AHORA COMPRUEBA

33

Miss Hawley tomó declaraciones de varios alpinistas que alcanzaron la cima en esas fechas y aseguraron que, el día en que ellos subieron, en la cima había unas botellas de oxígeno. Sin embargo, Miss Oh dijo que no había nada. Durante la investigación, la juez también comparó las fotos de la cumbre presentadas por los alpinistas, por Edurne y por Miss Oh, comprobando que la cima de la coreana no era igual a la que aparecía en las fotos de los otros alpinistas. Además de estas pruebas, uno de los *sherpas* que acompañaba a Miss Oh en la expedición indicó una ruta diferente a la que la coreana había dicho que había seguido, y otro de los *sherpas* reconoció que no habían llegado a la cima. Con todo esto, Miss Hawley ha concluido que las pruebas que ha mostrado Eun Sun no son suficientes para demostrar que realmente escaló la montaña y que Edurne Pasabán es la que merece llevarse el título. Estas fueron las palabras de Miss Hawley: "Lo siento por ella, pero parece que su única opción ahora es volver y subir de nuevo".

34

(Véase la transcripción en la pág. 142)

4

Después de escuchar la audición, puede preguntar a los alumnos qué otras pruebas utilizó Miss Hawley para confirmar que Miss Oh estaba mintiendo. La respuesta es que, aparte de comparar las fotos de la cumbre, también comprobó que la ruta marcada en el mapa de Miss Oh difería de la ruta que los *sherpas* que la acompañaron dijeron que habían seguido, y que, incluso, uno de ellos confesó que no habían llegado a la cima.

5

Para asegurarse de que los alumnos han asimilado los contenidos estudiados en las unidades, indíqueles que la carta debe incluir, al menos, una expresión de disculpa, otra de justificación y una forma de cada uno de los pasados.

6 y **7**

Antes de realizar la actividad 6, a modo de lluvia de ideas, pídales que digan las palabras que creen que necesitan para explicar la historia, enseñando las que no conozcan. No corrija la actividad hasta después de escuchar la audición de la actividad 7.

Ponga la audición dos veces: en la primera escucha, deje que los alumnos confirmen o corrijan sus respuestas y, en la segunda, vaya deteniendo la audición las veces que sea necesario mientras se corrige en grupo clase.

Unidad 5 CONSTRUYENDO EL FUTURO

Unidad 5: p. 84

Objetivos de la unidad

- Conocer el tema de la unidad y a los personajes del diálogo.
- Revisar el léxico de la unidad 4.

Recursos del profesor

Materiales fotocopiables
5.1. a 5.5.

Materiales proyectables
5.1. a 5.3.

Audios
35 a 39

Vídeos
- Serie: *Visión de futuro*
- *Videogramas*:
  - *El futuro imperfecto*
  - *Las oraciones condicionales*
- *¡Acción!*: *Una cita con Morgana*

Cuaderno de ejercicios
Unidad 5

Actividades interactivas
5.1. a 5.12.

Spanish Blogger
Misión 17: *¿Cómo será el futuro?*

Unidad 5

CONSTRUYENDO EL FUTURO

Comunicación
- Hacer conjeturas
- Hacer promesas

Vocabulario
- El medioambiente
- La política

Gramática
- Futuro imperfecto
- *Si* + presente + futuro

Pronunciación y ortografía
- La acentuación

Sesión de cine
- *Visión de futuro*

Cultura
- Parques nacionales de España

Literatura
- *Tiempo futuro*, de Carlos Donatucci
- *Viaje al futuro*

¿Qué ves?

1 **Observa las imágenes de Víctor y Marta e indica a quién se refiere cada frase.**

	Víctor	Marta	Los dos	Ninguno
a Va a hacer deporte.	☐	☒	☐	☐
b Va a pintar.	☐	☐	☐	☒
c Va a tocar un instrumento.	☒	☐	☐	☐
d Lleva una camiseta.	☐	☐	☒	☐
e No va a jugar al tenis.	☒	☐	☐	☐
f Va a practicar con su banda.	☒	☐	☐	☐
g Va a ganar el partido.	☐	☒	☐	☐

2 **Relaciona las dos columnas para saber qué actividades van a hacer Marta y Víctor.**

1 Va a ponerse	a el día.
2 Va a practicar su	b protección solar.
3 Va a ir a clase	c deporte favorito.
4 Va a tocar	d de música.
5 Van a disfrutar	e la guitarra.

84 ochenta y cuatro

1

Sugiera a los alumnos que miren la fotografía durante un minuto. Acto seguido, dígales que cierren el libro y pídales que respondan, en parejas, a las preguntas de la actividad usando su memoria visual. Corrija en grupo clase, ayudado por los estudiantes que hayan terminado pronto la actividad.

2

Aproveche la actividad para contextualizar esta estructura que indica un futuro próximo, remarcando que el futuro se refiere en este caso a lo que van a hacer los chicos esta tarde. Si lo considera necesario, puede recordarles la formación de la perífrasis *ir a* + infinitivo utilizada para hablar de planes e intenciones. Haga la corrección en grupo clase.

Una vez realizado el ejercicio, pregúnteles: *¿Qué actividad de este ejercicio no aparece en las imágenes?* (Va a ponerse protección solar).

Comenzamos con un diálogo

35 3 Escucha el diálogo y completa.

Marta: Todavía no sé qué quiero estudiar cuando empecemos a *la universidad*. ¿Tú ya sabes qué vas a estudiar?

Víctor: Me encanta la pintura, así que me imagino que estudiaré b *Bellas Artes*, como mi hermana mayor. Ella está muy contenta y dice que la universidad es genial.

Marta: Pero tu hermana estudia en c *Barcelona*, ¿verdad?

Víctor: Sí, le encanta la ciudad y está muy contenta.

Marta: ¿Y tú también quieres irte a estudiar allí?

Víctor: Bueno, supongo que iré a Barcelona o quizás a d *Salamanca*. La Universidad de Salamanca es preciosa y muy antigua, y la ciudad tiene mucha marcha, porque hay mucha gente joven.

Marta: Yo creo que me quedaré aquí en Zaragoza y estudiaré e *Medicina* o Enfermería. Víctor... si te vas..., ¡qué pena!

Víctor: Bueno, bueno, que solo estoy haciendo f *conjeturas*. Todavía no es nada seguro, ¡y faltan unos años! Además, si me voy, te prometo que vendré a verte cada fin de semana.

Marta: ¿Me lo prometes?

Víctor: ¡Prometido!

35 4 Escucha el diálogo y completa.

a Marta no tiene claro qué va a estudiar. **Sí** / No
b Víctor ya sabe que va a estudiar en Salamanca. Sí / **No**
c Víctor y Marta viven en Zaragoza. Sí / **No**
d A Marta le da igual si Víctor se va a estudiar a otra ciudad. Sí / **No**
e Víctor le hace una promesa a Marta. **Sí** / No

5 Relaciona las frases con las fotografías.

1 Me imagino que tendré que fregar los platos.
2 Voy a subir.
3 Te prometo que todo saldrá bien.
4 Te juro que te compraré otras.
5 Creo que este año sí aprobaré.
6 Para mi fiesta de cumpleaños, este año pienso ir a un karaoke.

a 2

b 5

c 3

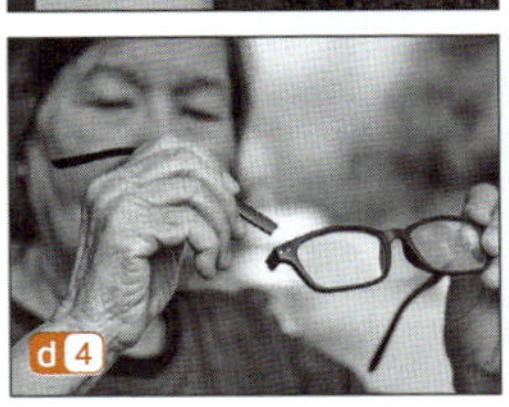
d 4

e 6

f 1

Actividades interactivas

ochenta y cinco 85

Unidad 5: p. 85

COMENZAMOS CON UN DIÁLOGO

Objetivos

- Comprender un diálogo oral y escrito.
- Empezar a familiarizarse con las estructuras para hacer suposiciones o conjeturas.

Nota cultural.

Salamanca es una ciudad española, situada en la región de Castilla y León, muy famosa por sus monumentos y por su vida universitaria. Zaragoza es una ciudad española situada en la región de Aragón, cerca de Cataluña.

4

a. Sí; **b.** No (Es solo una conjetura); **c.** Sí; **d.** No (Dice *¡Qué pena!*, lo que indica que le entristece pensar en eso); **e.** Sí.

3

Antes de comenzar, escriba la palabra *universidad* en la pizarra y pida a los estudiantes que hablen sobre lo que les sugiere esa palabra o qué quieren estudiar en la universidad, qué universidades conocen...

A continuación, coménteles que Víctor y Marta tienen una conversación sobre sus planes para la universidad. En una primera escucha, deben completar los espacios en blanco individualmente. Si lo cree conveniente, enseñe la palabra *marcha*.

En la corrección en grupo clase se puede hablar de ciudades que tienen universidad en su región o país para facilitar la comprensión del texto.

4

En esta segunda escucha, pida a los estudiantes que oculten el texto y se ayuden únicamente de la audición para completar las respuestas.

5

Esta actividad presenta algunas estructuras que los estudiantes todavía no han estudiado, pero que sirve al mismo tiempo de introducción a la sección siguiente. Pídales que rodeen con un círculo las estructuras que crean que se utilizan para hacer conjeturas y promesas.

Actividades interactivas
Planes de futuro

Unidad 5: p. 86

HABLAR POR HABLAR

Objetivo

- Hacer conjeturas.

Hablar por hablar COMUNICACIÓN

HACER CONJETURAS

- Para **hacer suposiciones** o **conjeturas** se usa:
  - *Creo que mañana lloverá.*
  - *Me imagino que no podremos ir al campo.*
  - *Supongo que nos quedaremos en casa.*

1 **Junto a tu compañero/a, relaciona las fotografías según lo que van a hacer en el futuro.**

2 **¿Qué personas del ejercicio 1 van a hacer estas actividades? ¿Coinciden con tus suposiciones?**

- Irá al mecánico: d
- Irá de expedición a la selva: c
- Subirá al Everest: e
- Irá a la universidad: a
- Cocinará pescado a la plancha: b

3 **En parejas, hablad sobre lo que creéis que vais o no vais a hacer en vuestro futuro.**

- Hablaré español perfectamente.
- Hablaré muchos idiomas.
- Viviré en muchos países.
- Escribiré un libro.
- Seré un deportista profesional.
- Tocaré un instrumento.
- Haré *puenting*.
- Seré famoso.

Cuaderno de ejercicios p. 55

86 ochenta y seis

HACER CONJETURAS

Aproveche el diálogo de la pág. 85 para inferir las estructuras para hacer conjeturas o suposiciones. Pida que subrayen las frases: *Me imagino que estudiaré Bellas Artes, Supongo que iré a Barcelona o quizás a Salamanca* y *Yo creo que me quedaré aquí en Zaragoza*. Pregunte si cuando Víctor y Marta afirman esto están seguros de lo que dicen o están haciendo una suposición. Se intenta que deduzcan las estructuras: *Imagino/Supongo/Creo que* + futuro.

A continuación, y sin abrir el libro, proyecte en la pizarra el Material proyectable 5.1.

Material proyectable 5.1. *Conjeturas*

Pida que, en parejas o en grupo clase, hagan conjeturas similares a las que hay escritas en la pizarra sobre qué van a hacer las personas de las fotos. Haga preguntas de comprobación: *¿Quién es? ¿Dónde va?*

1

Actividad para comprobar sus hipótesis anteriores. Advierta que ahora ya sabemos lo que van a hacer estas personas, de ahí que, en lugar de las estructuras para hacer conjeturas, usemos el verbo en futuro. Subraye *irá, subirá, cocinará* y diga que se trata de la 3.ª pers. sing. del futuro imperfecto, a cuyo infinitivo se le ha añadido una *-á*.

2

En parejas, confirman sus conjeturas y deducen el significado de las palabras que no entiendan.

3

En parejas, hacen conjeturas en afirmativo con las frases dadas. Al no estar seguros, deben usar las estructuras del cuadro más la 1.ª pers. sing. del futuro imperfecto, a cuyo infinitivo se le ha añadido *-é*.

En la corrección, al comentar las conjeturas del compañero/a, deberán añadir una *-á*: *Pedro cree que será famoso.*

Cuaderno de ejercicios p. 55 y 56
Actividades 5.1. a 5.4.

HACER PROMESAS

- Para hacer **promesas** usamos:

Te prometo que...	Te lo prometo/juro.	Te doy mi palabra.
Te juro que...	¡Prometido!	Lo haré sin falta.

– ***Te prometo que*** *no volveré a llegar tarde.* – ***Te juro que*** *no te volveré a mentir.*

36 **4 Escucha y completa los diálogos. Después, relaciónalos con sus imágenes.**

Diálogo A

- ¡El próximo fin de semana estás castigado! Ayer llegaste tardísimo!
- Te juro que no volverá a pasar, de verdad.
- Siempre dices lo mismo y nunca haces caso. ¡No hay más que hablar!
- ¡Pero, mamá...!

Diálogo B

- ¡Llevo media hora esperándote y la película ya ha empezado! La próxima vez entro yo solo al cine y no te espero.
- Anda, no te enfades. He llamado para avisarte... Te prometo que no volverá a pasar.
- ¡Pero si desde que te conozco siempre llegas tarde!

Diálogo C

- Tu fiesta ha estado genial. Nos hemos divertido muchísimo.
- Me alegro. A ver si celebramos otra para tu cumpleaños.
- ¡Prometido!

5 Fíjate en estas promesas y piensa con tu compañero/a qué ha podido pasar.

a Te prometo que no me meteré en tu correo electrónico.
b Te juro que tendré mucho cuidado con él.
c De verdad que lo haré sin falta. ¡Prometido!

6 Elige una de las promesas anteriores y escribe con tu compañero/a un diálogo como los del ejercicio 4.

Cuaderno de ejercicios p. 56 · Actividades interactivas

Unidad 5: p. 87

HABLAR POR HABLAR

Objetivo

- Hacer promesas.

HACER PROMESAS

Para presentar las estructuras para hacer promesas, use el Material proyectable 5.2. proyectando las imágenes de la actividad 4. Pida que, en parejas, hagan conjeturas sobre qué situaciones representan, quiénes son los personajes que aparecen, qué relación hay entre ellos... Así, se practica lo visto hasta ahora y se conecta con lo que van a aprender.

Material proyectable 5.2. *¿Qué está pasando?*

4

En primer lugar, con el material proyectado en la pizarra, pida que relacionen los diálogos que van a escuchar con las imágenes. Ponga la audición una primera vez sin que tengan los textos delante para ayudarlos así a potenciar su comprensión auditiva. En la segunda audición, abren el libro y completan individualmente los textos. Realice la corrección en grupo clase y concluya la secuencia mencionando todas las posibles formas de hacer promesas del cuadro comunicativo.

5

En este ejercicio, tienen que imaginar qué ha pasado para que la otra persona haga estas promesas. Las soluciones son múltiples, así que ofrezca algunas posibilidades.

Tras la actividad, pueden practicar más con el Material fotocopiable 5.1.

Material fotocopiable 5.1. *Hacer promesas*

Por parejas, cada estudiante escribe una promesa relacionada con cada una de las cuatro situaciones que se presentan. Después se las dice a su compañero/a, que tiene que deducir en qué situación hace esa promesa.

6

A partir de una promesa de la actividad 5, crean un diálogo similar a los de la actividad 4 y después lo representan.

Cuaderno de ejercicios p. 56
Actividades 5.5., 5.6. y 5.7.

Actividades interactivas
Hacer conjeturas y promesas

Unidad 5: p. 88

PALABRA POR PALABRA

Objetivo

- Aprender el vocabulario del medioambiente.

Palabra por palabra VOCABULARIO

El medioambiente

1 **Fíjate en las imágenes y separa los fenómenos en positivos o negativos. Añade a la lista otras palabras que conozcas relacionadas con el medioambiente.**

consumo responsable

reciclaje

contaminación

energía renovable

sequía

transporte ecológico

calentamiento global

deshielo

deforestación

Positivos	Negativos
a, b, d, f	c, e, g, h, i

2 **¿Y tú? ¿De qué color ves el futuro en relación con el medioambiente? Discute con tu compañero/a sobre los fenómenos anteriores: uno de los dos será el pesimista y el otro el optimista.**

- Para hablar de acciones o acontecimientos futuros, se puede usar el futuro imperfecto (menos seguro de realizar) o la forma *ir a* + infinitivo (más seguro de realizar):
  - *Esta tarde* ***visitaremos / vamos a visitar*** *la exposición.*
- Para hacer predicciones se prefiere utilizar el futuro imperfecto:
  - *Dentro de cien años se* ***extinguirán*** *algunos animales.*

Pesimista:
– *En el futuro habrá sequía y no habrá suficiente agua para todos.*

Optimista:
– *Pero si consumimos el agua de forma responsable, eso no pasará.*

1

Para introducir el tema, use el Material proyectable 5.3. Sin abrir el libro, pregunte qué ven en las fotografías proyectadas y qué representan. A continuación, pida que, en grupos de cuatro, discutan de qué tema se va a hablar en clase. Después, dígales que den un nombre al conjunto de las imágenes. Una vez que lo hayan hecho, entregue las tarjetas con los nombres del Material fotocopiable 5.2. y cada grupo debe levantarse y pegar las tarjetas junto a su imagen correspondiente. Para facilitar la autocorrección, abren el libro y comprueban sus respuestas.

Para terminar, deben clasificar los fenómenos que han visto en positivos o negativos para el medioambiente. Si lo considera oportuno, invítelos a que añadan, al menos, una palabra más relacionada con el tema.

Material proyectable 5.3.
El medioambiente

Material fotocopiable 5.2.
El medioambiente

2

Ayude a los estudiantes a contextualizar la actividad pidiendo que piensen en cómo será la vida dentro de 100 años. Sondee a los alumnos pidiendo que levanten la mano los que piensen que el futuro será positivo y los que piensen que será negativo. En función de sus respuestas, agrúpelos en grupos de optimistas y de pesimistas (cuatro o cinco alumnos por grupo). Tienen que elaborar un decálogo con su punto de vista sobre el futuro en relación con el medioambiente.

3 **Lee el siguiente artículo aparecido en un periódico y fíjate en las palabras destacadas. ¿Conoces sus significados?**

UNAS ELECCIONES MUY REÑIDAS

Mañana se celebrarán las **elecciones** a la **presidencia** del país. Las **encuestas** de estos días señalan que los dos principales **partidos** están muy igualados y que puede pasar cualquier cosa. Pablo Tomeu y Francisco Torres, los dos principales **candidatos** a **presidente**, se muestran optimistas ante estas elecciones, aunque habrá que esperar hasta contar todos los **votos** para conocer el resultado final.

Los dos partidos han prometido hacer grandes cambios en el país si consiguen ganar las elecciones. El candidato Pablo Tomeu ha dicho que si gana, hará una gran **reforma** en educación. También ha dicho que mejorará la salud pública y que abrirá varios hospitales nuevos.

El **programa** del partido de Francisco Torres apuesta por el medioambiente. Como ha dicho a lo largo de toda su **campaña**, este será un punto fundamental: si el partido de Torres sale elegido, se incentivará el uso del transporte público, se bajará el precio a los coches eléctricos, se trabajará en las energías renovables, etc.

Hasta mañana por la tarde no conoceremos quién será el futuro presidente del país y los cambios que viviremos en los próximos cuatro años.

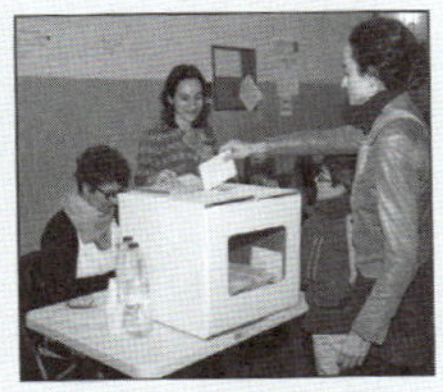

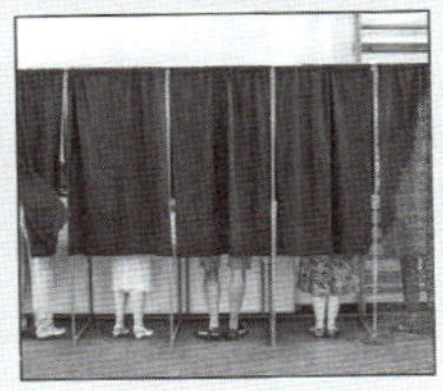

4 **Contesta verdadero (V) o falso (F).**

		V	F
a	El partido de Tomeu es el favorito.	V	☒
b	Los dos principales candidatos piensan que pueden obtener buenos resultados.	☒	F
c	Se presentan más de dos partidos a estas elecciones.	☒	F
d	El partido que quiere mejorar la sanidad, también quiere mejorar el transporte.	V	☒
e	Las elecciones se celebran cada cinco años.	V	☒

5 **Se van a celebrar elecciones en tu ciudad y tú eres uno de los candidatos a alcalde. ¿Cuál será tu programa? Escribe tu discurso utilizando el vocabulario que has aprendido y hablando de los siguientes temas.**

medioambiente ▪ educación ▪ trabajo
transporte ▪ salud

Estimados ciudadanos:
Prometo que construiré más zonas verdes, así los niños podrán jugar en los parques. Además, si me votáis, el transporte en la ciudad será más barato. Si mi partido gana, os prometo que no habrá tanta contaminación y...

Cuaderno de ejercicios p. 57 y 58 · Actividades interactivas

Unidad 5: p. 89

PALABRA POR PALABRA

Objetivo

- Aprender el vocabulario de la política.

4

a. falso (Los dos partidos están muy igualados); **b.** verdadero; **c.** verdadero; **d.** falso (El partido que quiere mejorar la sanidad, quiere reformar la educación); **e.** falso (Se celebran cada cuatro años).

3 y **4**

Escriba en la pizarra la palabra *política* y pídales que digan palabras relacionadas con este tema. A continuación, dígales que se fijen en las palabras resaltadas en el texto de la actividad 3: *elecciones*, *presidencia*, *encuestas*, etc. Con las palabras escritas en la pizarra, vuelva a pedirles que, en grupos de cuatro, se expliquen entre ellos el significado de estas. Una vez conocidas las palabras, leen el texto y responden a las preguntas del ejercicio 4.

Para comprobar que han asimilado el nuevo vocabulario, realice esta dinámica: pida a un estudiante que se siente de espaldas a la pizarra, escriba una de las palabras vistas y diga a sus compañeros que, sin decirla, tienen que intentar definirla o darle pistas o ejemplos para que el estudiante la adivine: *Se mete en un sobre, se celebran cada cuatro años*, etc.

5

Antes de la actividad, puede realizar una primera votación para elegir candidatos a la alcaldía. Los alumnos votan qué compañeros quieren que sean los candidatos.

Individualmente, escriben en un papel el nombre del elegido. A continuación, recoja los votos y haga el escrutinio (suma total de votos).

Después, cada uno de los candidatos elegidos forma un equipo. De esta forma, se divide la clase en varios equipos de gobierno. Formados los equipos, dé la instrucción para que cada uno de ellos escriba su discurso pensando en las necesidades de su ciudad. Por último, los candidatos y su equipo leen su discurso ante sus votantes y se celebra una votación secreta para elegir el mejor discurso y el mejor alcalde. Puede colgar en la clase el discurso del candidato elegido o grabarlo con la cámara. La misma actividad se puede hacer para elegir al delegado/a de la clase de español.

Cuaderno de ejercicios p. 57 y 58
Actividades 5.8., 5.9. y 5.10.

Actividades interactivas
El medioambiente y la política

Unidad 5: p. 90

PASO A PASO

Objetivo

- Aprender el futuro imperfecto.

Paso a paso **GRAMÁTICA**

FUTURO IMPERFECTO

- El **futuro imperfecto** sirve para hablar del futuro y hacer suposiciones, predicciones y promesas. Se forma añadiendo al infinitivo del verbo las siguientes desinencias (iguales para las tres conjugaciones): ***-é, -ás, -á, -emos, -éis, -án.***

Verbos regulares

	estudiar	**comer**	**vivir**
yo	estudiar**é**	comer**é**	vivir**é**
tú	estudiar**ás**	comer**ás**	vivir**ás**
él/ella/usted	estudiar**á**	comer**á**	vivir**á**
nosotros/as	estudiar**emos**	comer**emos**	vivir**emos**
vosotros/as	estudiar**éis**	comer**éis**	vivir**éis**
ellos/ellas/ustedes	estudiar**án**	comer**án**	vivir**án**

- Los **verbos irregulares** presentan alguna variación en la raíz, pero mantienen las mismas desinencias.

Verbos irregulares

tener → **tendr-**	venir → **vendr-**	caber → **cabr-**	hacer → **har-**
poder → **podr-**	salir → **saldr-**	haber → **habr-**	decir → **dir-**
poner → **pondr-**	valer → **valdr-**	saber → **sabr-**	querer → **querr-**

- El futuro puede ir también acompañado de las siguientes expresiones de tiempo:
  - ***El año/mes*** / ***La semana/primavera*** ***que viene*** *iré a España.*
  - ***Dentro de dos años/un rato/unos días*** *vendrá a casa.*
  - ***El/la próximo/a semana/mes/año*** *tendré 17 años.*
  - ***Mañana*** *tendré un examen.*
  - ***Pasado mañana*** *sabremos las notas.*

Videogramas

1 Completa el texto con los verbos entre paréntesis en futuro imperfecto.

La próxima semana Kevin a ...irá... (ir) a Sevilla. b ...Visitará... (Visitar) a sus primos y c ...aprenderá... (aprender) a hablar español. d ...Bailará... (Bailar) flamenco, e ...beberá... (beber) gazpacho y f ...paseará... (pasear) por el parque de María Luisa. Dice que g ...comprará... (comprar) una guía para conocer la ciudad y h ...anotará... (anotar) los sitios que quiere visitar. Kevin y sus primos i ...visitarán... (visitar) juntos la Giralda, j ...comerán... (comer) en el barrio de Triana y k ...tomarán... (tomar) fotos cerca del río Guadalquivir. Seguro que l ...vivirán... (ellos, vivir) una experiencia inolvidable. Mañana sus padres m ...irán... (ir) a una agencia de viajes y le n ...comprarán... (comprar) el billete de avión. ¡Lo ñ ...pasará... (pasar) genial!

2 Ordena las siguientes expresiones de tiempo de más a menos cercanas en el futuro.

el mes que viene ▪ dentro de dos años
dentro de un rato ▪ mañana ▪ pasado mañana
el año que viene ▪ las próximas Navidades

Hoy 24 agosto

a dentro de un rato
b mañana
c pasado mañana
d el mes que viene
e las próximas Navidades
f el año que viene
g dentro de dos años

Cuaderno de ejercicios p. 58 a 62

90 noventa

FUTURO IMPERFECTO

Pida al azar que un estudiante escriba una promesa, otro una conjetura y otro una predicción de futuro. También, si lo prefiere, hágalo usted directamente y pida que digan qué tienen en común las tres frases: *Te prometo que **estaré** allí a las ocho / Imagino que **hablaré** muy bien español / El próximo año **estudiaré** en la universidad.*

En las tres aparece el futuro simple o imperfecto. A partir de los ejemplos, explique el cuadro gramatical, poniendo especial atención a los verbos irregulares. Apoye su explicación con el Material fotocopiable 5.3.

Material fotocopiable 5.3.
Memory del futuro imperfecto irregular

Dinámica para practicar la forma de los verbos irregulares. Forme grupos de cinco personas y reparta a cada grupo un juego con dos mazos: los infinitivos y los verbos conjugados. Ponga todas las cartas bocabajo. Por turnos, un estudiante levanta una tarjeta del infinitivo y dice en voz alta la forma correspondiente en futuro en 1.ª pers. sing. (*yo*). A continuación, levanta una tarjeta del futuro: si la forma que aparece corresponde a la que ha dicho, se queda con la pareja de tarjetas, si no, devuelve las cartas a su lugar. Gana quien obtenga mayor número de parejas.

A continuación, proyecte el vídeo de gramática para ver una explicación gramatical del futuro imperfecto.

Videogramas
El futuro imperfecto

1

Contextualice la actividad preguntándoles si conocen Sevilla, dónde se encuentra o si han estado alguna vez. A continuación, diga que Kevin, un chico extranjero, tiene planeado visitarla la próxima semana. Diga que, individualmente, completen el texto con el futuro imperfecto.

2

Se trabajan ahora las expresiones temporales que suelen acompañar al futuro imperfecto ordenándolas cronológicamente. Sugiera que, tras la actividad, escriban otras frases con las referencias temporales vistas.

Cuaderno de ejercicios p. 58 a 62
Actividades 5.11. a 5.21.

SI + PRESENTE + FUTURO

- Para hablar de acciones futuras que dependen de una **condición** usamos la siguiente estructura:

Si	+	presente	+	futuro
Si		*no llueve,*		*iremos a la playa*

Videogramas

3 **Forma frases relacionando los elementos de las dos columnas.**

1 Si el metro no funciona,
2 Si me invita a su cumpleaños,
3 Si me pongo enferma,
4 Si no nos vemos esta tarde,
5 Si piensas un poco,

a te llamaré.
b iré a pie.
c no podré ir a la excursión.
d sabrás la respuesta.
e tendré que comprarle un regalo.

4 **Completa el texto con los verbos que faltan.**

castigan ▪ llegaré ▪ podré ▪ vuelvo ▪ veré ▪ vemos ▪ castigarán ▪ voy ▪ aburriré

Si a ...vemos... la película de las 20:00h, b ...llegaré... muy tarde a casa. Si c ...vuelvo... a llegar tarde, seguro que mis padres me d ...castigarán... . Si me e ...castigan..., no f ...podré... ir de vacaciones este verano al pueblo de mi familia. Si no g ...voy... al pueblo, no h ...veré... a mis amigos y me i ...aburriré... mucho. Lo bueno es que tampoco tendré que ver a mi primo. ¡Es un pesado!

5 **Completa libremente las siguientes frases.**

a Si ...., daré la vuelta al mundo.
b Si tengo suerte, ...
c Si el sábado hace mal tiempo, ...
d Si ...., aprenderé japonés.
e Si me toca la lotería, ...

6 **Escribe condiciones para conseguir estas cosas.**

- Estar en forma.
- Ser feliz.
- Ser rico.
- Tener el mejor trabajo del mundo.

Cuaderno de ejercicios p. 62 y 63 Actividades interactivas

Unidad 5: p. 91

PASO A PASO

Objetivo

- Aprender las estructuras para expresar condición.

Nota gramatical.

- El orden de esta estructura puede variar: *Si vengo a clase, veré a mi profesor* o *Veré a mi profesor si vengo a clase.*
- Al igual que el futuro, podemos encontrar otros tiempos como el presente o el imperativo: *Si vas al cine esta tarde, **llámame*** o *Si como mucho, **puedo** tener dolor de estómago.*
- La frase que indica la condición (*Si…*) nunca se conjuga en futuro. Así, no es correcto decir: **Si iré a clase, veré a mi profesor.*

SI + PRESENTE + FUTURO

Escriba la pizarra la frase: *Veré a mi profesor…* y pida que, por parejas, reflexionen cómo puede continuar. Elija a un estudiante al azar para que diga su continuación. La solución lógica será: *si vengo a clase.* A continuación, hágales reflexionar sobre la pregunta: *¿Puedo ver a mi profesor si me quedo en casa? ¿Cuál es la condición para ver al profesor?* Y a partir de ahí presente la regla.

Proyecte el vídeo de gramática para ver una explicación gramatical de la estructura *si* + presente + futuro imperfecto.

Videogramas
Las oraciones condicionales

3

Actividad para identificar por el contexto las dos partes de la nueva estructura condicional.

4 y **5**

Actividades de refuerzo sobre la estructura presentada. Se aconseja que las realicen individualmente. Para la corrección de la actividad 5, pida a varios alumnos que lean sus frases en voz alta. Se trata de confirmar que han entendido qué forma verbal deben emplean en cada una de las partes que forman la estructura condicional.

6

Actividad más libre donde deben utilizar la estructura presentada.

Como actividad adicional, propóngales hacer frases encadenadas de forma oral. Comience diciendo: *Si quiero hablar español…* y un/a alumno/a debe completar la frase: *Si quiero hablar español, tendré que estudiar mucho.* Otro estudiante continúa: *Si tengo que estudiar mucho, no podré salir con mis amigos.* De esta forma, todos practican esta estructura.

Cuaderno de ejercicios p. 62 y 63
Actividades 5.22., 5.23. y 5.24.

Actividades interactivas
Futuro imperfecto. Si + *presente + futuro*

Unidad 5: p. 92

SUENA BIEN

Objetivo

- Revisar las reglas de acentuación en español.

37

Cuéntamelo, corazón, sábado, pensar, salió, joven, historia, carácter, música, cómic, fábrica, canción, ciudad, después, dáselo, devuélvemelo, gracias, palo, lápiz, verano, maravilla, jardín, dímelo, difícil, aquí, rápido, político.

38

1. Ayer estuve toda la tarde sentada en el sofá; 2. Detrás de mi casa hay un jardín muy grande con muchos árboles; 3. La gramática española me parece muy difícil, creo que es más fácil el inglés; 4. ¿A qué hora sale el tren para Madrid?; 5. ¡Cuántos bolígrafos tienes!; 6. Anoche mi vecino se puso malísimo y tuvimos que llamar a la ambulancia; 7. Si necesitas el diccionario, pídeselo a Raúl.

Suena bien PRONUNCIACIÓN Y ORTOGRAFÍA

La acentuación

37 **1** **Escucha estas palabras y subraya la sílaba tónica.**

cuentamelo	historia	ciudad	palo	dimelo
corazon	caracter	despues	lapiz	dificil
sabado	musica	daselo	verano	aqui
pensar	comic	devuelvemelo	maravilla	rapido
salio	fabrica	gracias	jardin	politico
joven	cancion			

2 **Ahora clasifícalas todas según la posición de su sílaba tónica y pon las tildes necesarias.**

Agudas	Llanas	Esdrújulas	Sobreesdrújulas
corazón, pensar, salió, canción, ciudad, después, jardín, aquí	joven, historia, carácter, cómic, gracias, palo, lápiz, verano, maravilla, difícil	sábado, música, fábrica, dáselo, dímelo, rápido, político	cuéntamelo, devuélvemelo

3 **Fíjate en las palabras que llevan tilde y completa la norma.**

REPASO Y CONTINUACIÓN

- Las palabras *agudas* se acentúan cuando terminan en -n, -s o vocal.
- Las palabas *llanas* se acentúan cuando termina en una consonante distinta de -n o -s.
- Las palabras *esdrújulas* o *sobreesdrújulas* se acentúan siempre.
- Recuerda que las palabras *que, como, donde, cuando* y *cuanto* tienen tilde solamente en las frases interrogativas y exclamativas.
- Por ejemplo: *¿De dónde eres? ¡Qué calor!*

38 **4** **Dictado.**

Cuaderno de ejercicios p. 63 y 64 Actividades interactivas

1

Advierta a los estudiantes que el ejercicio presenta las palabras sin tildes, aunque no significa necesariamente que estas no las tengan. Ahora, el estudiante solo tiene que escuchar las palabras y marcar en cada una la sílaba que considere que es más fuerte (sílaba tónica). Una vez realizada la actividad individualmente, pueden comparar sus respuestas en parejas.

2

Primero deben clasificar las palabras y, después, acentuar cuando sea necesario. Pueden realizar la actividad individualmente o en parejas. La corrección se lleva a cabo en grupo clase en la pizarra.

3

Invítelos a que observen todas las palabras anteriores detenidamente e intenten completar la regla de acentuación.

4

Después de realizar el dictado, invite a varios voluntarios para que escriban las frases en la pizarra. A continuación, corríjalas en grupo clase.

Cuaderno de ejercicios p. 63 y 64
Actividades 5.25. y 5.26.

Actividades interactivas
Acentuación (repaso y continuación)

Unidad 5

Sesión de cine VÍDEO

Visión de futuro

SINOPSIS

Una estudiante quiere saber cómo será su futuro y acude a una persona que la puede ayudar y explicar qué le va a suceder muy pronto, qué cambios habrá en su vida... ¿Qué crees que le dirá?

1 Responde a las siguientes preguntas.

a ¿De qué crees que es ese rótulo?

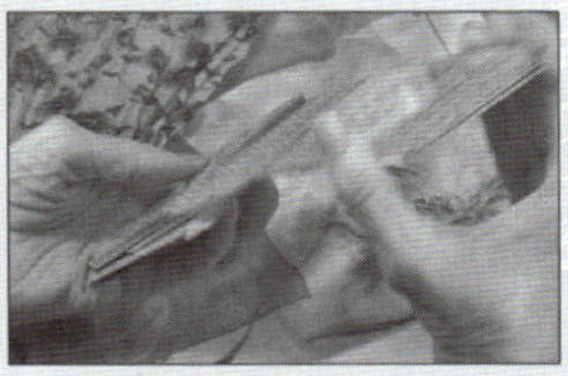

b ¿Qué ves entre las manos de la imagen?
c ¿Para qué se usan?
d ¿Quién crees que las está usando?

e ¿Quién es esa señora?
f ¿Qué crees que hará?
g ¿Quién crees que irá a verla?

h ¿Para qué crees que va la chica a la adivina?
i ¿Qué crees que le preguntará?

2 Observa el vídeo y haz las actividades que te va a repartir tu profesor/a.

Secuencia de vídeo Actividades interactivas

noventa y tres 93

Unidad 5: p. 93

SESIÓN DE CINE

Objetivos

- Visionar un vídeo donde aparecen los contenidos de la unidad.
- Comprender conversaciones entre hispanos hablando del futuro.

Material fotocopiable 5.4.

Respuestas:

1. a. De una consulta de una adivina; **b.** Cartas o naipes; **c.** Normalmente se usan en los juegos de mesa, pero también se pueden usan para adivinar el futuro (tarot) o para hacer trucos de magia; **d.** En este caso, una adivina; **e.** Una adivina; **f.** Predecir el futuro de las personas; **g.** Las personas que quieren conocer su futuro en diversos ámbitos: trabajo, amor, dinero...; **h.** Para conocer su futuro; **i.** Cosas sobre su futuro, por la edad, seguramente le pregunte por los estudios o por el tema amoroso.

2. a. Quiere saber algo sobre su futuro, en qué universidad estudiará y qué estudiará; **b.** Que corte la baraja con la mano izquierda, que cierre los ojos y que se concentre; **c.** Porque, según las visiones de la adivina, cree que va a estudiar con su amiga Celia; **d.** Que qué va a estudiar; **e.** Porque no sabe si va a estudiar Medicina o Arquitectura; **f.** Que no ve nada más; **g.** Tendrá que volver al día siguiente.

Material fotocopiable 5.5.

Respuestas:

1. 1. d; **2.** j; **3.** k; **4.** b; **5.** l; **6.** e; **7.** f; **8.** g; **9.** i; **10.** h.
2. a. 5; **b.** 2; **c.** 1; **d.** 3; **e.** 6; **f.** 4.
3. a, c, d, g, h.
4. a. 1; **b.** 15; **c.** 11; **d.** 5; **e.** 6; **f.** 9; **g.** 3; **h.** 2; **i.** 12; **j.** 7; **k.** 10; **l.** 8; **m.** 13; **n.** 4; **ñ.** 14; **o.** 16.

Diga a los estudiantes que observen las imágenes del vídeo. Tienen que identificar los diferentes detalles que aparecen. Pídales que piensen qué está ocurriendo en cada una de las imágenes.

1

Pida a los alumnos que, en pequeños grupos, comenten las imágenes presentadas en la actividad e interésese por conocer sus respuestas respecto a las preguntas que se plantean, comprobando si coinciden todos. Establezca una conversación acerca de las diferencias para que saquen conclusiones.

Después de hablar sobre las imágenes y de responder a las preguntas, invítelos a que lean la sinopsis del vídeo de forma individual y a que comprueben algunas de sus hipótesis. No se moleste en corregir ahora la actividad, podrán confirmar todas las respuestas una vez hayan visionado el vídeo.

2

A continuación, proyecte el vídeo y presente el Material fotocopiable 5.4.

Material fotocopiable 5.4.
Visión de futuro

Secuencia de vídeo
Visión de futuro

Actividades interactivas
Visión de futuro

Si lo desea, puede trabajar otros acentos a través de la serie hispana ¡Acción! y del Material fotocopiable 5.5.

Material fotocopiable 5.5. (1 y 2)
Una cita con Morgana

¡Acción!
Una cita con Morgana

Actividades interactivas
Una cita con Morgana

Unidad 5: p. 94

MUNDO HISPANO

Objetivo

- Acercar a los estudiantes a cuatro parques nacionales de España.

Mundo hispano

Cultura

PARQUES NACIONALES DE ESPAÑA

Islas Cíes, Galicia.

1 **Lee estos textos sobre algunos parques nacionales de España.**

Timanfaya

El **Parque Nacional de Timanfaya** se encuentra en la parte centro occidental de la isla de Lanzarote. Los paisajes negros y rojos y la casi ausencia de vegetación se deben a las erupciones volcánicas que tuvieron lugar entre 1730 y 1736. La lava destruyó toda la flora y la fauna del lugar y los habitantes tuvieron que emigrar porque se convirtió en un lugar inhabitable. Hoy en día el parque es un gran centro de estudio geológico y de actividades sísmicas. Una curiosidad es que tiene un restaurante donde se cocina con el calor de la propia tierra.

(Adaptado de *www.lanzarote.com/es/timanfaya*)

Picos de Europa

El **Parque Nacional de los Picos de Europa** pertenece a Cantabria, Asturias y Castilla y León. En 2002 fue declarado Reserva de la Biosfera. Tiene más de 200 picos de más de 2000 metros de altitud. De hecho, el nombre Picos de Europa se lo pusieron los marineros porque cuando llegaban del Atlántico con los barcos era lo primero que veían. En el parque hay más de 2000 especies de animales y plantas. De algunas quedan pocos ejemplares, pero se están intentando recuperar, como es el caso de los osos o los buitres. También podemos visitar los lagos de Covadonga, unos de los pocos que hay en España.

(Adaptado de *www.verdenorte.com*)

94 noventa y cuatro

1

Introduzca la sección preguntando a sus estudiantes si saben qué es un parque nacional y si conocen alguno. También pídales que digan qué pueden encontrar en los parques nacionales. El objetivo es activar el vocabulario sobre los animales y el medioambiente.

A continuación, coménteles que van a conocer cuatro parques nacionales de España e invítelos a leer los textos.

Como dinámica alternativa, puede fotocopiar los cuatro textos en grande y pegarlos en la pizarra, bajo las letras *a*, *b*, *c* y *d*. Después, divida la clase en grupos de cuatro alumnos. A cada miembro del grupo asígnele una letra. Por turnos, cada estudiante va a la pizarra, lee el texto que le corresponde según su letra y, después, vuelve al grupo para contárselo a sus compañeros. Si es necesario, previamente a la actividad, puede enseñar algunas palabras que presenten mayor dificultad: *lava*, *sísmico/a*, *águila*, *lince*, *marismas*, *picos*, *buitres*, *faro*, *observatorio*...

Islas Atlánticas

El **Parque Nacional de las Islas Atlánticas de Galicia** lo forman cuatro archipiélagos: el de Cíes, Ons, Sálvora y Cortegada. La isla más famosa es la de Monteagudo, que pertenece a las Cíes, porque su playa, llamada "playa de Rodas", ha sido considerada la más bonita del mundo. Es una isla completamente virgen, donde solo hay un restaurante, un *camping* y un faro convertido en observatorio de aves. Para llegar de forma particular hay que pedir permiso o ir en los barcos que salen, solo desde Semana Santa hasta septiembre, desde algunos puertos de Galicia.

(Adaptado de *www.parquenaturalislasatlanticas.com*)

Doñana

El **Parque Nacional de Doñana** está situado en Huelva y Sevilla, en el suroeste de España. Cuenta con diferentes ecosistemas, por eso tiene una biodiversidad única en Europa. Podemos observar miles de especies de animales y plantas, algunas desgraciadamente en peligro de extinción, como el águila imperial ibérica y el lince ibérico. En Doñana destacan las marismas, el lugar de paso y de cría de las aves africanas y europeas, y también las dunas móviles, que forman una frontera natural con la playa.

(Adaptado de *www.redparquesnacionales.mma.es/parques/donana*)

2 **¿En qué parque...**

a puedo ver un volcán?
b puedo ver osos?
c hay una gran biodiversidad?
d puedo ver dunas?
e voy a ver lagos?
f puedo cocinar sin necesidad de hacer fuego?
g solo puedo llegar en barco durante unos meses al año?
h puedo bañarme en la playa más bonita del mundo?

NATURALEZA | LO MEJOR DE CADA PARQUE NACIONAL

PARQUES NACIONALES

Aquí están los cinco parques nacionales más importantes de España.

- Parque Nacional del Teide
- Parque Nacional de Doñana
- Parque Nacional de Sierra Nevada
- Parque Nacional Marítimo-Terrestre del Archipiélago de Cabrera
- Parque Nacional de los Picos de Europa

ATRACTIVOS

Estos son los elementos más atractivos de un parque nacional, según sus visitantes.

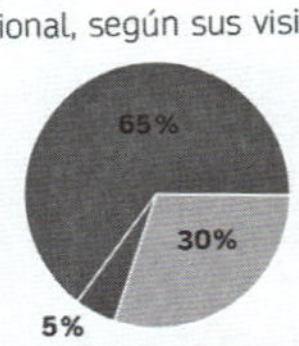

Parque Nacional de Sierra Nevada, Granada, Andalucía.

Cuaderno de ejercicios p. 64 y 65 · Actividades interactivas

Unidad 5: p. 95

MUNDO HISPANO

Objetivos

- Conocer otros parques nacionales.
- Apreciar el respeto por la naturaleza.

2

a. En el Parque de Timanfaya; **b.** En el Parque de las Islas Atlánticas; **c.** En el Parque Nacional de los Picos de Europa; **d.** En el Parque de las Islas Atlánticas; **e.** En el Parque Nacional de Doñana; **f.** En el Parque Nacional de Doñana; **g.** En los Picos de Europa; **h.** En el Parque de Timanfaya.

2

Con la información obtenida por los alumnos a partir de la lectura de los textos, pida que intenten responder a las preguntas.

Si ha realizado la dinámica de la lectura en grupos y en la pizarra, ahora deben leer individualmente los textos en sus libros y comprobar las respuestas a esas preguntas.

Finalmente, invite a los alumnos a leer la información que aparece en el artículo "Lo mejor de cada parque nacional".

Si lo desea, y si los alumnos muestran interés por este tema, pueden dibujar el mapa de su país y señalar los parques nacionales que tiene.

También, a modo de trabajo en equipo, pueden crear textos similares a los vistos sobre los parque nacionales de sus países.

Cuaderno de ejercicios p. 64 y 65
Actividad 5.27.

Actividades interactivas
Parques nacionales de España

Unidad 5: p. 96

ÉRASE UNA VEZ...

Objetivos

- Conocer a un autor hispano.
- Analizar un fragmento de una obra de literatura.

Érase una vez... LITERATURA

Viaje al futuro

39 **1** Lee y escucha.

Carlos Donatucci

Escritor argentino que ha trabajado distintos géneros literarios, su narrativa se mueve entre la ciencia ficción y el realismo mágico. Donatucci ha ganado numerosos premios en Argentina y España por relatos como *El interruptor* u *Hojas doradas en otoño*.

Tiempo futuro

Llegaré al inmenso edificio, que tendrá un amplio e intimidante *hall* de entrada. Me anunciaré a la recepcionista, me dirá que espere a ser autorizado. Estaré nervioso, inquieto, durante todo el tiempo de la espera. Trataré de no arrugar el traje que tanto me costó comprar. Me arreglaré la corbata innumerables veces. La recepcionista me llamará por mi nombre. Me dirigirá al piso catorce, donde tendré que preguntar por el Sr. García. Me dirigiré al ascensor con paso decidido. El olor de diferentes perfumes, lociones, tabaco, sudor que habrá en el reducido espacio me mareará un poco.

(Adaptado de *Tiempo futuro*. Carlos Donatucci)

2 **Sin mirar el texto, relaciona los adjetivos con los nombres.**

1 edificio	a innumerables
2 *hall*	b decidido
3 veces	c inmenso
4 paso	d reducido
5 perfumes	e intimidante
6 espacio	f diferentes

3 **Responde a las preguntas.**

a ¿Quién crees que es el protagonista de la historia?
....

b ¿Por qué crees que está nervioso? ¿Qué es ese edificio?
....
....

c ¿Quién imaginas que es el señor García?
....
....

4 **¿Cómo imaginas el final de la historia? Escríbelo junto a tu compañero/a.**

....
....
....
....
....
....
....

96 noventa y seis

1

Antes de la lectura y escucha del fragmento literario, presente al autor que van a estudiar e invítelos a leer su biografía.

Dígales que lean el título del fragmento literario y se fijen en la imagen que lo acompaña para que aporten sus hipótesis acerca del contenido del texto.

A continuación, ponga la audición y pídales que vayan rodeando en el texto los verbos que aparecen en futuro imperfecto. Pregúnteles por qué creen que el autor utiliza este tiempo verbal.

Aclare las dudas de las palabras que no entiendan.

2

La actividad sirve para trabajar el vocabulario que ha aparecido en el texto mediante las colocaciones léxicas. Pida a los alumnos que relacionen los conceptos de la primera columna con los adjetivos de la segunda que los acompañan.

3 y **4**

Anime a sus alumnos a hacer suposiciones sobre el texto. Aprecie todas las aportaciones del grupo. A continuación, deberán escribir en parejas el final de la historia. Se puede, finalmente, votar la historia más original.

Al finalizar estas actividades, comente que el protagonista de la historia está relatando cómo se dirige a una entrevista de trabajo. El Sr. García es la persona encargada de entrevistarlo para el puesto. Si lo desea, puede buscar en internet el relato completo y entregarlo a la clase.

Unidad 5: p. 97

ÉRASE UNA VEZ...

5 Lee el siguiente relato.

Viaje al futuro

Alberto llegó del instituto, comió, encendió la tele, cogió el mando a distancia y se tumbó en el sofá. ¡ZAP!

—Si quiere disfrutar de unas vacaciones de ensueño, Canarias es su destino. ¡ZAP!

—Siempre te querré a ti, mi amor. ¡ZAP!

—Quiero hacerle una pregunta; usted, al recibir el Premio Nobel de Energía afirmó que el futuro que nos espera es mucho más negro de lo que pensamos —interesante, pensó Alberto.

—Sí, efectivamente. Las grandes ciudades del futuro provocarán el efecto invernadero y una megapolución si no hacemos algo. Habrá tanta superpoblación que tendremos que cultivar en grandes huertos urbanos para alimentarnos. Para no terminar con los combustibles fósiles, tendremos que reducir el número de coches y los kilómetros recorridos por los aviones. Habrá islas-vertedero para eliminar los residuos. Se tendrá que ahorrar energía utilizando los elementos de la naturaleza como el sol, el viento o la lluvia. ¡ZAP!

—Buenos días, les presento a William Mitchell, del Instituto Tecnológico de Massachusetts. ¿Cómo piensa usted que serán las ciudades del futuro?

—Bueno, yo pienso que estarán diseñadas como organismos vivos, con inteligencia propia. Las calles y edificios tendrán luces inteligentes que cambiarán de color e intensidad dependiendo de la hora del día. Tanto dentro como fuera de casa, habrá sensores que nos informarán de todo lo que sucede; como, por ejemplo, tener información de los edificios o monumentos de una ciudad solo con enfocarlos con un móvil. ¡ZAP!

—Necesito montar en una nave para teletransportarme en una milésima de segundo a mi planeta, si no, se cerrarán los accesos y no podré entrar. ¡¡Necesito ayuda!! —gritó Alberto.

—Despierta, hijo. Has tenido una pesadilla. Alberto miró a su madre, a su alrededor, y se sintió feliz de encontrarse en el siglo XXI.

6 Contesta a estas preguntas.

a ¿Qué cuenta el relato?
- ☐ Un día en la vida de Alberto.
- ☒ Un sueño.
- ☐ Un viaje al futuro.

b ¿Cuál de las visiones sobre el futuro te parece más optimista: la del primer científico o la del segundo?
La del segundo.

c ¿Cuál te parece más realista?
Respuesta abierta.

d ¿Con cuál de los dos estás de acuerdo?
Respuesta abierta.

e ¿Por qué crees que Alberto se alegra cuando su madre lo despierta?
Porque prefiere vivir en un mundo conocido.

7 Ahora imagina cómo será la vida dentro de 100 años. Escríbelo en tu cuaderno.

- Alimentación
- Vivienda
- Educación
- Transporte
- Trabajo

8 Compara tus hipótesis con las de tu compañero/a. ¿Coincidís en muchas cosas?

Actividades interactivas

noventa y siete **97**

5

Antes de comenzar a leer, establezca un pequeño coloquio sobre si alguna vez han pensado qué cosas pueden cambiar en el futuro, si piensan que el futuro será mejor o peor, etc. Pueden discutir sobre cómo creen que serán las ciudades del futuro y los medios de transporte. Después, pida a los estudiantes que, individualmente, lean el texto. Si tienen alguna duda más de vocabulario, pueden consultar con su compañero/a o buscar las palabras en el diccionario. Adviértales que la onomatopeya *¡zap!* corresponde al hecho de hacer *zapping* o cambiar de canal.

6

En parejas, los alumnos responden a las preguntas intentando no mirar el texto. Haga la corrección en grupo clase comentando las opiniones de los estudiantes en las preguntas de respuesta abierta.

7 y **8**

Cada alumno/a debe escribir una frase donde exprese su opinión. Para ello, recuérdeles que deben utilizar el futuro imperfecto. Puede pegar por la clase ocho carteles, correspondientes a cada uno de los temas de esta actividad. Después, cada alumno se levanta y va escribiendo sus frases en cada cartel.

En parejas, los alumnos intercambian de manera oral las predicciones que han hecho sobre cada uno de los temas, mientras usted va corrigiendo las frases que han escrito en los carteles. Después, comente en grupo clase el resultado final.

Actividades interactivas
Viajar al futuro

Unidad 5: p. 98

ME PREPARO PARA EL DELE

Objetivos

- Familiarizarse con el examen de español DELE.
- Prepararse para lograr el nivel.

Me preparo para el DELE

Prueba de comprensión de lectura

1 **Teo va a pasar unos días en Lanzarote y le escribe un correo electrónico a su amigo Luis, que vive allí, para pedirle información sobre la isla. Lee el texto y elige la respuesta correcta (a, b, c).**

Mensaje nuevo

De: teo@gmail.com **Para:** luis@hotmail.com

Hola, Luis:

¿Qué tal va todo? Me imagino que seguirás de exámenes. ¡Con lo estudioso que eres, seguro que sacas unas notas increíbles!

Te escribo para decirte que el mes que viene tendré unos días de vacaciones y quiero ir a Lanzarote. Supongo que estarás allí y que podremos hacer muchas cosas juntos. Por cierto, pienso llevarme mi tabla de surf. Me han dicho que allí hay unas olas fantásticas, ¿me puedes dar alguna información sobre las playas? También quiero ir un día a la isla La Graciosa. He leído en internet que es muy bonita y que se puede bucear en ella. ¿Vendrás conmigo? Me imagino que tú sabrás dónde alquilar los equipos. Por cierto, ¿conoces algún *camping* recomendable?

Como ves, no pienso parar ni un solo día. Y por la noche, supongo que me enseñarás los lugares de marcha...

¡Espero tu correo! Un abrazo,

Teo

1 Teo escribe un correo sobre...
- a sus últimas vacaciones.
- b sus exámenes.
- (c) sus próximas vacaciones.

2 Teo pide información sobre...
- (a) playas y alojamiento.
- b playas y gastronomía.
- c playas, gastronomía y alojamiento.

3 Teo tiene información sobre la isla...
- a por sus amigos.
- b porque se la ha dado Luis.
- (c) porque se lo han contado y por internet.

4 En el correo, Teo...
- a solo pide información a su amigo.
- (b) pide información a su amigo y le propone hacer actividades juntos.
- c solo le propone a su amigo hacer actividades juntos.

5 Teo quiere practicar...

Prueba de expresión e interacción escritas

2 **Quieres pasar unos días en un *camping*. Escribe un correo al *camping* para pedir información. En él debes preguntar:**

- Si hay plazas libres los días que quieres ir de vacaciones.
- Si el acceso a la piscina y a las instalaciones deportivas está incluido en el precio.
- Si aceptan mascotas.

98 noventa y ocho

Cuaderno de ejercicios p. 65 y 66 Actividades interactivas

ME PREPARO PARA EL DELE

Dedique una sesión de clase para realizar las actividades de esta sección. No haga ningún tipo de comentario que sirva de ayuda a los estudiantes y simplemente deles las instrucciones como si fuera el examen real.

Para obtener más información sobre los diplomas DELE, acceda a https://examenes.cervantes.es/es/dele-para-escolares/examenes/a2-b1

También puede obtener modelos de exámenes similares a este en el manual *El Cronómetro. Nivel A2/B1 para escolares* (Editorial Edinumen).

1

Para más información sobre la prueba de comprensión de lectura, puede consultar la página 30 de este libro.

Puede obtener más información sobre esta prueba en la página 46 de este libro.

2

Se trata de una prueba de expresión escrita que debe realizarse de forma individual. Deles el tiempo exacto para hacer la prueba y el número mínimo de palabras exigido. Para que se habitúen a este tipo de pruebas, sugiérales que escriban con bolígrafo y que usen un papel en blanco a modo de borrador.

Cuaderno de ejercicios p. 65 y 66
Actividades 5.28. a 5.31.

Actividades interactivas
Expresión e interacción escritas
Expresión e interacción orales

¡Me lo sé!

Unidad 5

EVALUACIÓN

1 **Di si las siguientes frases son conjeturas (C) o promesas (P).**

.../4

a Me imagino que mañana tendré que ir a hacer la compra. ☒C Ⓟ
b Te prometo que no lo volveré a hacer. Ⓒ ☒P
c Supongo que no irá a la fiesta. ☒C Ⓟ
d Mañana te traeré el libro sin falta. Ⓒ ☒P

2 **Escribe estos verbos en futuro imperfecto.**

.../6

a Tener, 1.ª pers. sing → tendré
b Caber, 3.ª pers. sing → cabrá
c Poder, 2.ª pers. plural → podréis
d Venir, 1.ª pers. plural → vendremos
e Ir, 2.ª pers. plural → iréis
f Salir, 2.ª pers. plural → saldréis

3 **Ordena estas expresiones de más a menos cercanas en el futuro.**

.../4

a [2] Pasado mañana.
b [5] El año que viene.
c [4] El próximo verano.
d [3] Dentro de poco.
e [6] Dentro de 10 años.
f [1] Mañana.

4 **Completa las frases con el verbo entre paréntesis en el tiempo correspondiente.**

.../6

a Si todo va (ir) bien, dentro de dos años iré (ir, yo) a la universidad.
b Llegaremos (Llegar, nosotros) tarde si perdemos (perder, nosotros) el autobús.
c Si no me llama (llamar) Juan, lo llamaré (llamar) yo.

5 **Completa el texto con las siguientes palabras.**

.../7

sequía ▪ deforestación ▪ consumo responsable ▪ energías renovables
calentamiento global ▪ contaminación ▪ deshielo

a Si no llueve, habrá sequía
b El calentamiento global del planeta está provocando el deshielo de los polos.
c Los países deberían apostar por las energías renovables y el consumo responsable para reducir la contaminación
d Si no detenemos la deforestación, nos quedaremos sin selva.

6 **Completa las frases con las palabras propuestas.**

.../6

candidato ▪ programa ▪ victoria ▪ elecciones ▪ votos ▪ partidos

a Antes de las elecciones los partidos políticos presentan su programa para dar a conocer sus proyectos.
b Hasta que no se cuentan todos los votos no se puede saber qué candidato ha conseguido la victoria

Ahora soy capaz de...

a ...hablar de planes y proyectos. Sí No
b ...hacer conjeturas. Sí No
c ...expresar condiciones. Sí No
d ...hablar del medioambiente y de política. Sí No

Sigue practicando con... Spanish Blogger Misión 17

Actividades interactivas

noventa y nueve 99

Unidad 5: p. 99

¡ME LO SÉ!

Objetivos

- Practicar los contenidos aprendidos en la unidad.
- Autoevaluar su aprendizaje.
- Revisar lo aprendido con actividades lúdicas.

¡ME LO SÉ!

En esta sección los estudiantes revisarán los contenidos vistos en la unidad. Esto le servirá para evaluar si han asimilado los objetivos propuestos.

Una vez que han terminado de realizar el apartado de *¡Me lo sé!* y *Evaluación*, es un buen momento para que los estudiantes, según los errores que han cometido en los ejercicios, decidan qué deben reforzar o mejorar en su aprendizaje.

Actividades interactivas
Evaluación

AHORA SOY CAPAZ DE...

Explique a los estudiantes que esta actividad les servirá para evaluar su proceso de aprendizaje.

Pídales que reflexionen exhaustivamente y tomen conciencia de los conocimientos que han adquirido en esta unidad.

SPANISH BLOGGER

Invítelos a seguir practicando lo aprendido en esta unidad a través de la Misión 17. Con ella, los estudiantes podrán utilizar el español en un contexto divertido.

Misión 17
¿Cómo será el futuro?

6 COSAS DE CASA

Unidad 6: p. 100

Objetivos de la unidad

- Conocer el tema de la unidad y a los personajes del diálogo.
- Revisar el léxico de la unidad 5.

Recursos del profesor

Materiales fotocopiables
6.1. a 6.5.

Material proyectable
6.1.

Audios
40 a 47

Vídeos
- Serie: *¡Quiero ir al concierto!*
- *Videogramas*:
  - *El imperativo afirmativo*
  - *El imperativo negativo*
- *Casa del español*:
  - *Dar instrucciones para preparar un plato*
- *¡Acción!: El señor Don Limpio*

Cuaderno de ejercicios
Unidad 6

Actividades interactivas
6.1. a 6.12.

Actividades colaborativas
Visita el Museo del Prado

Spanish Blogger
Misión 18: *¿Son maleducados los españoles?*

Unidad 6

COSAS DE CASA

Comunicación
- Pedir permiso, concederlo y denegarlo
- Invitar u ofrecer
- Dar consejos, órdenes e instrucciones

Vocabulario
- Las tareas domésticas
- Los deportes

Gramática
- Imperativo afirmativo y negativo

Pronunciación y ortografía
- La entonación

Sesión de cine
- *¡Quiero ir al concierto!*

Cultura
- Normas sociales

Literatura
- *Mi abuela Eva*
- *Como agua para chocolate,* de Laura Esquivel

¿Qué ves?

1 Observa la fotografía y habla con tu compañero/a.

a ¿Qué miembros de la familia aparecen en esta foto?
b ¿Crees que se llevan bien? ¿Qué están haciendo?
c Y tú, ¿te llevas bien con tu familia? ¿Qué cosas hacéis juntos?

2 Vas a conocer a una familia muy particular: los Pérez-Garrido. Lee la información sobre esta familia y completa las fichas de la página siguiente. Fíjate en los dibujos.

Pilar Garrido, que es pintora, tuvo a Nerea con 30 años. Tiene tres años menos que su marido **Antonio Pérez.** A él le gusta la música clásica, pero a su hijo **Darío** le gusta el *heavy*. Darío tiene cuatro años menos que **Nerea** y cuatro más que su otra hermana. **Macarena** tiene 11 años y **Juan**, el abuelo, que está jubilado y le gusta cantar, tiene 77 años.

100 cien

1

Al comenzar la unidad, pida a los estudiantes que se fijen en la fotografía y que traten de responder a las preguntas de la actividad 1 en parejas. Invítelos a hacer predicciones sobre quiénes son las personas que aparecen en la imagen, a qué se dedican, qué les gusta hacer en su tiempo libre, etc.

2

Diga a los estudiantes que ahora van a conocer a otra familia muy especial. Pídales que observen el dibujo y pregúnteles, a modo de sondeo, cómo creen que es esta familia.

Para realizar la actividad, indíqueles que la información sobre los miembros de la familia no solo se infiere a través del texto, sino también observando la imagen.

Antes de realizar la corrección en grupo clase, los alumnos pueden comparar sus respuestas en parejas.

Una vez corregida la actividad, pídales que cierren el libro y que escriban, en parejas, toda la información que recuerden sobre la familia Pérez-Garrido. Déjeles dos minutos y después haga una puesta en común. Gana la pareja que más información correcta haya conseguido recordar.

Comenzamos con un diálogo

Nombre Juan
Profesión jubilado
Edad 77 años
Gustos Cantar, hacer yoga

Nombre Pilar
Profesión pintora
Edad 49 años
Gustos Ir al cine

Nombre Nerea
Profesión camarera
Edad 19 años
Gustos Ir a la montaña, practicar escalada

Nombre Darío
Profesión estudiante
Edad 15 años
Gustos El *heavy*, jugar al tenis, tocar la guitarra

Nombre Macarena
Profesión estudiante
Edad 11 años
Gustos Bailar, el flamenco

Nombre Antonio
Profesión médico
Edad 52 años
Gustos La música clásica, jugar al waterpolo

40 **3 Escucha el diálogo y contesta verdadero (V) o falso (F).**

Ernesto: ¡Últimamente mis padres se quejan por todo!
Darío: ¿Por qué dices eso? Tus padres son muy majos.
Ernesto: Pues ahora se han vuelto superestrictos con todo. Me han dicho que entre semana no puedo llegar a casa más tarde de las ocho. Bueno, menos los días que tengo tenis, que tengo que estar en casa a las diez de la noche. Me han dicho que si llego un minuto más tarde, me castigarán sin salir.
Darío: ¡Pero si salimos de entrenar a las nueve y media! ¡Tendrás que irte corriendo a casa! ¡Y sin ducharte!
Ernesto: Además, ahora dicen que no hacemos nada en casa y que tenemos que colaborar más.
Darío: ¡Uf! ¡Qué rollo! Mi madre el año pasado hizo una lista con las tareas que tenía que hacer cada uno, ¡y fue un desastre!
Ernesto: ¿Y eso?
Darío: Mi abuelo era el encargado de hacer la compra, pero lo que hacía era pagar 15 euros a mi hermana si iba ella. Ella me pagaba 10 euros a mí y mientras ella "estaba haciendo la compra" se iba de paseo. Y como yo odio ir al supermercado, pues le pagaba 5 euros a mi hermana pequeña, ¡y ella encantada!
Ernesto: ¿Y tus padres no se enteraban?
Darío: Al principio no, pero un día vieron a Maca salir del súper y lo descubrieron.
Ernesto: ¿Y cómo reaccionaron?
Darío: Pues decidieron que con los 15 euros del abuelo, los 10 de Nerea y mis 5, podían pagar a alguien para limpiar la casa una hora a la semana. ¡Pero nosotros tenemos que seguir haciendo nuestra parte!, ¡y además nos cuesta dinero!
Ernesto: ¡Ja, ja! ¡Tus padres sí que saben!

		V	F
a	Ernesto no puede llegar a casa ningún día más tarde de las ocho.	V	☒
b	Según la opinión de Darío, los padres de Ernesto son muy simpáticos.	☒	F
c	Nerea conseguía cinco euros por no hacer la compra.	☒	F
d	La persona que limpia en la casa de Darío va una hora a la semana.	☒	F
e	Los padres de Darío descubrieron la verdad porque el abuelo lo contó todo.	V	☒

Actividades interactivas

Unidad 6: p. 101

COMENZAMOS CON UN DIÁLOGO

Objetivos

- Comprender un diálogo oral y escrito.
- Familiarizarse con las tareas del hogar y las relaciones entre los miembros de una familia.

3

a. falso (Los días que tiene tenis tiene que estar a las diez de la noche); **b.** verdadero; **c.** verdadero (Consigue 15 € del abuelo pero, como después le da 10 € a Darío, al final se queda con 5 €); **d.** verdadero; **e.** falso (Lo descubrieron porque vieron a Maca salir del súper).

3

Antes de que los alumnos lean el diálogo, puede hacer una primera escucha para que contesten a las preguntas que aparecen en la actividad. Para ello, con el libro cerrado, proyecte las preguntas y contextualice el diálogo que van a escuchar. Para comprobar sus respuestas, los alumnos abren el libro y leen el diálogo o vuelven a escuchar la audición.

Después de realizar la actividad, los alumnos pueden comentar en parejas cómo son sus familias, si tienen algo en común con la familia Pérez-Garrido, cuántos son en casa, qué aficiones tienen y si tienen alguna hora de llegada o tareas domésticas asignadas.

Actividades interactivas
Tareas de casa

Unidad 6: p. 102

HABLAR POR HABLAR

Objetivos

- Pedir permiso, concederlo y denegarlo.
- Invitar y responder a una invitación.

Material fotocopiable 6.1.

Respuestas:

Para pedir permiso: a, l; **Para conceder permiso:** c, d, i; **Para negar un permiso:** e, f, m; **Para invitar u ofrecer:** g, h, j; **Para responder:** b, k.

41

Diálogo 1.
- Ya sé que estás leyendo pero... ¿puedo poner la tele?
- Sí, claro, ponla. A mí no me molesta el ruido mientras leo.
- Vale, gracias, es que ahora hay un programa que me encanta.

Diálogo 2.
- ¿Quieres probar la *pizza* que he hecho?
- No, gracias, es que acabo de comer.
- Anda, coge un poco, solo para probarla. Ya verás qué rica me sale.
- Bueno, la probaré, pero ponme solo un poquito.

Diálogo 3.
- ¿Puedo ponerme tu camiseta?
- No, lo siento, es que luego te echas colonia y se queda mucho el olor y no me gusta.
- Vale, de acuerdo.

Diálogo 4.
- Toma, ¿quieres un poco? Es un bizcocho que he hecho.
- No, muchas gracias.
- Venga, pruébalo, que está muy bueno.
- Seguro, pero es que no me gusta mucho el dulce.

Hablar por hablar — COMUNICACIÓN

PEDIR PERMISO, CONCEDERLO Y DENEGARLO

- Para **pedir un permiso**:
  - ***¿Puedo/Podría*** *coger un poco de pastel?*
  - ***¿Te/Le importa*** *si cojo un poco de pastel?*
- Para **conceder un permiso**:
  - ***Sí, claro****, coge, coge.*
  - ***Por supuesto****.*
  - ***Sí, pero*** *déjale un poco a tu hermano.*
- Para **denegar un permiso**:
  - ***No, (lo siento) es que*** *lo he hecho para llevarlo a la fiesta de Ana.*
  - ***¡Ni hablar!***
  - ***¡De ninguna manera!***

INVITAR U OFRECER

- Para **invitar** u **ofrecer**:
  - ***¿Quieres*** *un poco de pastel?*
  - ***Coge, coge****.*
  - ***Toma****.*
- Para **responder**:
  - ***Sí, gracias****.*
  - ***No, gracias, es que*** *no me gustan los dulces.*

1 **Completa los diálogos con las expresiones del recuadro.**

- quieres
- no
- puedo
- coge un poco
- es que
- sí, claro

Diálogo 1

- Ya sé que estás leyendo, pero... ¿a ..puedo.. poner la tele?
- b ..Sí, claro.., ponla. A mí no me molesta el ruido mientras leo.
- Vale, gracias, es que ahora hay un programa que me encanta.

Diálogo 2

- ¿c ..Quieres.. probar la pizza que he hecho?
- d ..No.., gracias, e ..es que.. acabo de comer.
- Anda, f ..coge un poco.., solo para probarla. Ya verás qué rica me sale.
- Bueno, la probaré, pero ponme solo un poquito.

41 **2** **Escucha los siguientes diálogos y marca la opción correcta.**

	Diálogo 1	Diálogo 2	Diálogo 3	Diálogo 4
a Conceder permiso.	☒	☐	☐	☐
b Denegar permiso.	☐	☐	☒	☐
c Aceptar una invitación.	☐	☒	☐	☐
d Denegar una invitación.	☐	☐	☐	☒

3 **Habla con tu compañero/a siguiendo las instrucciones.**

Alumno A

Situación 1. Empiezas tú.
- Pide permiso a tu compañero/a para hacer algo.

Situación 2. Empieza tu compañero/a.
- Acepta o rechaza su invitación.

Alumno B

Situación 1. Empieza tu compañero/a.
- Concede o deniega el permiso a tu compañero/a.

Situación 2. Empiezas tú.
- Invita a algo u ofrece algo a tu compañero/a.

Cuaderno de ejercicios p. 67 a 70

PEDIR PERMISO, CONCEDERLO Y DENEGARLO. INVITAR U OFRECER

Para introducir los cuadros comunicativos, utilice el Material fotocopiable 6.1.

Material fotocopiable 6.1.

Pedir permiso e invitar u ofrecer

Agrupe a los alumnos en parejas o grupos reducidos y dígales que clasifiquen las frases según su función: *pedir permiso*, *concederlo*, *denegarlo*, *invitar* u *ofrecer* y *responder a una invitación*. Se trata de que los alumnos intenten inferir el significado de estas expresiones antes de leer el cuadro, y de que, posteriormente, lo comparen con sus respuestas. Una vez hecho esto último, se resuelven las posibles dudas y se hacen repeticiones corales para incidir en la prosodia/entonación.

1

Pida que realicen el ejercicio individualmente y que, después, lo comparen en parejas. Posteriormente, también en parejas, pueden representar los diálogos mientras usted se pasa por las mesas para comprobar que producen correctamente.

2

Diga a sus estudiantes que van a escuchar cuatro diálogos y que tienen que señalar qué función aparece en cada uno. Durante la corrección, adviértales que en el diálogo 2, aunque al final de la conversación se acepta la invitación, al principio se deniega. Esta es una conducta social muy típica de los españoles y se tratará en la sección de cultura de esta unidad.

3

Asegúrese previamente de que los alumnos tienen claras las instrucciones de la actividad e indíqueles que, para realizarla, usen las estructuras vistas.

Cuaderno de ejercicios p. 67 a 70

Actividades 6.1 a 6.10.

PEDIR Y DAR INSTRUCCIONES

- Para **pedir instrucciones**:
  - *¿**Puedes/Podrías decirme cómo** hago el pastel?*
  - *¿**Sabes cómo** ir al centro?*
  - ***Perdone/Perdona**, ¿**para** ir a la estación?*
- Para **dar instrucciones**:
  - ***Sí, mira, haz/coge/ve**...*
  - ***Sí**, primero **gira** a la derecha, **sigue** todo recto, después **cruza** la calle...*
  - ***Sí, tiene/tienes que** coger/hacer/ir...*

PEDIR Y DAR CONSEJOS O RECOMENDACIONES

- Últimamente no me concentro a la hora de estudiar, **¿qué puedo hacer?**
- ***Tendrías que/Deberías** ir a la biblioteca/hacer deporte/probar la jalea real.*
- *¿**Por qué no** vas a la biblioteca/haces deporte/pruebas la jalea real?*
- ***Ve** a la biblioteca/**Haz** deporte/**Prueba** la jalea real.*

DAR ÓRDENES

- ***Coge/Haz/Ven**...*
- *Pedro, **haz** los deberes antes de ver la tele.*

4 **Relaciona para formar diálogos.**

Perdona, ¿podrías decirme cómo llegar al Palacio de los Deportes?

a 1

No sé si voy a aprobar el examen de Historia. Entran siete temas y solo me sé uno. ¿Qué puedo hacer?

b 3

Óscar, haz los deberes, deja de usar internet y baja el volumen de la radio.

c 2

1 Sí, claro. Sigue todo recto y después gira la primera calle a la izquierda...
2 Que sí, mamá, ¡qué pesada...!
3 ¿Y por qué no empiezas a estudiar ya? Estudia un tema cada día. Aún falta una semana...

5 **Marca qué hacen en las frases del ejercicio 4.**

	a	b	c	1	2	3
a Pedir consejos.		X				
b Dar consejos.						X
c Pedir instrucciones.	X					
d Dar instrucciones.				X		
e Dar órdenes.			X			
f Aceptar órdenes.					X	

6 **Habla con tu compañero/a. Elige una de estas situaciones y cuéntasela. Él/Ella debe reaccionar.**

a Últimamente duermes poco, solo dos o tres horas. Pide consejo a tu compañero/a.
b No sabes cómo mandar un mensaje desde tu móvil nuevo. Pregunta a tu compañero/a.
c Necesitas ir a la secretaría de tu instituto y no sabes dónde está. Tu compañero/a sí lo sabe.
d Quieres irte de viaje el fin de semana, pero el lunes tienes un examen y no sabes qué hacer. Pide consejo a tu compañero/a.

Cuaderno de ejercicios p. 70 · Actividades interactivas

Unidad 6: p. 103

HABLAR POR HABLAR

Objetivo

- Dar consejos, órdenes e instrucciones.

PEDIR Y DAR INSTRUCCIONES, CONSEJOS Y RECOMENDACIONES Y DAR ÓRDENES

Para introducir los cuadros comunicativos, proyéctelos o escríbalos en la pizarra pero sin los ejemplos y, a continuación, vaya leyendo los ejemplos de forma desordenada. Se trata de que, en grupo clase, los alumnos decidan cuál es la función de cada ejemplo y vayan completando el cuadro. Finalmente, los alumnos abren sus libros y comprueban sus respuestas. Una vez finalizada la corrección, es importante hacer repeticiones corales para incidir en la prosodia/entonación.

4 y 5

Antes de la actividad, pídales que observen las fotografías y digan qué relación creen que puede haber entre las personas que aparecen y qué creen que pueden estar diciéndose. Después, comprueban sus hipótesis realizando la actividad.

A continuación, preséntelas la actividad 5 y dígales que observen esas funciones y decidan si corresponden a las personas de la actividad 4 que hablan primero (con letras) o a las que reaccionan (con números).

6

Cuando estén realizando la actividad, paséese por las mesas para comprobar que lo están haciendo correctamente, incidiendo en la prosodia/entonación. Finalizada la actividad, y si desea seguir practicando estas estructuras, pídales que creen otras situaciones y se las presenten a su compañero/a.

Si lo desea, proyecte el vídeo de Casa del español para ver cómo la gente de la calle da instrucciones sobre platos.

Casa del español
Dar instrucciones para preparar un plato

Cuaderno de ejercicios p. 70
Actividades 6.11. y 6.12.

Actividades interactivas
El permiso, la invitación, el consejo y las instrucciones

Unidad 6: p. 104

PALABRA POR PALABRA

Objetivo

- Hablar de las tareas domésticas.

42

1. - A mí, la tarea que menos me gusta hacer es barrer.
   - A mí tampoco me gusta nada, es un rollo.
2. - ¡Jaime! Pon la mesa, por favor.
   - Sí, ya voy. Ahora la pongo.
3. - Luisa, ¿vienes a ver la tele?
   - Sí, un momento que termino de fregar los platos y voy.
4. - Laura, ya que sacas al perro, tira también la basura.
   - Vale.
5. - Me apetece mucho ir a tu casa a comer. ¿Quieres que vaya a ayudarte?
   - No, no te preocupes, ya hago yo la comida.
6. - ¿Quieres que planche tu blusa?
   - Sí, genial. Muchas gracias.
7. - Mi madre no me deja bajar a desayunar si no he hecho la cama.
   - ¿Sí? Pues yo siempre la hago después del desayuno.
8. - ¿Puedes echar esto a lavar cuando pongas la lavadora?
   - Sí, claro.
9. - ¡Qué rollo! Tengo que tender la ropa.
   - ¡Venga!, si es solo un momento. Si quieres, te ayudo.

Palabra por palabra VOCABULARIO

Las tareas domésticas

42 **1** **Escucha los diálogos y ordena las imágenes.**

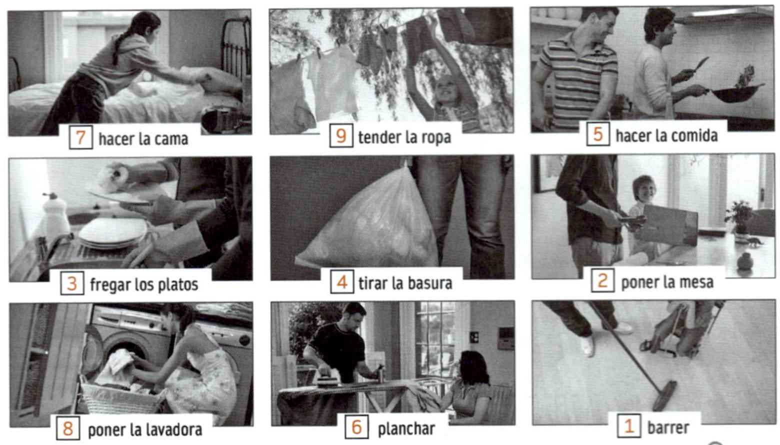

2 **Completa las frases con los verbos correctos.**

a Lo contrario de "poner la mesa" es ......quitar...... la mesa.
b A veces cuando haces la cama también ......cambias...... las sábanas.
c Si limpio el suelo sin agua, lo ......barro......, y si lo limpio con agua, lo ......friego......
d Después de poner la lavadora, ...tiendo...... la ropa.
e Lo hago con el polvo, los cristales y el baño, y es lo contrario de "ensuciar": ......limpiar......
f Antes de comer tengo que ......hacer...... la comida.
g Antes de ponerte la ropa, la ......planchas......

- fregar
- tender
- quitar
- limpiar
- hacer
- planchar
- barrer
- cambiar

3 **Pilar Garrido ha decidido repartir las tareas de casa entre los miembros de la familia. Relaciona las instrucciones con sus imágenes.**

1 Nerea, haz la comida a tus hermanos, pero no la quemes.
2 Papá, plancha la ropa, pero no la quemes.
3 Darío, cambia las sábanas y haz la cama.
4 Antonio, pon la lavadora, pero no mezcles la ropa blanca y de color.

4 **Habla con tu compañero/a. ¿Qué tareas domésticas hacéis en casa? ¿Cuál os gusta menos? ¿Por qué?**

Cuaderno de ejercicios p. 71

1

Pídales que observen las imágenes y digan dónde están las personas que aparecen y qué tipo de actividades están realizando: si de tiempo libre, de trabajo... A continuación, introduzca la actividad explicando el término *tareas domésticas*.

2

Indique a los alumnos que los verbos *fregar* y *tender* son irregulares en presente (e > ie). Una vez realizada la actividad, entrégueles el Material fotocopiable 6.2. que sirve para fijar el vocabulario.

Material fotocopiable 6.2.
Memory de las tareas del hogar

En parejas, los alumnos juegan a un *memory* en el que unas tarjetas llevan las imágenes de las tareas del hogar y otras llevan escrito el nombre de la tarea. Deben formar parejas con las tarjetas, mientras usted se pasea por la clase y supervisa la actividad. Para ampliar el vocabulario y, si lo considera oportuno, también puede enseñar el nombre de los objetos con los que realizamos las tareas: *pinzas*, *sartén*, *estropajo*, *bolsa* y *cubo de basura*, *mantel*, *detergente*, *plancha*, *aspiradora*, *fregona*...

3

Con esta actividad, además de trabajar las tareas domésticas, también se introduce el tiempo verbal que van a estudiar en la sección *Paso a paso*. Retome esta actividad cuando introduzca el imperativo afirmativo y negativo.

4

Si lo desea, después de realizar la actividad, los estudiantes pueden presentar en un gráfico las tareas que más y que menos les gustan.

Cuaderno de ejercicios p. 71
Actividades 6.13., 6.14. y 6.15.

Los deportes

5 **Clasifica las siguientes palabras en la columna correspondiente. ¡Atención!, algunas pueden ir en más de una columna. Si lo necesitas, usa el diccionario.**

▪ ~~fútbol~~	▪ pelota	▪ raqueta	▪ lanzar	▪ balonmano
▪ golpear	▪ falta	▪ portero	▪ cancha	▪ jugador
▪ tenis	▪ portería	▪ chutar	▪ campo	▪ pase
▪ balón	▪ ~~pared~~	▪ marcar un gol	▪ flotar	▪ ventaja
▪ waterpolo	▪ *squash*	▪ set	▪ botar	▪ rebotar

fútbol	balonmano	tenis	*squash*	waterpolo
balón, falta, portería, portero, chutar, marcar un gol, campo, jugador, pase	balón, falta, portería, portero, marcar un gol, lanzar, cancha, botar, jugador, pase	golpear, pelota, falta, raqueta, set, cancha, botar, jugador, ventaja	golpear, pelota, falta, pared, raqueta, set, cancha, botar, jugador	balón, falta, portería, portero, marcar un gol, lanzar, flotar, jugador, pase

6 **Juega con tu compañero/a. Tenéis que adivinar a qué deporte se refiere cada texto.**

1

- Consigue una raqueta de cuerdas y una pelota pequeña.
- Busca un adversario para jugar.
- Si el jugador contrario te ha lanzado la pelota, no permitas que esta bote dos veces o más en el suelo o él conseguirá el punto.
- Para ganar puntos, intenta que el adversario no pueda responder a tus golpes.
- Para poder jugar, encuentra un espacio cerrado rodeado de paredes.
- Golpea la pelota con la raqueta y haz que rebote en la pared frontal de la cancha.

Deporte: *squash*

2

- Forma dos equipos. En cada uno tiene que haber un portero.
- Durante el partido, intenta marcar el mayor número de goles al equipo contrario.
- Para marcar un gol, lanza la pelota hacia la portería contraria. Si la metes dentro, habrás marcado.
- Intenta robar el balón al jugador del equipo contrario, pero no lo agarres porque cometerás falta. No cometas faltas porque podrás ser expulsado.
- Para marcar gol, utiliza cualquier parte del cuerpo, pero si usas la mano, esta tiene que estar abierta.
- No pises el suelo de la piscina, está prohibido. Tienes que mantenerte flotando durante todo el partido.

Deporte: waterpolo

7 **Seguro que conoces bien otros deportes. Sigue el juego anterior. Escribe frases sobre sus reglas y léeselas a tu compañero/a.**

Cuaderno de ejercicios p. 72 · Actividades interactivas

Unidad 6: p. 105

PALABRA POR PALABRA

Objetivo

- Conocer el léxico relacionado con los deportes.

Nota de vocabulario.

Aunque algunas palabras también podrían clasificarse en otros deportes, se ha optado por clasificarlas en aquellos en los que son más utilizadas. Por ejemplo: *balón* y *pelota* pueden usarse también como sinónimos, aunque se utiliza normalmente *balón* si su tamaño es más grande y *pelota* si es más pequeña; *golpear* podría clasificarse en todos los deportes, pero se prefiere para el tenis y el *squash*, ya que con fútbol se usa *chutar* y con balonmano y waterpolo se usa *lanzar*. *Cancha*, en algunos países de Hispanoamérica, se usa como sinónimo de *campo de fútbol*, pero no en España, que se refiere al recinto en el que se practican solo determinados deportes.

5

Para introducir el tema pregunte a los alumnos si practican algún deporte, cuáles son los que más les gustan, si siguen alguno por televisión, etc.

6

En parejas, los alumnos tienen que leer las dos tarjetas y señalar en qué pista son capaces de adivinar el deporte. Gana el compañero/a que adivine el deporte oculto con el menor número de pistas.

7

Indique a los alumnos que escriban las reglas del juego de la más general a la más específica, para que así su compañero/a-rival tarde más en adivinarlo. Fíjese en que, en la actividad, se usa el imperativo para dar las instrucciones. Este nuevo tiempo se verá en la siguiente sección, así que puede optar por varias opciones: enseñar el imperativo antes de realizar la actividad, ayudar a los alumnos en sus producciones (teniendo en cuenta que este tiempo se ha ido introduciendo en actividades previas) o indicarles que, de momento, escriban las instrucciones en presente.

Cuaderno de ejercicios p. 72
Actividades 6.16. y 6.17.

Actividades interactivas
Las tareas domésticas y los deportes

Unidad 6: p. 106

PASO A PASO

Objetivos

- Aprender cómo se forma el imperativo afirmativo.
- Conocer el uso de los pronombres con el imperativo afirmativo.

Paso a paso GRAMÁTICA

IMPERATIVO AFIRMATIVO

- El **imperativo afirmativo** se usa para dar órdenes, invitar u ofrecer, dar consejos o recomendaciones y dar permiso.

Verbos regulares

	comprar	**comer**	**subir**
tú	compr**a**	com**e**	sub**e**
vosotros/as	compr**ad**	com**ed**	sub**id**
usted	compr**e**	com**a**	sub**a**
ustedes	compr**en**	com**an**	sub**an**

Algunos verbos irregulares

decir	**hacer**	**poner**	**tener**
di	**haz**	**pon**	**ten**
dec**id**	hac**ed**	pon**ed**	ten**ed**
diga	**haga**	**ponga**	**tenga**
digan	**hagan**	**pongan**	**tengan**

- **Imperativo afirmativo + pronombres:**
Los pronombres objeto directo, indirecto y reflexivo se colocan detrás del imperativo, formando una sola palabra:
– *Pon el queso en la nevera.* → ***Ponlo*** *en la nevera.*
– *Dime el secreto.* → ***Dímelo****.*

Ver **Apéndice gramatical** p. 122 Videogramas

1 **Completa las frases conjugando en imperativo afirmativo los verbos entre paréntesis.**

a Por favor, entre (entrar, usted).
b Chicos, guardad (guardar, vosotros) los libros.
c Miren (Mirar, ustedes) por la ventana.
d Escribid (Escribir, vosotros) en el cuaderno.
e Pedro, lee (leer, tú) este libro.
f Escuche (Escuchar, usted) atentamente.

2 **Los señores Pérez-Garrido se van de viaje. Lee la nota que ha dejado la madre al abuelo y a los hijos y escribe en imperativo afirmativo los verbos entre paréntesis.**

Nerea, a pon (poner) el despertador para no quedarte dormida por la mañana y b ten (tener) cuidado de no dejarte el fuego de la cocina encendido.
Darío, puedes jugar un poco a la videoconsola si quieres, pero antes c haz (hacer) los deberes.
Y Macarena, tú d saca (sacar) al perro a pasear después del colegio.
Papá, e ten (tener) cuidado si sales a la calle y f coge (coger) las llaves, que siempre te las olvidas.
Y, por favor, g deja (dejar) la casa ordenada.

3 **Transforma las siguientes frases en órdenes y sustituye las palabras por pronombres cuando sea posible.**

a Colocar la película en la estantería. (vosotros) → Colocadla en la estantería.
b Comprar la comida al perro. (tú) → Cómprasela.
c Dejar las cosas en su sitio. (ustedes) → Déjenlas en su sitio.
d Meter el pescado en la nevera. (usted) → Métalos en la nevera.
e Poner el despertador a tu hermano. (tú) → Pónselo.

Cuaderno de ejercicios p. 73 y 74

IMPERATIVO AFIRMATIVO

Para introducir el imperativo afirmativo, use la primera parte del Material proyectable 6.1. en la que aparece el paradigma incompleto. Para que vayan infiriendo la forma del imperativo, deles pistas: para los verbos regulares, el imperativo de *tú* es igual a la 3.ª pers. sing. del presente de indicativo; *usted* y *ustedes* son iguales que en el presente de indicativo, pero cambiando la terminación *–a* por *–e* en la 1.ª conjugación, y la *–e* por la *–a* en la 2.ª y 3.ª. Una vez completado el paradigma en grupo clase, pueden abrir el libro y comprobar las respuestas comparándolas con el cuadro gramatical. Por último, explique la posición de los pronombres con el imperativo afirmativo.

Material proyectable 6.1.
El imperativo

Después de explicar el cuadro, proyecte el vídeo de gramática para ver una explicación gramatical del imperativo afirmativo.

Videogramas
El imperativo afirmativo

1 y **2**

Actividades para trabajar la forma del imperativo. Para introducir la actividad 2, pregúnteles si cuando se quedan solos en casa, sus padres les dicen lo que tienen que hacer, si lo suele hacer su padre o su madre... Realizan la actividad individualmente, comparan en parejas y corrigen en grupo clase.

3

Para recordar los pronombres de complemento directo e indirecto, escriba en la pizarra el ejemplo de la actividad (*Colocadla en la estantería*) y pregunte a qué se puede referir *la*. La respuesta que se espera es que se refiere a *la estantería*, un nombre femenino singular. Si lo considera necesario, dé más ejemplos o repase el cuadro gramatical de los pronombres de la Unidad 1 (pág. 23) antes de realizar la actividad.

Cuaderno de ejercicios p. 73 y 74
Actividades 6.18. a 6.22.

IMPERATIVO NEGATIVO

- El **imperativo negativo** se usa para dar órdenes, consejos, recomendaciones y prohibiciones.

Verbos regulares

	comprar	**comer**	**subir**
tú	no compr**es**	no com**as**	no sub**as**
vosotros/as	no compr**éis**	no com**áis**	no sub**áis**
usted	no compr**e**	no com**a**	no sub**a**
ustedes	no compr**en**	no com**an**	no sub**an**

Algunos verbos irregulares

decir	**hacer**
no **digas**	no **hagas**
no **digáis**	no **hagáis**
no **diga**	no **haga**
no **digan**	no **hagan**

poner	**tener**
no **pongas**	no **tengas**
no **pongáis**	no **tengáis**
no **ponga**	no **tenga**
no **pongan**	no **tengan**

- Forma:
  - **usted/ustedes**: se forma igual que el imperativo afirmativo.

    (usted) compre → no compre
    (ustedes) compr**en** → no compr**en**
  - **tú**: se añade **-s** al imperativo negativo de **usted**.

    (usted) no compre → (tú) no compre**s**
  - **vosotros**: se añade ***-is*** al imperativo negativo de **usted**.

    (usted) no compre → (vosotros) no compr**éis**.

Ver **Apéndice gramatical** p. 123

Videogramas

- **Imperativo negativo + pronombres:**
  Los pronombres objeto directo, indirecto y reflexivo se colocan delante del imperativo, separados.

  – No **lo** pongas, no **me lo** digas, no **las** cojas, no **te lo** pienses, no **te** olvides...

4 **El señor Pérez también ha escrito otra nota. Completa los espacios con los verbos del recuadro usando el imperativo negativo.**

pelearse ▪ comer ▪ ponerse ▪ poner ▪ olvidar ▪ quedarse ▪ llegar

Darío, no a ....comas.... solo pizzas, tienes que comer lo que cocine tu hermana.
Macarena, tú eres la encargada de Hueso. No b ....olvides.... ponerle la comida y el agua todos los días, y ¡no c ....te pongas.... los zapatos de tu hermana!
Nerea, no d ....llegues.... tarde, ni e ....te quedes.... dormida viendo la tele en el sofá.
Abuelo, no f ....pongas.... la radio muy alta, que después se quejan los vecinos.
Y a todos, por favor, no g ....os peleéis.....

5 **Transforma en imperativo negativo las frases de la actividad 3 usando los pronombres cuando sea posible.**

a Colocar la película en la estantería. (vosotros) → No la coloquéis en la estantería.
b Comprar la comida al perro. (tú) → No se la compres.
c Dejar las cosas en su sitio. (ustedes) → No las dejen en su sitio.
d Meter el pescado en la nevera. (usted) → No los meta en la nevera.
e Poner el despertador a tu hermano. (tú) → No se lo pongas.

Cuaderno de ejercicios p. 74 a 76 · Actividades interactivas

Unidad 6: p. 107

PASO A PASO

Objetivos

- Aprender cómo se forma el imperativo negativo.
- Conocer el uso de los pronombres con el imperativo negativo.

Material fotocopiable 6.3.

Respuestas:

a. Mira, Dime, que expresan un ruego u orden; b. Dímelo (en el contexto de la canción se refiere a lo que expresa la frase); c. Dímelo (a él mismo); d. A una chica, ya que se entiende que quiere que ella le diga que quiere estar con él; e. *Mira la vida que regala todas las flores que tiene, aunque algunas las arranque con dolor.*

Nota cultural.

Daniel Martín García (Madrid, 1977) es un cantante, compositor y actor español de gran éxito. Anteriormente, fue líder del grupo *El Canto del loco*, muy famoso entre los jóvenes. En 2009 comenzó su carrera en solitario.

IMPERATIVO NEGATIVO

Introduzca el imperativo negativo con la segunda parte del Material proyectable 6.1. También en este caso, deles pistas para que puedan inferir la forma del imperativo negativo y completar el paradigma: las formas *usted* y *ustedes* en negativo son iguales a las del imperativo afirmativo; *tú* se forma añadiendo una *–s* al imperativo de *usted*; *vosotros* se forma añadiendo la terminación *–is* también al imperativo de *usted*. Una vez completado el paradigma en grupo clase, pueden abrir el libro y comprobar las respuestas con el cuadro gramatical. Por último, explique la posición de los pronombres con el imperativo negativo.

Material proyectable 6.1.

El imperativo

4

Al igual que hicieron en la actividad 2, deben completar de forma individual una nota, esta vez con el imperativo negativo. Comparan en parejas y corrigen en grupo clase.

5

Actividad relacionada con el ejercicio 3 de la página anterior, pero esta vez tienen que escribir las frases en negativo. El contar con las mismas frases les facilitará su aprendizaje.

Para repasar el imperativo afirmativo, negativo y su combinación con los pronombres, dígales que escriban la nota que les dejarían sus padres a ellos si se quedaran solos en casa. La nota debe incluir tres imperativos afirmativos y tres negativos. Después de escribirla, marcan todos los objetos directos e indirectos que aparezcan y, finalmente, reescriben las frases sustituyéndolos por sus pronombres correspondientes.

Como actividad adicional, puede realizar el Material fotocopiable 6.3.

Material fotocopiable 6.3.

Mira la vida, *de Dani Martín*

Cuaderno de ejercicios p. 74 a 76

Actividades 6.23. a 6.26.

Actividades interactivas

Imperativo afirmativo y negativo

Unidad 6: p. 108

SUENA BIEN

Objetivo

- Aprender a identificar y pronunciar los diptongo.

43

Estudio español. Está duchándose. Haz los deberes. Pon la mesa. ¡Qué interesante! ¡Ya he terminado! ¿Dónde vives? ¿Tienes un diccionario? Pues si no lo sabe él... ¡Es tan cursi...!

44

a. ¡Ya ha venido!; **b.** ¿No lo quiere?; **c.** Habla español.; **d.** Es que no puede.

45

- ¿Cuándo vendrá Marcos?
- Supongo que el domingo.
- Pues si viene el domingo...
- ¿Acaso te viene mal?
- ¡Cómo dices eso!
- La verdad es que no te entiendo.
- Cuando no lo dices...
- ¡Quieres hablar claro!
- Déjame que te explique.
- Pues habla ya.

3

a. **¿**Cuándo vendrá Marcos**?**; **b.** Supongo que el domingo**.**; **c.** Pues si viene el domingo**...**; **d.** **¿**Acaso te viene mal**?**; **e.** **¡**Cómo dices eso**!**; **f.** La verdad es que no te entiendo**.**; **g.** Cuando no lo dices**...**; **h.** **¡**Quieres hablar claro**!**; **i.** Déjame que te explique**.**; **j.** Pues habla ya**.**

46

- ¡Marta! ¿Dónde estás?
- Estaba buscando mis gafas de sol.
- ¿No están en tu habitación?
- No.
- Pues entonces... búscalas en el salón.

Suena bien **PRONUNCIACIÓN Y ORTOGRAFÍA**

La entonación

- La entonación es un elemento importante en la producción oral. En español, existen principalmente cinco tipos de entonación:
  - **Entoncación enunciativa.** *Estudio español.* *Está duchándose.*
  - **Entoncación imperativa.** *Haz los deberes.* *Pon la mesa.*
  - **Entoncación exclamativa.** *¡Qué interesante!* *¡Ya he terminado!*
  - **Entoncación interrogativa.** Abierta: *¿Dónde vives?* **Cerrada:** *¿Tienes un diccionario?*
  - **Entoncación suspendida.** *Pues si no lo sabe él...* *¡Es tan cursi...!*

43 **1** **Escucha los ejemplos anteriores y repite.**

44 **2** **Escucha y señala el enunciado correcto.**

a	b	c	d
☐ Ya ha venido.	☐ No lo quiere.	☒ Habla español.	☒ Es que no puede.
☒ ¡Ya ha venido!	☐ ¡No lo quiere!	☐ ¡Habla español!	☐ ¡Es que no puede!
☐ ¿Ya ha venido?	☒ ¿No lo quiere?	☐ ¿Habla español?	☐ ¿Es que no puede?
☐ Ya ha venido...	☐ No lo quiere...	☐ Habla español...	☐ Es que no puede...

45 **3** **Escucha el siguiente diálogo y escribe los signos de puntuación necesarios según la entonación que emplean.**

a Cuándo vendrá Marcos
b Supongo que el domingo
c Pues si viene el domingo
d Acaso te viene mal
e Cómo dices eso
f La verdad es que no te entiendo
g Cuando no lo dices
h Quieres hablar claro
i Déjame que te explique
j Pues habla ya

46 **4** **Dictado.**

Cuaderno de ejercicios p. 77 Actividades interactivas

1

Antes de abrir el libro y de leer el cuadro de la entonación, escriba la siguiente tabla en la pizarra y pida a los alumnos que escuchen las frases (audición 43) y las clasifiquen según si: *Se dan órdenes / Se dice solo parte de lo que se quiere decir / Se formula una pregunta / Se muestra sorpresa o exclamación / Se informa.* A continuación, abren el libro y comprueban sus hipótesis comparándolas con el cuadro. Explique los patrones de entonación del español, valiéndose de la dirección ascendente, descendente y suspendida de las flechas que acompañan a los ejemplos. Asocie los tipos de entonación según los usos escritos en la pizarra. Haga las repeticiones necesarias, individuales y corales, para que produzcan correctamente las diferentes entonaciones. Ponga otros ejemplos, si lo considera necesario.

2

Con esta actividad, comprobarán si saben diferenciar en un audio los patrones entonativos del español. Antes de escuchar, deje que lean las opciones posibles en cada caso.

3

Antes de la actividad, recuerde que los patrones entonativos suelen estar asociados a unos tipos de oraciones (enunciativas, interrogativas, exclamativas...). Indique también en el cuadro de la entonación los signos de puntuación que acompañan a estas oraciones. A continuación, realizan la actividad individualmente y comparan en parejas antes de corregir en grupo clase.

4

Dígales que van a escuchar una conversación entre dos personas. Pídales que primero traten de identificar el patrón entonativo y, después, añadan los signos de puntuación.

Cuaderno de ejercicios p. 77
Actividad 6.27.

Actividades interactivas
La entonación

Sesión de cine VÍDEO

Unidad 6

¡Quiero ir al concierto!

SINOPSIS

Marcos está triste porque quiere ir al concierto de U2, pero no tiene dinero suficiente para pagarse la entrada. Sus amigos le dicen cómo puede ganar algo de dinero y, así, poder ir al concierto de su grupo favorito.

1 **¿Sabes qué significa "hacer de canguro"? Observa las siguientes imágenes y averígualo. Trabaja con tu compañero/a.**

2 **Elige un rol y representa la situación con tu compañero/a.**

Alumno A

Tu compañero/a va a hacer de canguro. Dale algunos consejos. Antes necesitas saber:

- ¿Edad del niño?
- ¿Relación que tiene con él?
- ¿Horas que tiene que estar?
- ¿Tareas y actividades?
- euros/hora

Alumno B

Vas a hacer de canguro. Pide consejos a tu compañero/a.

- 7 años.
- Hijo de los vecinos (lo conoces desde que nació).
- Desde las 17:00 hasta las 00:00h.
- Recogerlo del colegio; hacer las tareas; juegos (no sabes qué hacer); ducha (odia el jabón); cena (no le gusta nada); acostarse (es hiperactivo).
- 8 euros/hora.

Secuencia de vídeo   Actividades interactivas

ciento nueve **109**

Unidad 6: p. 109

SESIÓN DE CINE

Objetivos

- Visionar un vídeo donde aparecen los contenidos de la unidad.
- Comprender conversaciones entre hispanos.

Material fotocopiable 6.4.

1. Marcos: a, b, c, d, h, j, k; **Eva:** f, g, i; **Paula:** e, i; **Santi:** f, i.
2. Tiene que buscar al niño al colegio y llevarlo un rato al parque, solo una hora.
3. Posibles respuestas: a, b, c, d, e, g, h, i, l.

Material fotocopiable 6.5.

1. 1. b; **2.** c; **3.** a; **4.** c; **5.** c; **6.** c.
4. Eli: 2c, 3a; **Felipe:** 4e, 5b; **Sebas:** 1f, 6d.
5. c, d, f, i, l, m, ñ.

1

Pida que, en pequeños grupos, observen las imágenes y digan dónde están las personas que aparecen y de qué creen que están hablando. Establezca una conversación y, después, invítelos a que lean la sinopsis y comprueben sus hipótesis.

Pregúnteles si alguna vez han querido ir a algún sitio o comprarse algo pero no tenían dinero, qué hicieron para conseguirlo, qué podrían haber hecho... Dígales que una forma de obtener dinero es "hacer de canguro". A continuación, invítelos a observar las cuatro imágenes y a que definan en qué consiste esta tarea.

2

Para anticipar la posible conversación del vídeo, dígales que lean la sinopsis y simulen un diálogo entre una persona que va a trabajar de canguro y su amigo/a.

3

A continuación, proyecte el vídeo y presente el Material fotocopiable 6.4.

Material fotocopiable 6.4.
¡Quiero ir al concierto!

Secuencia de vídeo
¡Quiero ir al concierto!

Actividades interactivas
¡Quiero ir al concierto!

Si lo desea, puede trabajar otros acentos a través de la serie hispana ¡Acción! y del Material fotocopiable 6.5.

Material fotocopiable 6.5. (1 y 2)
El señor Don Limpio

¡Acción!
El señor Don Limpio

Actividades interactivas
El señor Don Limpio

Unidad 6: p. 110

MUNDO HISPANO

Objetivo

- Reconocer algunas normas sociales sobre los españoles.

2

Tabla:

Nombre	Verbo	Adjetivo
		ofensivo
cumplido		–
	alabar	–
	elogiar	–
		modesto
		decepcionado

Solución:

Nombre	Verbo	Adjetivo
ofensa	ofender	ofensivo
cumplido	hacer un cumplido/ cumplir	–
alabanza	alabar	–
elogio	elogiar	–
modestia	ser modesto	modesto
decepción	decepcionar	decepcionado

1 **Habla con tu compañero/a. Según tú, ¿cómo reaccionan los españoles en estas situaciones? ¿Y tú? Hay más de una opción posible.**

Yo creo que los españoles... *En cambio yo...*

1 En las casas...
- a siempre piden todo "por favor" y luego dan las "gracias".
- (b) solo dicen "por favor" y "gracias" cuando piden algo que supone un esfuerzo extra para la otra persona.

2 Cuando ofrecen algo es normal...
- a ofrecerlo varias veces, sobre todo si es su amigo.
- (b) ofrecerlo varias veces, sobre todo si es una persona que no conocen mucho.

3 El tono en el que se dicen las cosas...
- a no es tan importante como pedir las cosas "por favor".
- (b) es tan importante como pedir las cosas "por favor".

4 En una tienda es más frecuente oír...
- (a) "Hola, un kilo de tomates y luego me pones también uno de fresas".
- b "Buenas tardes, ¿podría ponerme un kilo de tomates, por favor?".

5 Cuando alguien dice "gracias", la otra persona...
- (a) dice: "No hay de qué".
- (b) dice: "De nada".
- (c) sonríe.

a, b y c son correctas, aunque son más habituales a y b

6 Cuando alguien les hace un cumplido, por ejemplo: "¡Qué zapatos más bonitos llevas!", las respuestas más comunes son...
- (a) "¡Buah! Pues tienen un montón de años".
- b "Sí, ¿verdad?".
- (c) "Pues me han costado baratísimos".
- d "Lo sé. A mí también me encantan".

7 Cuando les regalan algo...
- a nunca abren el regalo delante de la persona.
- (b) siempre dan las gracias y ponen cara de sorpresa e ilusión.
- c no es necesario dar las gracias y si no les gusta, lo pueden decir.

2 **Ahora lee el texto y comprueba tus hipótesis. ¿Es igual en tu país?**

¿Los españoles son maleducados? Muchas veces los extranjeros piensan que los españoles son maleducados porque piden las cosas muy directamente y porque palabras como "perdón", "gracias" y "por favor" se oyen con bastante menos frecuencia que en otros países. Sin embargo, hay que ser conscientes de que la educación es algo muy relativo, y lo que para una cultura es ofensivo no tiene que serlo para otra.

110 ciento diez

1

Para introducir el tema, diga a los alumnos que escriban una definición de lo que son para ellos las "normas sociales" y en qué consisten exactamente. Una vez escritas las definiciones, haga una puesta en común y decida una definición conjunta.

A continuación, pregúnteles si conocen a algún español, si piensan que se comporta del mismo modo que la gente de su país, en qué sí y en qué no, etc.

Diga a los alumnos que van a contestar a un test que les va a ayudar a saber algo más respecto a los españoles y su educación. Como la actividad se realiza en parejas, intente que los alumnos no se limiten tan solo a decir la opción elegida, sino que justifiquen sus respuestas. Las soluciones la confirmarán leyendo el texto de la actividad 2.

2

Formule la pregunta que introduce el texto que van a leer: *¿Creéis que los españoles son maleducados?* y anote en la pizarra las ideas de sus estudiantes. Enseñe las palabras: *ofensivo*, *cumplido*, *alabar*, *elogiar*, *gesto*, *modesto* y *decepcionado*.

Para ampliar el vocabulario que les va a ayudar a realizar las actividades posteriores, escriba en la pizarra la tabla que aparece en el margen lateral izquierdo de esta página y anímelos a completarla en grupo clase. Indíqueles que en las casillas en las que hay líneas estas palabras no se usan habitualmente en este contexto (*cumplidor*, *alabable*, *elogiable*).

gracias

perdón

Cuando algunos extranjeros usan en exceso *por favor*, *gracias* o *perdón*, puede resultar extraño para un español. El motivo es que, en España, estas palabras están reservadas para momentos en los que las personas sienten verdaderamente que están pidiendo un favor, están realmente agradecidas o sienten algo de verdad. Por ejemplo, cuando el dependiente te da los tomates en el supermercado, no es necesario dar las gracias y lo más normal es no hacerlo, pero si el dependiente ha elegido esos tomates especialmente para ti, entonces sí hay que darlas.

Otras situaciones en las que también puede haber malentendidos culturales es a la hora de recibir cumplidos, hacer invitaciones o recibir regalos. Cuando a un español le dicen algo positivo para alabar una cualidad o elogiar algo que tiene, él siempre lo niega o dice o hace un gesto para quitarle importancia. Esto lo hace para parecer modesto, cualidad que se valora mucho en España.

Respecto a las invitaciones, lo normal es no aceptar la invitación a la primera. Generalmente se dice que no la primera vez o, incluso, una segunda vez (sobre todo cuando no hay mucha confianza con esa persona, no tanto entre amigos). Al español le gusta insistir, así que lo normal es aceptar a la tercera, y si realmente no se quiere, hay que dar una buena excusa. En cuanto a los regalos, siempre hay que abrirlos en presencia de quien te los ha regalado, y si es algo de comer, hay que abrirlo en el momento y compartirlo con los demás. Además, hay que mostrar ilusión y sorpresa, aunque el regalo te parezca horroroso, y nunca parecer decepcionado.

Entonces, ¿cómo distinguimos a un español educado de uno maleducado? Desde luego no va a ser por el número de veces que un español dice "gracias" o "por favor". Para los españoles, la educación está en el tono en el que se dicen las cosas y en los gestos que se hacen. Por eso, por ejemplo, es muy importante usar el imperativo en un tono adecuado para que no parezca una orden, y hay que tener presente que el imperativo en español no solo se usa para dar órdenes.

3 **Contesta a las siguientes preguntas.**

a ¿Cómo sabes si un español es educado o no?
b Cuando un español usa el imperativo, ¿es muy brusco?
c ¿Qué haces si te regalan algo que no te gusta?
d ¿Qué respondes si te dicen que tu jersey es muy bonito?

SOCIEDAD | LA BUENA EDUCACIÓN

¿Qué suelen pensar los extranjeros del comportamiento social de los españoles?

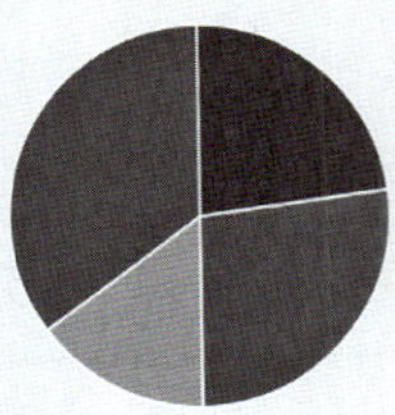

- Que no son puntuales.
- Que hablan alto.
- Que no tienen muy buena atención al cliente.
- Que interrumpen mucho.

Cinco comportamientos de buena educación en España.

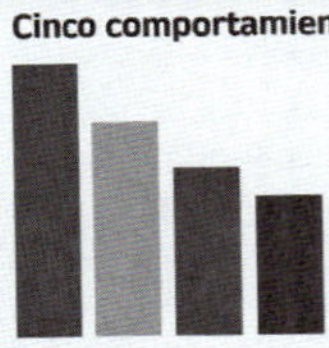

- Utilizar expresiones de cortesía.
- No comer hasta que todos los comensales hayan recibido su comida.
- Taparse la boca al toser o estornudar.
- No abrir la boca al comer.
- Comer con cubiertos.

"Creo que los españoles hablan muy alto. En Finlandia hablamos mucho más bajo. Allí se considera de mala educación hablar alto. Por eso algunas personas pueden pensar que los españoles son groseros", dice Karen Laatvala, una estudiante que vive en Salamanca.

Cuaderno de ejercicios p. 77 y 78 Actividades interactivas

Unidad 6: p. 111

MUNDO HISPANO

Objetivo

- Conocer algunos comportamientos de buena educación en España.

3

a. Principalmente por el tono en el que se dicen las cosas y por sus gestos; b. No, depende del tono y del uso que se le dé al imperativo; c. Intentas mostrar ilusión y sorpresa, pero nunca decepción; d. Normalmente dices cualquier cosa que le reste importancia.

3

Después de leer el texto, pídales que respondan a las preguntas y que las comenten en parejas. En la pregunta *a*, explique que, aunque el tono y los gestos son más significativos, el decir *gracias* o *por favor*, o el uso de otros recursos, como el de *usted*, también denotan buena educación. Aclare que en las preguntas *c* y *d* pueden contestar según lo que haría un español, si nos ceñimos al texto, o según lo que harían ellos en su país. También puede sugerirles que contesten a todo el cuestionario desde el punto de vista de la gente de su país.

LA BUENA EDUCACIÓN

Pida a los alumnos que lean el gráfico y aproveche para hacer una clase de conversación en la que reflexionen sobre en qué consiste la educación, si es un concepto igual para todos o es relativo, si varía en función de los países o las culturas, cuáles son los parámetros para medirla, etc. También se pueden trabajar algunos aspectos como la tolerancia, los prejuicios y el respeto a otras culturas.

Cuaderno de ejercicios p. 77 y 78
Actividades 6.28., 6.29. y 6.30.

Actividades interactivas
¿Los españoles son maleducados?

Unidad 6: p. 112

ÉRASE UNA VEZ...

Objetivos

- Conocer a un autor hispano.
- Analizar un fragmento de una obra de literatura.

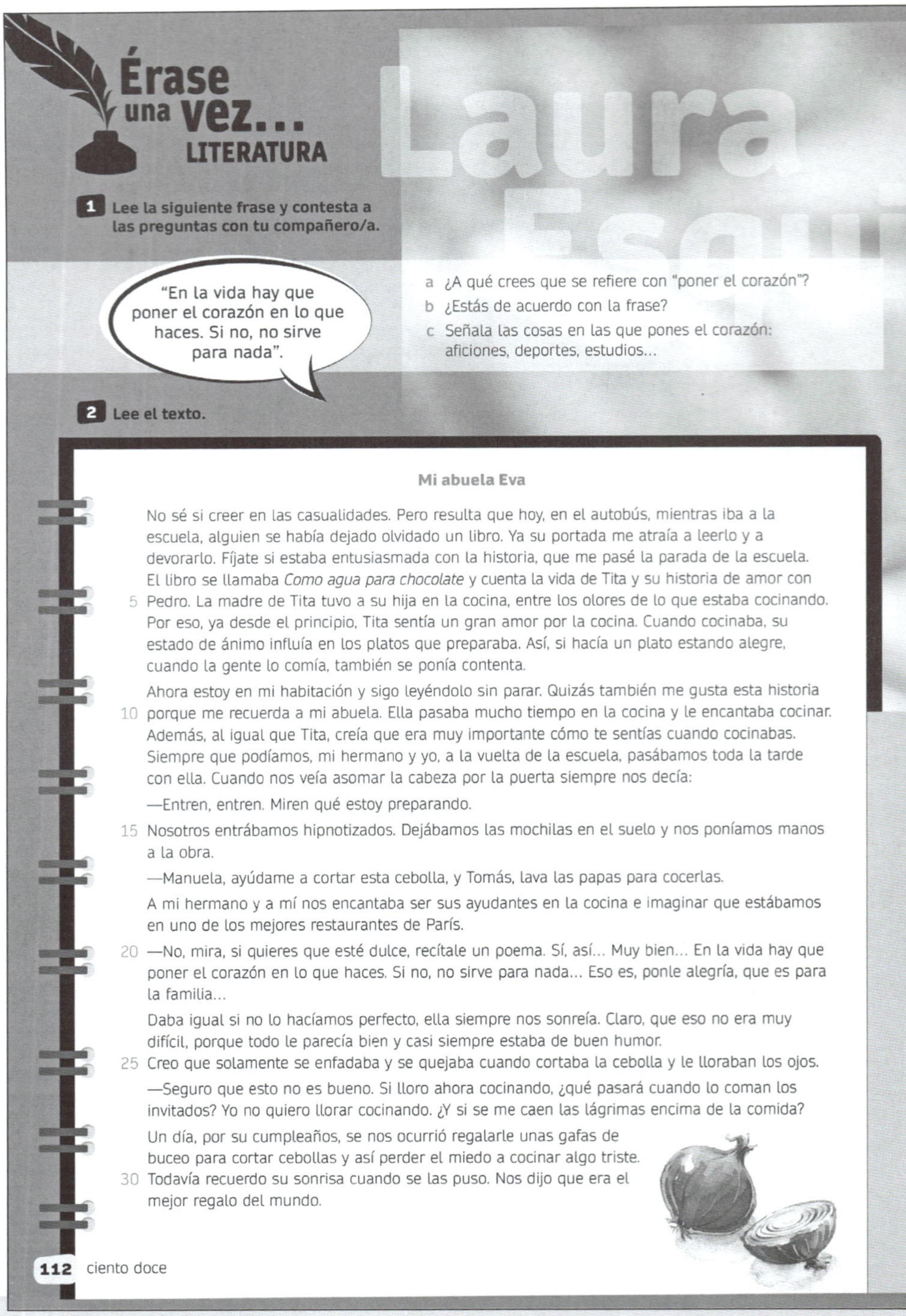

Érase una vez... LITERATURA

1 Lee la siguiente frase y contesta a las preguntas con tu compañero/a.

"En la vida hay que poner el corazón en lo que haces. Si no, no sirve para nada".

a ¿A qué crees que se refiere con "poner el corazón"?
b ¿Estás de acuerdo con la frase?
c Señala las cosas en las que pones el corazón: aficiones, deportes, estudios...

2 Lee el texto.

Mi abuela Eva

No sé si creer en las casualidades. Pero resulta que hoy, en el autobús, mientras iba a la escuela, alguien se había dejado olvidado un libro. Ya su portada me atraía a leerlo y a devorarlo. Fíjate si estaba entusiasmada con la historia, que me pasé la parada de la escuela. El libro se llamaba *Como agua para chocolate* y cuenta la vida de Tita y su historia de amor con Pedro. La madre de Tita tuvo a su hija en la cocina, entre los olores de lo que estaba cocinando. Por eso, ya desde el principio, Tita sentía un gran amor por la cocina. Cuando cocinaba, su estado de ánimo influía en los platos que preparaba. Así, si hacía un plato estando alegre, cuando la gente lo comía, también se ponía contenta.

Ahora estoy en mi habitación y sigo leyéndolo sin parar. Quizás también me gusta esta historia porque me recuerda a mi abuela. Ella pasaba mucho tiempo en la cocina y le encantaba cocinar. Además, al igual que Tita, creía que era muy importante cómo te sentías cuando cocinabas. Siempre que podíamos, mi hermano y yo, a la vuelta de la escuela, pasábamos toda la tarde con ella. Cuando nos veía asomar la cabeza por la puerta siempre nos decía:

—Entren, entren. Miren qué estoy preparando.

Nosotros entrábamos hipnotizados. Dejábamos las mochilas en el suelo y nos poníamos manos a la obra.

—Manuela, ayúdame a cortar esta cebolla, y Tomás, lava las papas para cocerlas.

A mi hermano y a mí nos encantaba ser sus ayudantes en la cocina e imaginar que estábamos en uno de los mejores restaurantes de París.

—No, mira, si quieres que esté dulce, recítale un poema. Sí, así... Muy bien... En la vida hay que poner el corazón en lo que haces. Si no, no sirve para nada... Eso es, ponle alegría, que es para la familia...

Daba igual si no lo hacíamos perfecto, ella siempre nos sonreía. Claro, que eso no era muy difícil, porque todo le parecía bien y casi siempre estaba de buen humor. Creo que solamente se enfadaba y se quejaba cuando cortaba la cebolla y le lloraban los ojos.

—Seguro que esto no es bueno. Si lloro ahora cocinando, ¿qué pasará cuando lo coman los invitados? Yo no quiero llorar cocinando. ¿Y si se me caen las lágrimas encima de la comida?

Un día, por su cumpleaños, se nos ocurrió regalarle unas gafas de buceo para cortar cebollas y así perder el miedo a cocinar algo triste. Todavía recuerdo su sonrisa cuando se las puso. Nos dijo que era el mejor regalo del mundo.

112 ciento doce

1

Para introducir la actividad escriba en la pizarra la frase: *"En la vida hay que poner el corazón en lo que se hace. Si no, no sirve para nada"*, pero dejando un espacio en blanco en el lugar de la palabra *corazón*. Seguidamente, pregunte a los alumnos qué palabra creen que falta. Después de escuchar las diferentes respuestas, dígales que abran el libro y lean la frase.

Por último, pídales que intenten responder a las preguntas individualmente y que, después, comenten sus respuestas con su compañero/a.

2

Antes de proceder a la lectura, pídales que lean el título del relato, observen la imagen que la acompaña y comenten de qué creen que puede tratar. Después de comentarlo en grupo clase, proceda a la lectura del texto. Léalo en común para aclarar las posibles dudas de vocabulario que vayan surgiendo y confirmar que todos los estudiantes entienden el relato.

3 **Completa con la información del texto de la actividad 2.**

a Empezó a leer ...

b Si estás triste y cocinas, ...

c Estando con ella pensábamos ...

d Las gafas de buceo le sirven para ...

e La abuela siempre nos decía ...

f El libro me recuerda a ella porque ...

4 **El libro *Como agua para chocolate*, que está leyendo la protagonista del relato, forma parte de la corriente literaria del realismo mágico en Hispanoamérica. Lee la definición de este movimiento literario y contesta.**

Este estilo se caracteriza por introducir elementos mágicos como algo normal de la vida cotidiana; forman parte de ella y son aceptados. La realidad y la fantasía se mezclan en la narración.

¿Qué idea del realismo mágico hay en el relato sobre la abuela Eva?

Que el estado de ánimo que tenemos mientras cocinamos influye en los platos que preparamos y que estos lo transmiten a quien los come. Por ejemplo, en el texto aparece la idea de endulzar los platos recitando un poema o de transmitir tristeza si se llora al cortar las cebollas.

47 **5** **Lee y escucha.**

Lo malo de llorar cuando uno pica cebolla no es el simple hecho de llorar, sino que a veces uno empieza, como quien dice, se pica, y ya no puede parar [...]. Dicen que Tita era tan sensible que desde que estaba en el vientre de mi bisabuela lloraba y lloraba cuando esta picaba cebolla; su llanto era tan fuerte que Nacha, la cocinera de la casa, que era medio sorda, lo escuchaba sin esforzarse. Un día los sollozos fueron tan fuertes que provocaron que el parto se adelantara.

(Extraído de *Como agua para chocolate*, Laura Esquivel)

Laura Esquivel

Escritora mexicana que se hizo mundialmente famosa por su novela *Como agua para chocolate*, traducida a más de treinta lenguas. Otra novela conocida suya es *Tan veloz como el deseo*.

6 **Señala el elemento de realismo mágico hay en este fragmento de la novela.**

7 **Escribe sobre una persona importante en tu vida. ¿Puedes utilizar en la narración el realismo mágico?**

Actividades interactivas

Unidad 6: p. 113

ÉRASE UNA VEZ...

3

Posibles respuestas:

a. *Empezó a leer* un libro que alguien se había dejado olvidado en el autobús; **b.** *Si estás triste y cocinas*, transmitirás tu tristeza a las personas que coman tus platos; **c.** *Estando con ella pensábamos* que estábamos en uno de los mejores restaurantes de París; **d.** *Las gafas de buceo le sirven para* no tener que llorar mientras corta las cebollas y evitar así cocinar algo triste; **e.** *La abuela siempre nos decía* que en la vida hay que poner el corazón en lo que se hace porque si no, no sirve para nada; **f.** *El libro me recuerda a ella porque* también pasaba mucho tiempo en la cocina y le encantaba cocinar, además también creía que era muy importante cómo se sentía uno cuando cocinaba.

6

Tita lloraba en el vientre materno cuando su madre picaba las cebollas.

3

Los estudiantes tienen que completar las frases a partir de la información que han obtenido de la lectura del texto.

4

Esta tarea se puede hacer en parejas o de forma individual. Para corregirla, pida a los alumnos que expongan sus opiniones en grupo clase y comprueben si estas coinciden.

5 y **6**

Diga a sus alumnos que van a leer y escuchar un fragmento del libro *Como agua para chocolate*, de la autora mexicana Laura Esquivel.

Si lo desea, puede poner un fragmento de la película basada en este libro y que tiene el mismo título. La película está llena de escenas que muestran el realismo mágico. Puede proyectar el fragmento en el que Tita, la protagonista de la historia, hace la torta de la boda para su amante y su hermana (Pedro y Rosaura) y después asiste a su boda. En este fragmento Tita no puede expresar sus emociones por perder al amor de su vida que se casa con su hermana, pero sus lágrimas derramadas en la masa de la tarta de boda transmitirán esas emociones a todo aquel que la pruebe. El efecto del realismo mágico se ve en que toda la gente que come la tarta se pone enferma; sienten el dolor y la tristeza igual que si acabasen de perder a su amante.

Es importante que explique la situación antes de ver el vídeo, ya que los alumnos no entenderán todo lo que se dice en la película.

7

Actividad de expresión escrita en la que los alumnos deberán introducir en un texto el elemento de realismo mágico. Encuaderne todos los textos y cree un pequeño libro de cuentos para la clase.

Actividades interactivas
En la cocina

Unidad 6: p. 114

ME PREPARO PARA EL DELE

Objetivos

- Familiarizarse con el examen de español DELE.
- Prepararse para lograr el nivel.

Me preparo para el DELE

Prueba de comprensión de lectura

1 Lee el texto y elige la opción correcta.

Si te gusta la interpretación o simplemente quieres conocer gente nueva y pasarlo bien, apúntate ya a nuestro taller de teatro. Puedes hacerlo de 8:00 a 20:30 en el teléfono 916785667; en la recepción de la Casa de la Cultura, C/ Albéniz, 26, Madrid; o a cualquier hora a través de nuestra web: www.casaculturaalcobendas.es

El plazo de inscripción finaliza el 30 de septiembre.

- **Inicio de curso:** viernes 5 de octubre.
- **Horario:** todos los viernes de 18:00 a 20:00.
- **Lugar:** Casa de la Cultura.
- **Edad:** sin límite de edad.
- **Precio:** 25 euros al mes (20 euros para menores de 21 años y mayores de 55).
- **Final de curso:** 24 de junio. Ese día haréis una representación para mostrar a vuestros amigos y familiares todo lo que habéis aprendido.

1 El taller de teatro va dirigido a...
- a personas que quieren ser actores profesionales.
- b personas que tienen experiencia en el teatro.
- (c) personas a las que les gusta el teatro.

2 El curso...
- a es de una hora a la semana.
- b dura un año.
- (c) es un día a la semana.

3 El curso es para...
- a mayores de 55 años.
- (b) todas las edades.
- c personas de entre 21 y 55 años.

4 La inscripción...
- (a) puede hacerse a cualquier hora.
- b puede hacerse solo los viernes de 18:00 a 20:00.
- c empieza el 30 de septiembre.

5 El precio del curso...
- a es de 25 euros.
- b es gratis.
- (c) depende de la edad.

6 El último día de curso...
- a hay una clase gratis para los amigos y familiares de los alumnos.
- b los alumnos van a ver una obra de teatro.
- (c) los alumnos hacen una obra de teatro.

Prueba de expresión e interacción orales

2 Mira la fotografía y habla durante 3 o 5 minutos según las instrucciones.

- a Describe el lugar, las personas, los objetos y las acciones.
- b Habla sobre las características físicas de las personas y sobre su ropa o las cosas que llevan.

114 ciento catorce

Cuaderno de ejercicios p. 79 y 80

Actividades interactivas

ME PREPARO PARA EL DELE

Dedique una sesión de clase para realizar las actividades de esta sección. No haga ningún tipo de comentario que sirva de ayuda a los estudiantes y simplemente deles las instrucciones como si fuera el examen real.

Para obtener más información sobre los diplomas DELE, acceda a https://examenes.cervantes.es/es/dele-para-escolares/examenes/a2-b1

1

Para introducir el tema, pregunte si les gusta el teatro, si han asistido a clases o han representado alguna obra...

Como explotación adicional, y a modo de prueba de expresión escrita, puede pedir a los alumnos que escriban un *e-mail* al taller de teatro solicitando inscribirse al curso.

2

Antes de la actividad, repase el vocabulario del gimnasio, características físicas de las personas, ropa... Déjeles 10 minutos para que se preparen el tema, teniendo en cuenta qué se pide en cada punto.

Si quiere extender la prueba oral (la de un examen DELE consta de cuatro tareas), puede realizar otra tarea en la que, en lugar de un monólogo expositivo por parte del estudiante, se simule un diálogo entre este y usted. Las opciones podrían ser: que el alumno vaya al gimnasio a pedir información para inscribirse y usted sea el recepcionista, o que alumno y usted sean las personas de la fotografía y entablen una conversación para conocerse.

Para la corrección, tenga en cuenta la fluidez del alumno, su pronunciación, el léxico utilizado, los errores gramaticales y la interacción.

Cuaderno de ejercicios p. 79 y 80
Actividades 6.31. a 6.34.

Actividades interactivas
Comprensión de lectura
Expresión e interacción orales

¡Me lo sé!

Unidad 6

EVALUACIÓN

1 Relaciona.

…/4

1 ¿Le importa si abro la ventana? Hace mucho calor.
2 ¿Te importa si uso tu móvil?
3 ¿Puedo pasar?
4 ¿Quieres un poco más de sopa?

a ¡Claro! pasa, pasa.
b Llama, llama.
c No, gracias, ya estoy lleno.
d No, por favor, ábrala.

2 Relaciona cada frase con la persona que lo dice.

…/6

1 Vale, pero si me voy es para siempre, así que no me llames más.
2 Perdona, ¿para ir al Museo Picasso?
3 No llegues tarde, que van a venir tus abuelos a cenar.
4 ¡Que síííííí...! ¡Ya me lo has dicho un montón de veces!
5 Coge tus cosas y vete. No quiero verte más.
6 Sigue todo recto, y al final de la calle gira a la izquierda.

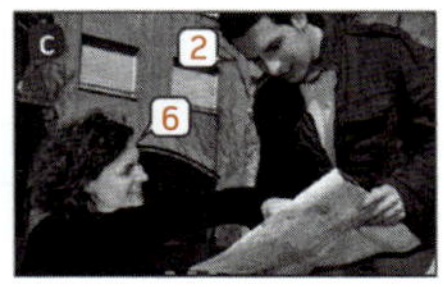

3 Completa con el verbo entre paréntesis conjugado en imperativo.

…/11

Si vas a compartir tu piso con alguien, a ...pon... (poner, tú) unas normas para las tareas. b ...Repártelas... (Repartir, tú, las tareas) de forma justa. c ...Ten... (Tener, tú) en cuenta las preferencias de la otra persona. No d ...hagas... (hacer, tú) solo las tareas que más te gustan a ti. e ...Sed... (Ser, vosotros) comprensivos el uno con el otro. Si queréis una casa limpia y ordenada, f ...pasad... (pasar, vosotros) la aspiradora y g ...limpiad... (limpiar, vosotros) el baño una vez a la semana. h ...Fregad... (Fregar, vosotros) los platos cada día y i ...hacedlo... (hacerlo, vosotros) bien. j ...Sacad... (Sacar, vosotros) la basura todos los días, si no la casa olerá fatal. No k ...os obsesionéis... (obsesionarse, vosotros) con la limpieza. Si un día no hacéis la cama, no pasa nada.

4 Completa las frases con las palabras de las tareas domésticas y los deportes.

…/7

a No tengo ropa limpia, hay que ...poner la lavadora...
b Mi madre es alérgica al polvo, así que tenemos que ...limpiar el polvo... y pasar todos los días ...la aspiradora...
c En mi casa se cambian las ...sábanas... los domingos.
d Bernardo es muy malo jugando al fútbol. El otro día, ...chutó... el balón y metió gol en su propia ...portería...
e Me han regalado una ...raqueta... para jugar al tenis igual que la que usa Rafa Nadal.

Ahora soy capaz de...

a ...dar consejos e instrucciones a alguien. Sí No
b ...pedir permiso a alguien o dárselo. Sí No
c ...entender mejor la entonación española. Sí No
d ...usar algunas expresiones sociales. Sí No

Actividades interactivas

Sigue practicando con... Spanish Blogger Misión 18

Unidad 6: p. 115

¡ME LO SÉ!

Objetivos

- Practicar los contenidos aprendidos en la unidad.
- Autoevaluar su aprendizaje.
- Revisar lo aprendido con actividades lúdicas.

¡ME LO SÉ!

En esta sección los estudiantes revisarán los contenidos vistos en la unidad. Esto le servirá para evaluar si han asimilado los objetivos propuestos.

Actividades interactivas
Evaluación

AHORA SOY CAPAZ DE...

Explique a los estudiantes que esta actividad les servirá para evaluar su proceso de aprendizaje.

Pídales que reflexionen exhaustivamente y tomen conciencia de los conocimientos que han adquirido en esta unidad.

SPANISH BLOGGER

Invítelos a seguir practicando lo aprendido en esta unidad a través de la Misión 18. Con ella, los estudiantes podrán utilizar el español en un contexto divertido.

Misión 18
¿Son maleducados los españoles?

Si lo desea, termine el curso realizando una actividad cultural con la actividad colaborativa 3. En grupos, deberán describir cuadros que pueden encontrar en el Museo del Prado.

Actividades colaborativas
Visita el Museo del Prado

Unidades 5 y 6

AHORA COMPRUEBA

Objetivo

- Repasar los contenidos aprendidos en las unidades 5 y 6.

(48)

1. - ¿Puedo bajar después de comer a la piscina?
   - No, lo siento, es que después de comer vamos a ir a comprar.
2. - ¿Qué te pasa, Andrés?
   - Es que esta noche hay una fiesta y me gustaría ir. ¿Puedo ir, mamá?
3. - ¿Quieres más patatas?
   - No, gracias, ¡estoy lleno!
4. - ¿Qué transporte es el mejor para moverme por Madrid, papá?
   - Para moverte por Madrid, lo mejor es comprar el abono transporte. Cómpralo el primer día del mes, cuesta 40 euros. Puedes coger el metro, el autobús y el tren todas las veces que quieras.
5. - ¡Andrés! ¡Sal ya de la piscina y ven a comer!
   - ¡Ya voy!
6. - Perdone, ¿para ir a la estación de Atocha?
   - Siga todo recto, al final de la calle gire a la derecha y después coja la primera a la izquierda.
   - Gracias.
7. - ¿Te importa si uso tu ordenador? Es que quiero escribirle un *e-mail* a mis amigos.
   - No, claro, hazlo.
8. - Andrés, ¿por qué no vamos a patinar esta tarde?
   - ¡Vale! ¡Buena idea!

(49)

Los cristales, la compra, la mesa, los platos, el suelo, la cama, la habitación, la lavadora, el polvo.

Ahora comprueba

1 **Léo, un chico francés, y Andrés, un chico español, van a hacer un intercambio durante unos meses. Lee la siguiente carta de Andrés a Léo dándole algunos consejos para vivir en su casa. Escribe los verbos entre paréntesis en futuro imperfecto.**

¡Hola, Léo! Hoy he recibido tu carta y la verdad es que me alegra mucho saber que finalmente a ....vendrás.... (tú, venir) a Madrid en agosto. En esas fechas b ....hará.... (hacer) mucho calor, pero no te preocupes porque entre semana c ....podrás.... (tú, poder) estar todo el día en la piscina de mi casa. No es muy grande pero d ....te lo pasarás.... (tú, pasártelo) muy bien. Los fines de semana mi familia y tú seguramente e ....iréis.... (ir) a la sierra, a casa de mi tía. Allí ya f ....verás.... (tú, ver) cómo no g ....pasarás.... (tú, pasar) tanto calor; incluso por la noche probablemente h ....necesitarás.... (tú, necesitar) ponerte una chaqueta. Mi hermana seguro que i ....querrá.... (querer) hacer alguna excursión y, si vais a La Pedriza, j ....os bañaréis.... (vosotros, bañarse) en el río. Yo creo que k ....te llevarás.... (tú, llevarse) muy bien con mi hermana porque, aunque es un poco pesada, la verdad es que es muy divertida. Mi padre es muy hablador, así que te l ....contará.... (contar) muchas historias de cuando él era joven. Mi madre también habla mucho y además te m ....preguntará.... (preguntar) mil veces si quieres algo más de comer y le n ....dará.... (dar) igual si quieres más o no, porque ella siempre te ñ ....pondrá.... (poner) tanta comida ¡que te o ....saldrá.... (salir) por las orejas!

(48) **2** **Escucha los pequeños diálogos que mantienen los miembros de la familia de Andrés y di qué función tienen.**

	Pedir permiso	Conceder un permiso	Denegar o rechazar un permiso	Dar órdenes	Dar consejos	Dar instrucciones	Invitar u ofrecer
1	✗		✗				
2	✗						
3							✗
4					✗		
5				✗			
6						✗	
7	✗	✗					
8							✗

(49) **3** **Escucha las tareas que hay que hacer en casa de Andrés y clasifícalas en la columna correspondiente.**

Posibles respuestas	Hacer	Poner	Recoger	Fregar	Limpiar
	la compra, la cama	la mesa, la lavadora	la habitación	los platos, el suelo	los cristales, el polvo

116 ciento dieciséis

Estas páginas están pensadas para que los alumnos trabajen individualmente y puedan valorar y ser conscientes de su progreso, pero si lo desea, puede trabajarlas en clase. Para ello, hay algunas sugerencias de explotación.

1

Confirme que los estudiantes entienden bien lo que es un intercambio, ya que de este tema tratan las actividades del repaso.

2

Antes de escuchar la audición, pida a los alumnos que lean el enunciado y las diferentes funciones para resolver cualquier duda y saber en qué tienen que fijarse durante la escucha. Ponga la audición y, después, si hay dudas durante la corrección, vuelva a ponerla y vaya parando en los momentos oportunos para que los estudiantes corrijan.

3

Antes de escuchar la audición, lea el enunciado y las diferentes tareas del hogar para resolver cualquier duda que pueda surgir.

Unidades 5 y 6

AHORA COMPRUEBA

4 **¡Mira cómo ha dejado Andrés la habitación! Ayúdale a escribir un correo a Léo, para que la ordene antes de que la vean sus padres. Completa las indicaciones con imperativo y con los pronombres necesarios.**

Mensaje nuevo

De: leo@yamail.es

Asunto: Arreglar la habitación

Léo, ¡ayúdame! ¡Con las prisas no me ha dado tiempo de arreglar la habitación! Esto es lo que hay que hacer:

Me dejé un vaso de agua al lado de la cama. Por favor, a ...llévalo a la cocina... No terminé de guardar la ropa en el armario. Por favor, b ...guárdala... tú. Se me olvidó sacar la ropa de entrenar de la bolsa de deporte, c ...sácala... de la bolsa y d ...métela... en la lavadora. No me dio tiempo a hacer la cama, e ...hazla... tú. No limpié el polvo de la estantería, f ...límpialo... Dejé el escritorio muy desordenado, g ...ordénalo... Creo que además me he dejado el ordenador encendido, h ...apágalo... tú.

¡Te prometo que te lo agradeceré toda la vida! :)

5 **Mira las fotos y escribe qué va a hacer el fin de semana la familia de Andrés y cuándo.**

VIERNES

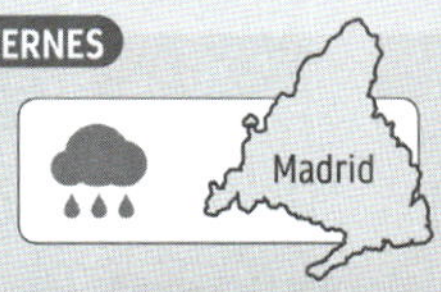

Cine Gran Vía
Sesión de las 20:00

SÁBADO

La Pedriza

DOMINGO

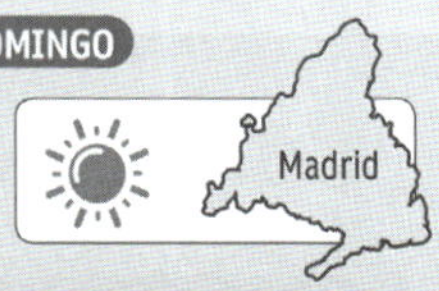

Parque de El Retiro

Posibles respuestas:
El viernes estarán en Madrid y lloverá, por lo que irán al cine a la sesión de las ocho.
El sábado irán de excursión a la Pedriza y hará buen tiempo. Allí pescarán y estarán al aire libre.
El domingo estarán en Madrid y, como hará buen tiempo, irán por la mañana a la piscina y por la tarde al Museo del Prado.

6 **Imagina que tu compañero/a va a ir a vivir contigo durante un mes. Explícale cómo es tu familia, qué cosas soléis hacer y cómo repartís las tareas. Dale consejos para vivir en tu casa y explícale lo que has planeado hacer durante esos días.**

4

Actividad para practicar el imperativo y el uso de los pronombres de objeto directo e indirecto.

5

Indíqueles que, para escribir el texto, deben utilizar el futuro imperfecto, tiempo que estudiaron en la unidad 5.

6

Para asegurarse de que los alumnos han asimilado los contenidos, pídales que intenten usar el imperativo, la combinación de pronombres y otras expresiones para dar consejos e instrucciones que han aprendido en las unidades anteriores.

APÉNDICES

Material proyectable y fotocopiable PÁG. 120

Claves del libro de ejercicios PÁG. 124

Transcripciones PÁG. 135

Vocabulario PÁG. 148

MATERIAL FOTOCOPIABLE Y PROYECTABLE

Unidad 1

Material fotocopiable

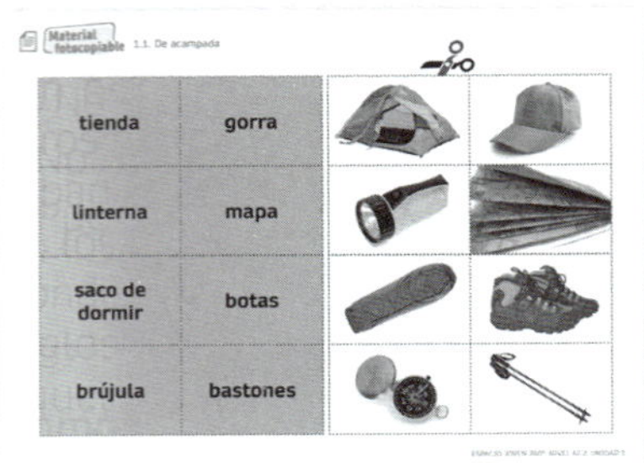

1.1. De acampada

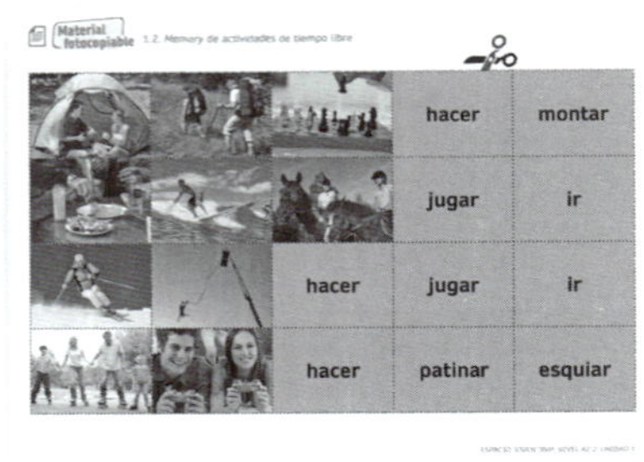

1.2. *Memory* de actividades de tiempo libre

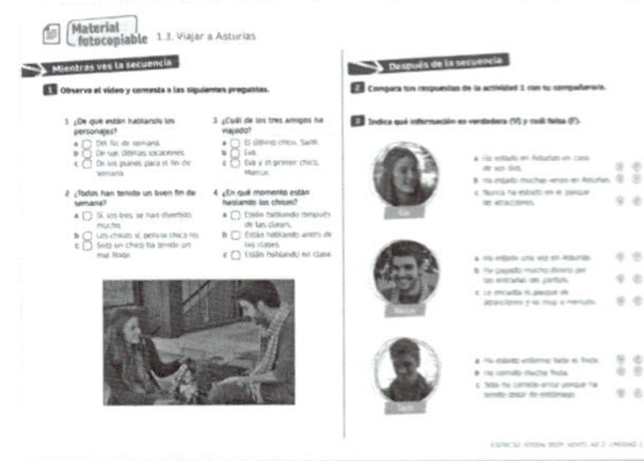

1.3. Viajar a Asturias

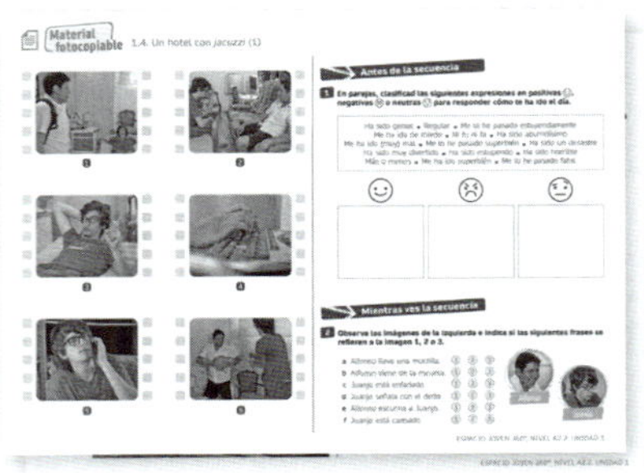

1.4. Un hotel con *jacuzzi* (1 y 2)

Material proyectable

1.1. ¿Qué a quién?

Unidad 2

Material fotocopiable

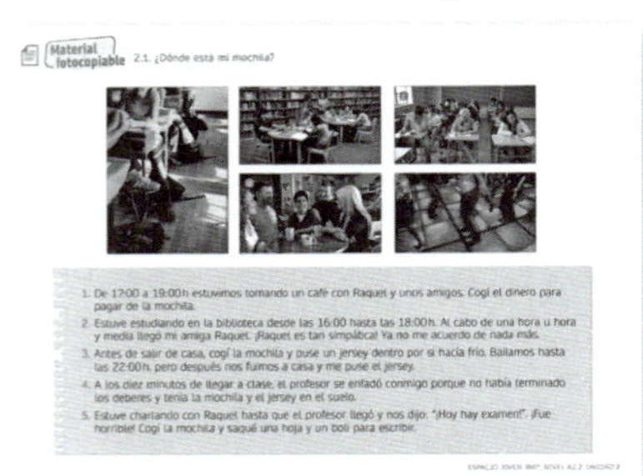

2.1. ¿Dónde está mi mochila?

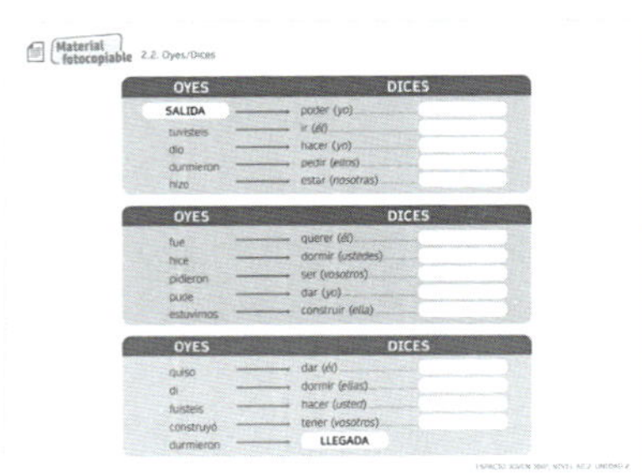

2.2. Oyes/Dices

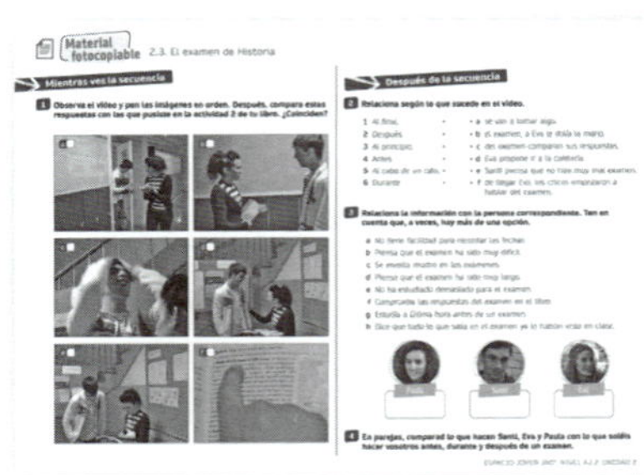

2.3. El examen de Historia

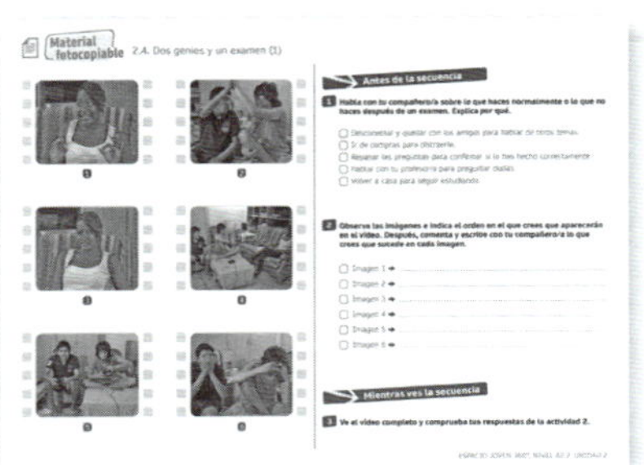

2.4. Dos genios y un examen (1 y 2)

Material proyectable

2.1. Biografía de Germán

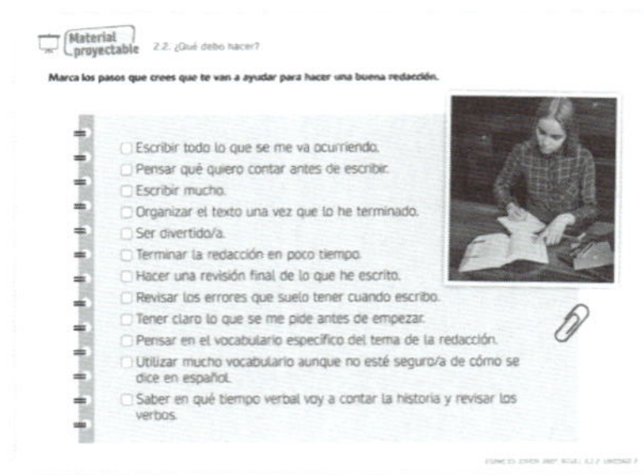

2.2. ¿Qué debo hacer?

Unidad 3

Material fotocopiable

3.1. Pretérito perfecto y pretérito indefinido

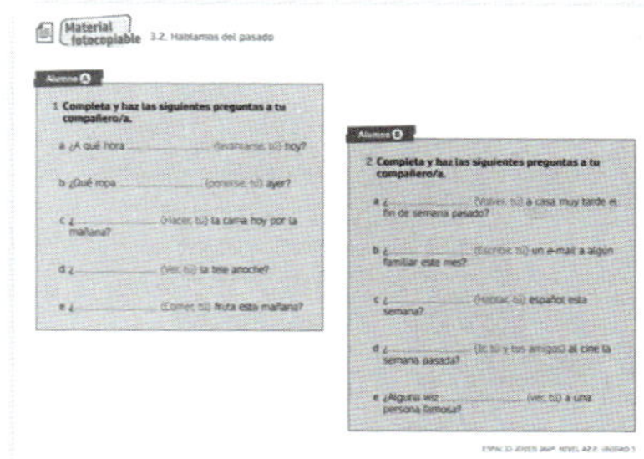

3.2. Hablamos del pasado

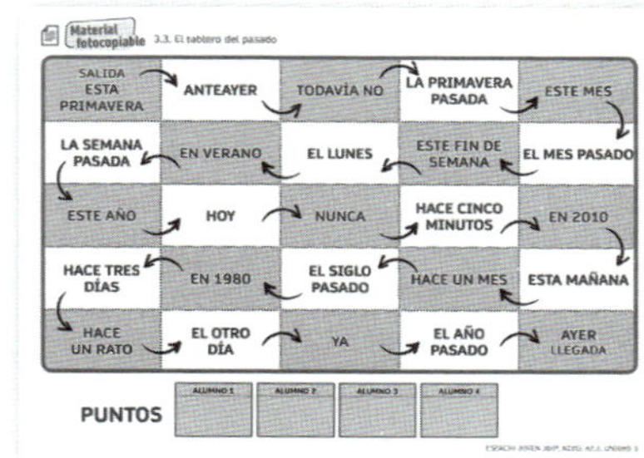

3.3. El tablero del pasado

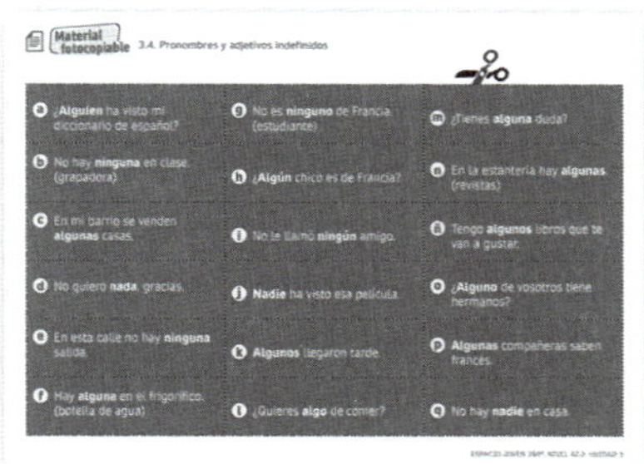

3.4. Pronombres y adjetivos indefinidos

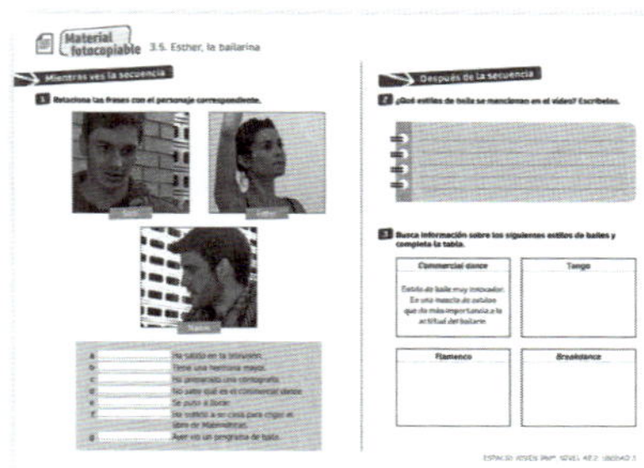

3.5. Esther, la bailarina

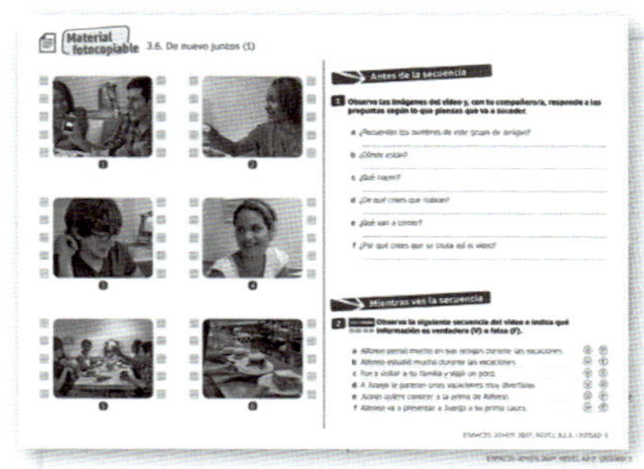

3.6. De nuevo juntos (1 y 2)

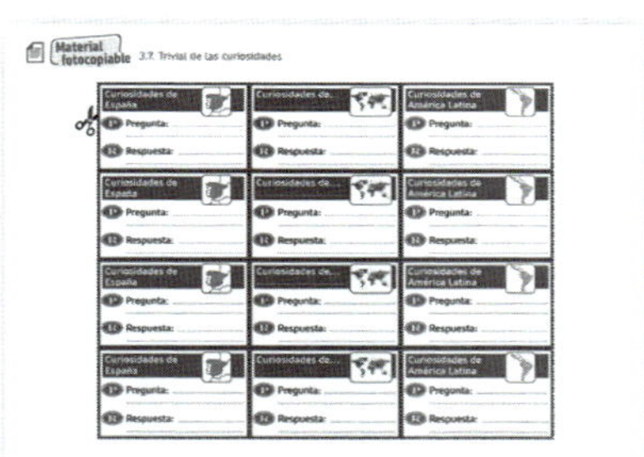

3.7. Trivial de las curiosidades

Material proyectable

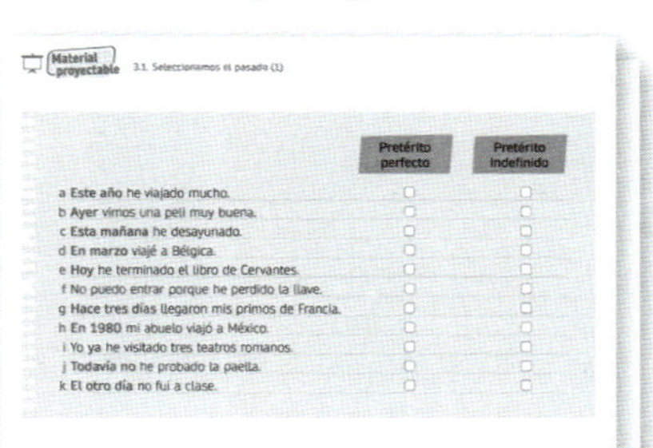

3.1. Seleccionamos el pasado (1 y 2)

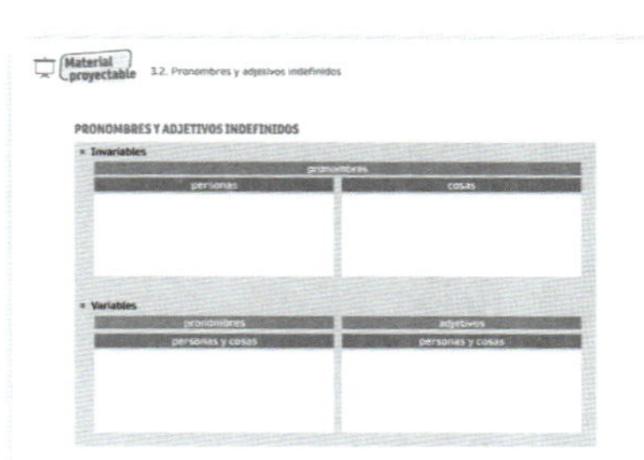

3.2. Pronombres y adjetivos indefinidos

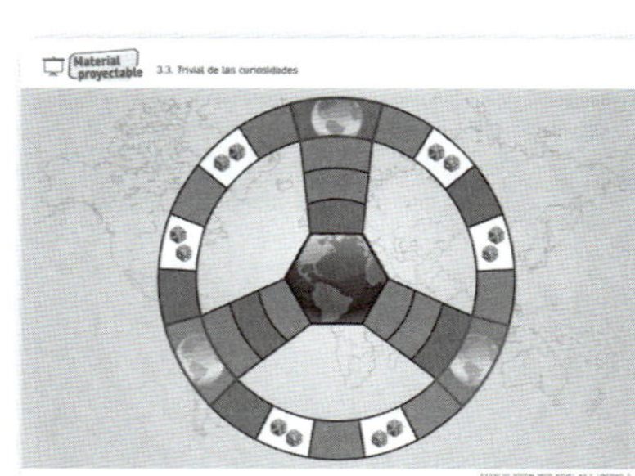

3.3. Trivial de las curiosidades

Unidad 4

Material fotocopiable

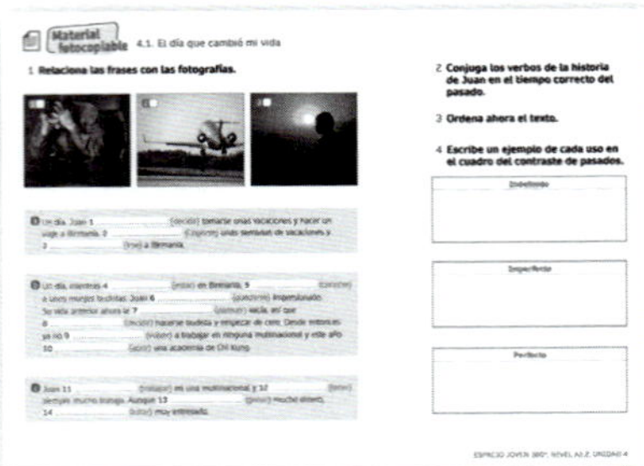

4.1. El día que cambió mi vida

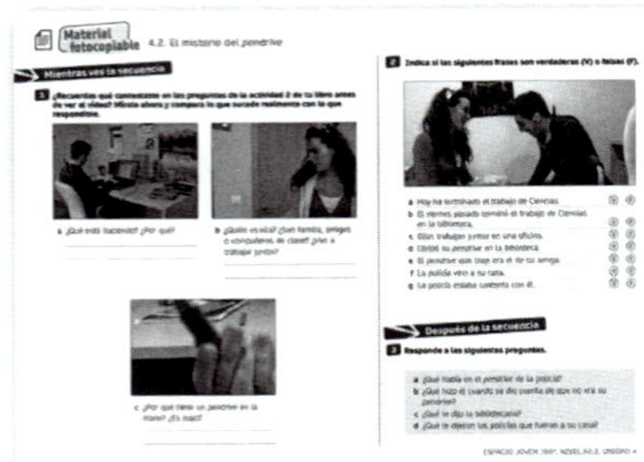

4.2. El misterio del *pendrive*

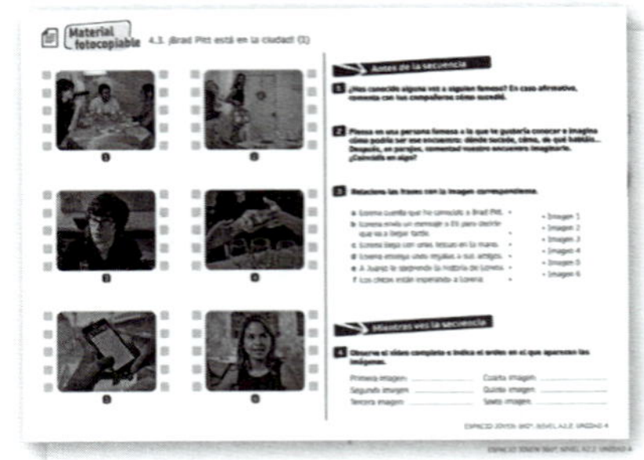

4.3. ¡Brad Pitt está en la ciudad! (1 y 2)

Material proyectable

4.1. ¿Qué pasó?

Unidad 5

Material fotocopiable

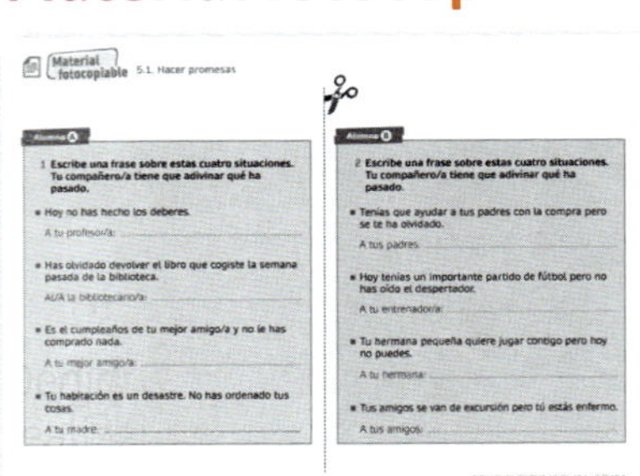

5.1. Hacer promesas

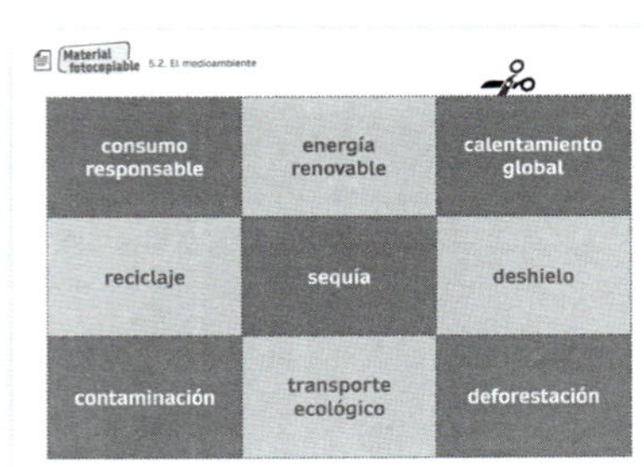

5.2. El medioambiente

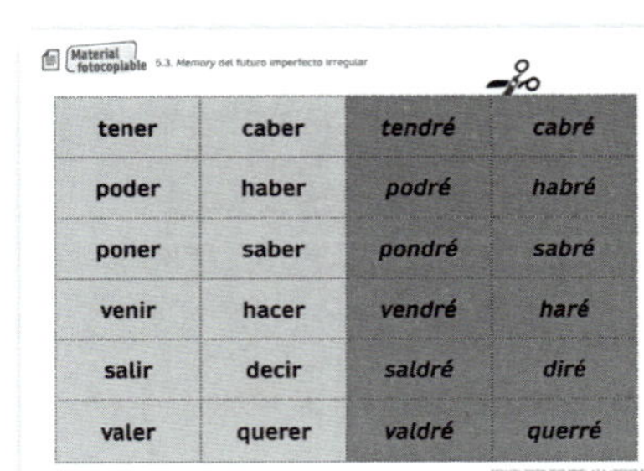

tener	caber	*tendré*	*cabré*
poder	haber	*podré*	*habré*
poner	saber	*pondré*	*sabré*
venir	hacer	*vendré*	*haré*
salir	decir	*saldré*	*diré*
valer	querer	*valdré*	*querré*

5.3. *Memory* del futuro imperfecto irregular

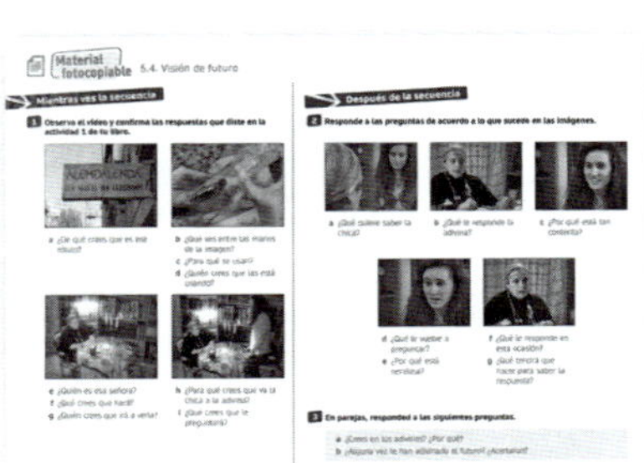

5.4. Visión de futuro

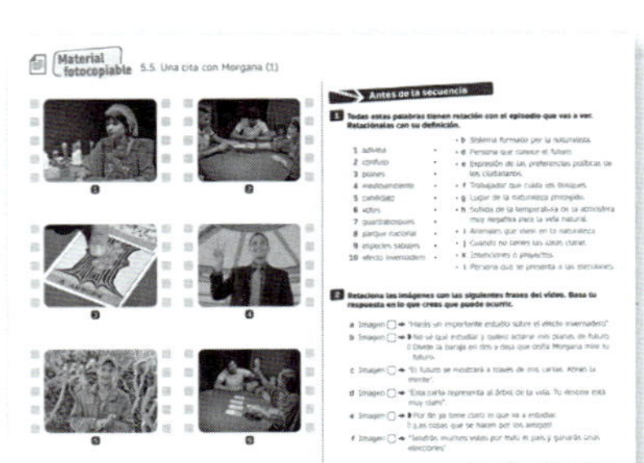

5.5. Una cita con Morgana (1 y 2)

Material proyectable

5.1. Conjeturas

5.2. ¿Qué está pasando?

5.3. El medioambiente

Unidad 6

Material fotocopiable

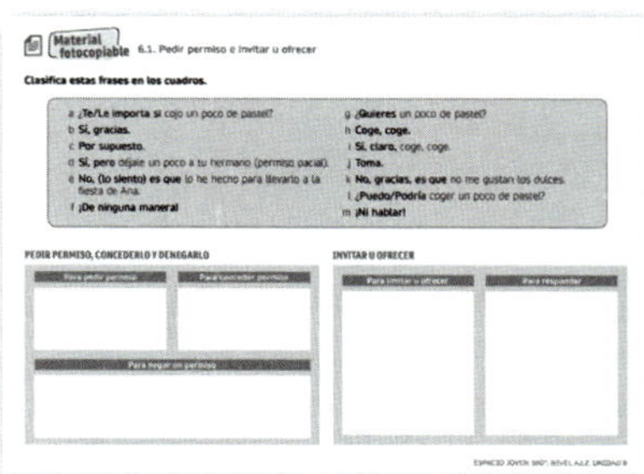
6.1. Pedir permiso e invitar u ofrecer

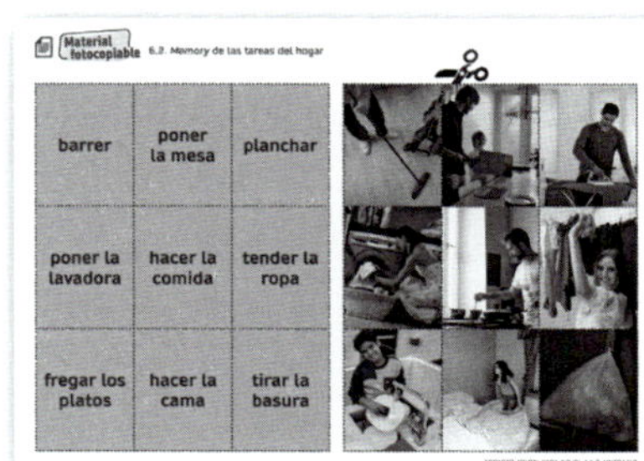
6.2. *Memory* de las tareas del hogar

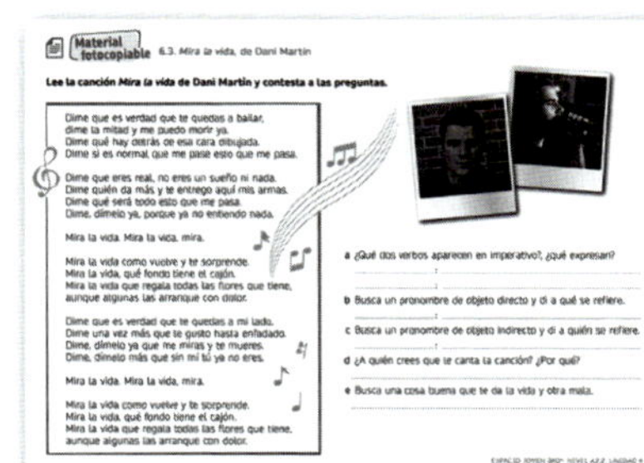
6.3. *Mira la vida*, de Dani Martín

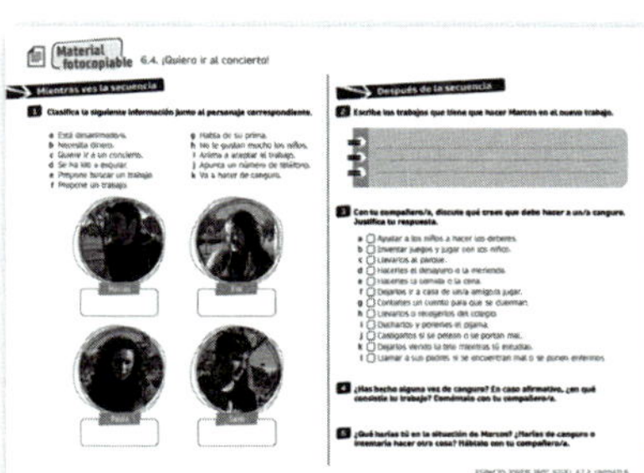
6.4. ¡Quiero ir al concierto!

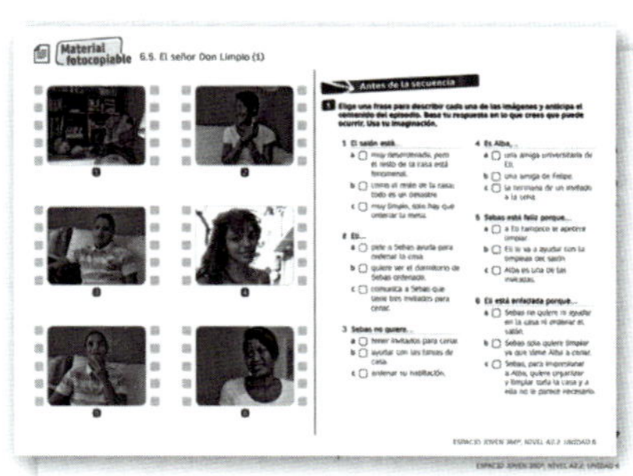
6.5. El señor Don limpio (1 y 2)

Material proyectable

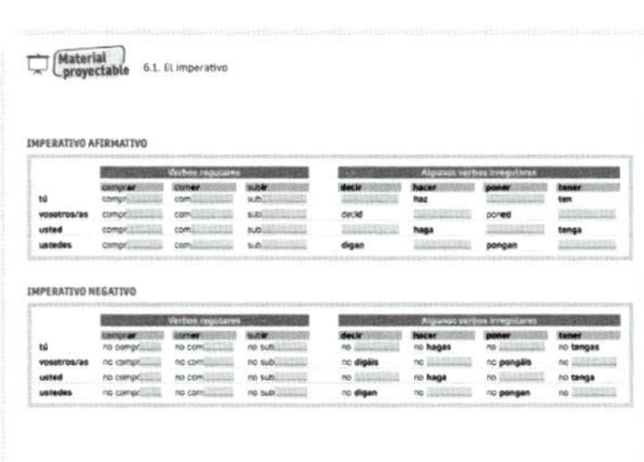
6.1. El imperativo

CLAVES DEL LIBRO DE EJERCICIOS

Unidad 0

0.1. **-AR:** navegando, cantando, llamando, saltando.
-ER: bebiendo, haciendo, leyendo, comiendo.
-IR: escribiendo, durmiendo, saliendo, oyendo.

0.2. **a.** está preparando; **b.** está haciendo; **c.** están organizando; **d.** Estoy viendo; **e.** estáis leyendo.

0.3. **a.** Has ido; **b.** hemos hecho; **c.** Has aprendido; **d.** Ha pescado, ha hecho; **e.** Habéis escrito; **f.** Has montado; **g.** han jugado; **h.** Has leído; **i.** Habéis viajado.

0.4. **a.** He salido; **b.** he bailado; **c.** Nos hemos levantado; **d.** hemos visitado; **e.** He ido; **f.** he probado; **g.** Hemos entrado; **h.** he dicho.

0.5. **a.** Fue, Comimos, Fuimos, escuchamos, fue, invitaron, Visitamos, hicimos; **b.** viajé, subimos, Paseamos, compramos, visitó, fui; **c.** Fuimos, hicimos, Vimos, Comimos, bailamos.

0.6. **a.** viajaba, era, daban; **b.** iba, era; **c.** cogía, llegaba, había; **d.** costaba.

Unidad 1

1.1. **a.** Ha sido genial; **b.** Es divertidísima; **c.** Ha sido un día horrible; **d.** Ni fu ni fa; **e.** ¡Lo hemos pasado de miedo!; **f.** Lo hemos pasado fatal.

1.2. Respuesta abierta.

1.3. **Normal:** b; **Muy mal:** c, h; **Muy bien:** a, d, e, f, g.

1.4. Respuesta abierta.

1.5. **a.** fenomenal; **b.** mucho/bastante; **c.** nada; **d.** un rollo; **e.** divertido; **f.** fatal; **g.** mucho/nada.

1.6. Respuesta abierta.

1.7. **a.** más rápido, rapidísimo; **b.** buenísimo, el mejor; **c.** altísimo, más alto, más baja; **d.** comodísimos, carísimos.

1.8. **a. Medios de transporte:** avión, tren; **Actividades al aire libre:** senderismo; **Alojamientos:** hotel, albergue; **Objetos:** billete, mochila, saco de dormir, maleta.

b. **1.** albergue; **2.** billetes; **3.** senderismo; **4.** mochila; **5.** saco de dormir.

1.9. **a.** 4; **b.** 1; **c.** 6; **d.** 3; **e.** 8; **f.** 3; **g.** 9; **h.** 2; **i.** 12; **j.** 7; **k.** 5; **l.** 10; **m.** 11; **n.** 13; **ñ.** 14.

1.10. **1.** g; **2.** d; **3.** f; **4.** c; **5.** e; **6.** a; **7.** h; **8.** b.

1.11. **a.** hecho; **b.** escrito; **c.** devuelto; **d.** dicho; **e.** visto; **f.** muerto; **g.** roto; **h.** abierto.

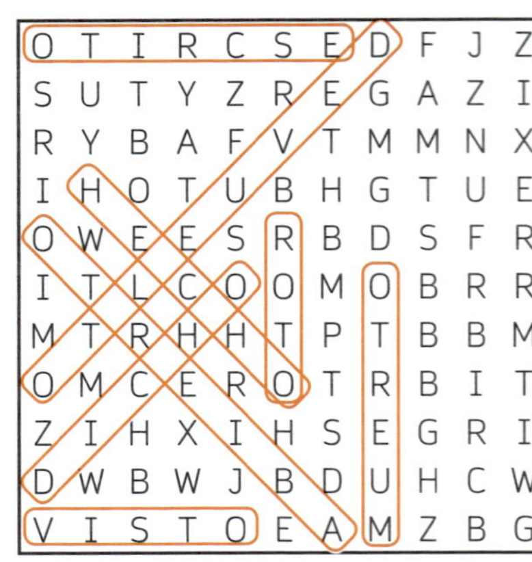

1.12. **1.** d; **2.** f; **3.** a; **4.** c; **5.** b; **6.** e.

1.13. Respuesta abierta.

1.14. **a.** **1.** ha roto; **2.** he llegado; **3.** hemos ido; **4.** ha pedido; **5.** ha tirado; **6.** hemos salido; **7.** he visto; **8.** ha robado.

b. **1.** c; **2.** a; **3.** b; **4.** e; **5.** d.

1.15. **a.** **1.** he ido; **2.** hemos hecho; **3.** ha aprendido; **4.** han pescado, han decidido; **5.** he escrito; **6.** He montado; **7.** hemos jugado; **8.** ha leído; **9.** habéis viajado.

b. **1.** Este año; **2.** Durante las vacaciones; **3.** aún no; **4.** Este verano; **5.** Ya; **6.** varias veces; **7.** Durante las vacaciones de Navidad; **8.** tres veces; **9.** estos días.

1.16. Respuesta abierta.

1.17. **a.** ¿Alguna vez has viajado al extranjero?;
b. ¿Alguna vez has roto algo de otra persona?;
c. ¿Alguna vez has ganado un premio?;
d. ¿Alguna vez has perdido un avión?;
e. ¿Alguna vez has practicado un deporte de riesgo?

1.18. a. Sí, ya la ha guardado; b. No, todavía no las ha recogido; c. Sí, ya la ha hecho; d. Sí, ya les ha dado de comer; e. Sí, ya los ha ordenado; f. Sí, ya la ha abierto; g. Sí, ya lo ha cerrado; h. Sí, ya lo ha barrido.

1.19. a. bailado; b. leído; c. dormido; d. ido; e. podido; f. celebrado; g. corregido; h. tenido; i. oído; j. sentido; k. conocido; l. sido; m. vencido; n. salido; ñ. estado; o. recogido; p. conducido; q. querido.

1.20. a. dicho; b. roto; c. visto; d. descubierto; e. abierto; f. hecho; g. visto; h. resuelto; i. muerto; j. puesto; k. escrito; l. previsto.

1.21. a. Esta mañana María **lo** ha comprado; b. Pedro **las** ha escalado este año; c. Mis amigos y yo **la** hemos visto en mi casa esta tarde; d. Este verano mis amigos **lo** han alquilado; e. Esta semana los estudiantes **los** han hecho; f. Pedro y María aún no **las** han encontrado; g. Carlos **la** ha vendido porque necesitaba dinero; h. Pablo nunca **las** ha visitado.

1.22. a. Miguel **se lo** ha pedido; b. Marta **se la** ha solicitado; c. Pedro todavía no **se las** ha regalado; d. Mario **se la** ha hecho esta mañana; e. ¿Ya **se los** habéis dado?; f. Juan **se la** ha escrito hoy; g. Mi hermana **se lo** ha contado esta mañana; h. Ana **se lo** ha recomendado.

1.23. Querida María:

Estos días estoy de vacaciones en la playa en la Costa Brava. Aquí tengo muchos amigos. **Los** veo todos los días y **les** cuento las historias que me han pasado. **Se las** cuento porque ellos se ríen mucho. También voy al cine a ver películas. Me gusta ver**las** los lunes porque es más barato, y luego **se las** recomiendo a mis amigos. Ellos **las** prefieren de acción pero no podemos ver**las** si son muy violentas.

¿Tú cómo estás? ¿Sabes algo de Ana? Yo **la** vi el día antes de venir a la Costa Brava. **La** encontré muy contenta y **le** dije que tenía que venir a visitarme, pero aún no **la** he llamado. Si **la** ves, di**le** que **la** espero aquí.

Un abrazo,

Pedro

1.24. a. Voy a comprarme una camiseta, un pantalón y unos zapatos; b. Marta, mi prima, ha venido a dormir a mi casa este jueves; c. Papá, ¿puedes venir a recogerme a la estación, por favor?; d. Este fin de semana no he podido salir porque he tenido que estudiar.

1.25. 1. d, La Alhambra (Granada); 2. a, Sagrada Familia (Barcelona); 3. c, paella (Valencia); 4. b, Lanzarote (islas Canarias).

1.26. Los tres errores son: hemos visitado La Sagrada Familia, hemos visto un partido de fútbol en el Camp Nou, vamos a darnos un paseo por Las Ramblas. Son tres referencias a Barcelona en un texto sobre la ciudad de Madrid.

1.27. a. 1. V; 2. F (Está en San Lorenzo de El Escorial); 3. V; 4. F (No se indica que haya pocos); 5. F (Tiene un ambiente lleno de vida: espectáculos, restaurantes que cierran a última hora y zonas de copas); 6. V.

b. 1. El Monasterio de San Lorenzo del Escorial, Alcalá de Henares y el Real Sitio de Aranjuez; 2. Este título lo otorga la Unesco con el objetivo de preservar y dar a conocer lugares de excepcional importancia cultural para la herencia común de la humanidad; 3. Porque ofrece todo tipo de espectáculos teatrales y musicales, algunos restaurantes cierran a última hora, y hay zonas de copas con un ambiente lleno de vida, cosmopolita y moderno; 4. Es un mercado al aire libre que montan todos los domingos por la mañana y en el que se puede encontrar una gran variedad de artículos: antigüedades, artesanía, objetos y ropa de segunda mano...

1.28. a. Un zumo de naranja y unos cereales con leche; b. Ha ido a la escuela; c. Una paella que ha hecho su madre; d. Ha visto la televisión y ha jugado en el parque con sus amigos; e. Una tortilla con sus padres.

1.29. Respuesta abierta.

1.30. Respuesta abierta.

Unidad 2

2.1. a. al cabo de/a los; b. de... a/desde... hasta; c. en; d. al; e. después.

2.2. Posibles respuestas. a. Se encontraba mal y al día siguiente fue al médico; b. Va al gimnasio desde enero; c. Están estudiando en la biblioteca desde las cinco hasta las ocho; d. No se casaron hasta que construyeron su casa.

2.3. a. volví a ver; b. han vuelto a olvidar; c. la volví a ver; d. ha vuelto a hacer otra; e. volvieron a construir.

2.4. Respuesta abierta.

2.5. a. **Etapas de la vida:** morir, nacer; b. **Relaciones personales:** conocerse, enamorarse, casarse, empezar a salir; c. **Estudios:** ir al colegio, ir a la universidad, graduarse; d. **Trabajo:** jubilarse; empezar a trabajar.

2.6. a. 1. a; 2. f; 3. c; 4. d; 5. e; 6. b.

b. a. 4; b. 5; c. 1; d. 2; e. 6; f. 3.

2.7. a. lucharon; b. guerra; c. consiguió; d. victoria; e. invadió; f. capturó; g. guerreros; h. conquistar.

2.8. Respuesta abierta.

2.9. a. intercambio; b. llevaron; c. desconocidos; d. trajeron; e. mezclaron; f. costumbres; g. descendencia; h. diversidad.

2.10. 1. a; 2. c; 3. d; 4. b.

2.11. 3, 7, 5, 2, 1, 4, 6.

2.12. viajar: viajo, viajas, viaja, viajamos, viajáis, viajan; comprar: compro, compras, compra, compramos, compráis, compran; bañarse: me baño, te bañas, se baña, nos bañamos, os bañáis, se bañan; mirar: miro, miras, mira, miramos, miráis, miran; bailar: bailo, bailas, baila, bailamos, bailáis, bailan; estudiar: estudio, estudias, estudia, estudiamos, estudiáis, estudian; tomar: tomo, tomas, toma, tomamos, tomáis, toman; navegar: navego, navegas, navega, navegamos, navegáis, navegan; trabajar: trabajo, trabajas, trabaja, trabajamos, trabajáis, trabajan; volar: vuelo, vuelas, vuela, volamos, voláis, vuelan; caminar: camino, caminas, camina, caminamos, camináis, caminan; pensar: pienso, piensas, piensa, pensamos, pensáis, piensan; chatear: chateo, chateas, chatea, chateamos, chateáis, chatean.

2.13. 1. g; 2. c; 3. b; 4. i; 5. e; 6. h; 7. j; 8. d; 9. a; 10. f.

2.14. a. comí; b. vivimos; c. cantó; d. escribió; e. visitaron; f. comimos; g. navegó, escribió.

2.15. comió, leer, tuvo, oyó, fue, dar, estuvo, morir, cayó, traer.

2.16. a.

	U	
tener:	tuv	*-e*
saber:	sup	*-iste*
poder:	pud	*-o*
estar:	estuv	*-imos*
poner:	pus	*-isteis*
		-ieron

	I	
hacer:	hic/z	*-e*
querer:	quis	*-iste*
venir:	vin	*-o*
		-imos
		-isteis
		-ieron

	J	
decir:	dij	*-e*
traer:	traj	*-iste*
		-o
		-imos
		-isteis
		-eron

b. pedir: pidió, pidieron; repetir: repitió, repitieron; herir: hirió, hirieron; medir: midió, midieron; mentir: mintió, mintieron; seguir: siguió, siguieron; corregir: corrigió, corrigieron; competir: compitió, compitieron; destruir: destruyó, destruyeron.

c. ir/ser: fui, fuiste, fue, fuimos, fuisteis, fueron; dar: di, diste, dio, dimos, disteis, dieron.

2.17. a. café, 1. tuvo; 2. fue; 3. se acostó; 4. se levantó; 5. durmió; 6. bebió; 7. pidió; 8. tomó; 9. se puso; 10. empezó; 11. salió. Tomó café.

b. La Gioconda/La Mona Lisa, 1. descubrió; 2. vio; 3. dijo; 4. Ocurrió; 5. se despertó; 6. dio; 7. Comenzó; 8. decidió; 9. vio; 10. habló; 11. pensó; 12. informó; 13. leyó; 14. fue; 15. llevaron; 16. robaron; 17. pudo; 18. pusieron. Le impresionó La Gioconda/La Monalisa.

c. Los Simpson, 1. empezó; 2. pidió; 3. aceptó; 4. Se casaron; 5. entró; 6. Tuvieron; 7. nació; 8. celebró; 9. fueron; 10. se cayó; 11. estuvo; 12. Tuvieron; 13. se aficionó; 14. murió; 15. se pusieron; 16. estuvieron; 17. vino; 18. llamaron; 19. hizo. Estamos hablando de *Los Simpson*.

2.18. a. 1. Nací; 2. tuve mi primer hijo; 3. Cuando tuve a mi segundo hijo, decidí estar sin trabajar; 4. Trabajé en un bufete de abogados.

b. 1. Empecé la carrera de Periodismo; 2. tuve un examen bastante duro; 3. quise viajar por Europa durante un año.

c. 1. Me casé muy joven; 2. Estuve casado con mi segunda mujer; 3. Me hice nadador profesional.

2.19. a. 1. Fue; 2. nació; 3. realizó; 4. llegó; 5. se instaló; 6. estuvo; 7. trabajó; 8. aprendió; 9. regresó; 10. contó; 11. creyó; 12. tuvo. El personaje misterioso es Marco Polo.

b. 1. Nació; 2. Fue; 3. Estudió; 4. se aficionó; 5. Interrumpió; 6. tuvo; 7. murió; 8. se trasladó; 9. trabajó; 10. asistió; 11. Regresó; 12. trabajó; 13. publicó; 14. conoció; 15. dedicó; 16. se exilió; 17. falleció. El personaje misterioso es Antonio Machado.

c. 1. Nació; 2. se casó; 3. Tuvieron; 4. fueron; 5. trabajaron; 6. colaboraron; 7. se centraron; 8. recibieron; 9. se concentró; 10. estudió; 11. ayudó. El personaje misterioso es Marie Curie.

d. 1. Nacieron; 2. trabajó; 3. se dedicó; 4. ayudaron; 5. desarrollaron; 6. inventaron; 7. logró; 8. Fue. Los personajes misteriosos son los hermanos Lumière.

2.20. 1. empezó; 2. terminó; 3. se proclamó; 4. duró; 5. fue; 6. llegó; 7. hubo; 8. se legalizó; 9. votó; 10. Ganó; 11. se aprobó; 12. se convirtió; 13. fue; 14. duró; 15. dimitió; 16. intentaron; 17. Se solucionó; 18. se convocaron; 19. fue; 20. se integró; 21. hubo; 22. ganaron; 23. consiguió; 24. fue; 25. volvió; 26. se celebraron; 27. ganaron.

2.21. a. Me encanta leer, bailar, pintar y viajar. Coma; b. Mario, el de la izquierda, es mi hermano. Coma; c. Entonces dijo: Me voy de la ciudad. Dos puntos; d. Pues... No sé qué voy a hacer. Puntos suspensivos; e. El poema que escuchamos se llama "Caminos". Comillas; f. No voy a ir a la fiesta, tengo que estudiar. Coma.

2.22. La tilde no es un signo de puntuación, los corchetes y el guion son signos de puntuación pero no se han estudiado en la unidad.

2.23. a. Carolina, **¿**vienes al cine conmigo**?** / b. **¡**Qué frío hace hoy**!** / c. El verbo **"**ducharse**"** es reflexivo**.** / d. Oye, **–**dijo ella**–** **¿**qué quieres**?** / e. Aquel año **(**2002**)** entré en la universidad**.**

2.24. a. 1. F (También hay influencias de los musulmanes y de otras culturas que no se mencionan en el texto); 2. V; 3. F (También hay elementos del continente africano).

c. 1. c; 2. b; 3. a.

2.25. 1. e; 2. h; 3. f; 4. c; 5. a; 6. d; 7. g; 8. i. La frase que sobra es la *b*.

2.26. a. Perú, Colombia, Argentina, Ecuador y Bolivia; b. Una cabaña donde vivió varios años; c. Al aire libre o en casas que compartió con la gente de los lugares que visitó; d. A sus padres; e. Libros clásicos y libros en otros idiomas; f. Una tribu de pigmeos; g. Aprendió a cazar monos con una flecha.

2.27. 1. b; 2. a; 3. a; 4. b.

2.28. Respuesta abierta.

2.29. Respuesta abierta.

Unidad 3

3.1. a. Sabías, verdad, curioso; b. Dicen, digas; c. Cuentan, serio, cuenta; d. que, En.

3.2. 1. b; 2. a; 3. b; 4. a; 5. b.

3.3. Juegos de mesa: dominó, Trivial, oca, cartas, parchís; Nuevas tecnologías: chatear, Instagram, videojuegos, WhatsApp, Facebook, internet, redes sociales, correo electrónico; Actividades al aire libre: ir a la montaña, pasear, hacer deporte; Actividades educativas o solidarias: colaborar con una ONG, rehabilitación de casas, talleres, asistir a una conferencia, visitar museos y exposiciones.

3.4. 1. a, hábitos; 2. a, conectados; 3. c, miembros; 4. a, ver; 5. c, hacen; 6. a, independencia; 7. c, juegan.

3.5. a. creador; b. inventó; c. consiguió; d. descubrió, desembarcó; e. pico; f. se convirtió/se ha convertido; g. ganó.

3.6. a. ha sido; b. vinieron; c. adaptó; d. ha explicado; e. hemos hablado; f. llegaron; g. se reprodujo; h. aumentó; i. convirtieron; j. ha contado; k. ha dicho; l. llevaron; m. empezaron; n. dieron; ñ. hicieron.

3.7. a. hemos hablado; b. Ha sido; c. ha contado; d. ha dicho/ha explicado; e. llegaron; f. Vinieron; g. adaptó; h. se reprodujo; i. llevaron; j. ha dicho/ha explicado; k. empezaron; l. aumentó; m. dieron; n. hicieron; ñ. convirtieron.

3.8. a. pretérito perfecto; b. pretérito indefinido.

3.9. 1. ha sido; 2. ha felicitado; 3. ha llamado; 4. ha dicho; 5. he estado; 6. me acosté; 7. tuve; 8. estuve; 9. he hecho; 10. Me casé; 11. cumplí; 12. Me divorcié; 13. me he vuelto; 14. he tenido; 15. fui; 16. encontré; 17. Fuimos; 18. recordamos; 19. estuvimos; 20. pasamos; 21. he hecho; 22. empecé; 23. he pensado; 24. he ido; 25. pude; 26. he cogido; 27. me he sentido.

Las mentiras son: se casó hace 19 años (con 21 años), sí ha tenido hijos y no fue a trabajar hace cinco días (no anteayer).

3.10. Tiempo terminado: ayer, hace 18 años, el mes pasado, en 1983, hace 16 años, anteayer; Tiempo no terminado: hoy, esta mañana, este mes, esta semana; No se determina el tiempo, llega hasta el presente: hasta hoy, hasta ahora, desde entonces, todavía, muchas veces, nunca.

3.11. a. he llamado; b. he felicitado; c. fue; d. he escrito; e. durmió; f. oí; g. ha sido; h. ha pensado; i. vino.

3.12. 1. he escrito; 2. ha sido; 3. difícil; 4. He tenido; 5. exámenes; 6. hice; 7. tuve; 8. Cervantes; 9. El *Quijote*; 10. buena; 11. han dado; 12. ocho; 13. estuve; 14. fiesta; 15. vi; 16. conocí/conocimos; 17. biblioteca; 18. he hablado; 19. dio; 20. teléfono; 21. has quedado; 22. has decidido; 23. hermano; 24. abrazo.

3.13. 1. tenis, a. se ha hecho; b. participó; c. nació; 2. baloncesto, a. salió; b. ha recibido; c. fue; 3. fútbol, a. jugó; b. consiguió; c. dijo.

3.14. Maria Sharapova es la tenista rusa que con solo 17 años *ganó el prestigioso torneo de Wimbeldon* en 2004. Y además [...], *ha posado como modelo en varias revistas*; Pau Gasol Sáez es el jugador español que *ingresó en los Ángeles Lakers de la NBA* en 2008, y a lo largo de su carrera *ha conseguido varias nominaciones como mejor* jugador nacional de la jornada. En la temporada 1997-98 [...] *ingresó en el FC Barcelona* y el equipo *ganó el campeonato de España Junior*; Paolo Maldini es el futbolista italiano que *ha jugado más partidos y Copas de Europa*. En 2008 *comunicó su retirada a la prensa*. Siempre *perteneció al mismo club de fútbol*: el AC Milán.

3.15. 1. nacieron; 2. inventó; 3. fue; 4. se equivocó; 5. surgió; 6. ha sido; 7. han cambiado; 8. han cumplido; 9. nacieron; 10. quiso; 11. pensó; 12. nació; 13. trataron; 14. consiguieron; 15. tiró; 16. se convirtió; 17. descubrió; 18. creó; 19. ha mantenido; 20. dieron; 21. fue; 22. ocurrió; 23. logró; 24. han conseguido.

3.16. 1. b, la lavadora: inventó, ha sido, empezó, popularizó; 2. f, el *smile*: creó, tardó, pagaron, patentó, han vendido, benefició; 3. d, el móvil: fueron, Significó, popularizó, ha sustituido; 4. a, el Ipod: Empezó, han vendido, fueron, vieron, caducó, pudieron; 5. c, el microondas: Fue, Llegó, ha cuestionado, ha dicho; 6. e, el karaoke: inventó, patentó, ha dejado, puso.

3.17. a. adjetivo, pronombre; b. adjetivo; c. adjetivo; d. adjetivo; e. pronombre, pronombre; f. adjetivo.

3.18. a. nadie; b. nada; c. nadie; d. algo, nada; e. alguien, nadie; f. nada, algo.

3.19. a. algo; b. nada; c. alguien; d. nadie; e. algo.

3.20. a. I, Alguien; b. I, Ningún; c. I, algo; d. C; e. C; f. I, alguna; g. C; h. I, ningunas.

b.

	Pronombres
persona	alguien, nadie
cosa	algo, nada

	Adjetivos
singular	ningún, alguna
plural	algunos, ningunas

3.21. a. El 28 de diciembre de 1895 nacía para el público el cinematógrafo. Ese día, en el Café Capulines de París los hermanos Lumière proyectaron *La salida de la fábrica*, una de las películas del largo centenar que habían rodado y que habían visto, hasta entonces, solo los familiares y amigos; b. No hubo mucho público en el Café, solo 35 personas, pero fue tal éxito que el resto de los días se llenó la sala. Todo París hablaba de aquel invento maravilloso. La primera película española apareció un año después: *Salida de misa de doce de la Iglesia del Pilar de Zaragoza*, de Eduardo Jimeno; c. A pesar del éxito, las cintas de los Lumière no eran nada apasionantes, como se aprecia en sus títulos: *Riña de chicos, La crianza, Partida de naipes, El mar, La demolición de un muro, El herrero...* Escenas de la vida cotidiana presentadas como un documental, pero aquello suponía todo un espectáculo: era la fotografía en movimiento. El corto que más impacto causó fue *La llegada del tren*, que parecía que la enorme máquina de hierro se iba a salir de la pantalla y atropellar a todos.

3.22. a. F (Se proyectó en un café); b. V; c. V; d. F (No eran nada apasionantes, representaban escenas de la vida cotidiana en forma de documental); e. V.

3.23. a. ¿Dónde has estado? ¡Te he estado esperando todo el día!; b. A la fiesta han venido: mi primo Pablo, Sergio y Carlos; c. El profesor de Historia del Arte siempre dice: "El arte es la historia del mundo"; **d.** UNICEF/unicef lucha por los derechos de la infancia.

3.24. **a.** F (La respuesta no se desprende del texto); **b.** F (La respuesta no se desprende del texto); **c.** V; **d.** F (Existían más idiomas que en todo el resto del mundo); **e.** F (Se llaman "rancheras").

3.25. **a.** Porque ha mantenido su grafía original ("x") por motivos históricos; **b.** Significa "pequeña Venecia", los españoles le pusieron este nombre porque las construcciones de los indígenas en el lago Maracaibo les recordaban a los canales de Venecia; **c.** El fantasma de una mujer que perdió a sus hijos en una tragedia; **d.** Existían más de 1 000 000 de lenguas; **e.** Porque, según una leyenda, sufrió quemaduras del sol por intentar agarrarlo.

3.26. Respuesta abierta.

3.27. **a.** Los dioses; **b.** Un dios que amaba a los hombres; **c.** Moliéndolo y mezclándolo con agua.

3.28. **a.** F (Nació en 1974); **b.** V; **c.** F (Fueron en los años 80); **d.** V; **e.** F (Ha aprendido diferentes idiomas); **f.** F (En 2010 se casó con Javier Bardem); **g.** F (Ese año tuvo a su primer hijo).

3.29. Respuesta abierta.

3.30. **a.** un artículo de prensa; **b.** una campaña solidaria; **c.** Algunos restaurantes; **d.** segunda; **e.** conseguir dinero para África; **f.** gran cocinero; **g.** quieren conseguir más dinero; **h.** dos modos; **i.** se extiende a toda España.

3.31. Respuesta abierta.

Unidad 4

4.1. **Pedir disculpas:** Siento (mucho)..., Perdón, Perdona, Perdóneme, ¡Cuánto lo siento!, Lo siento mucho; **Justificarse:** No va a volver a pasar, No lo voy a volver a hacer más, Es que..., Ha sido sin querer, Yo no lo sabía.

4.2. Respuesta abierta.

4.3. Respuesta abierta.

4.4. **Diálogo 1:** pasa; **Diálogo 2:** vuelvas; **Diálogo 3:** preocupes; **Diálogo 4:** importancia.

4.5. Respuesta abierta.

4.6. **1.** c; **2.** g; **3.** f; **4.** b; **5.** d; **6.** e; **7.** a.

4.7. Respuesta abierta.

4.8. **1.** c; **2.** b; **3.** b.

4.9. **a.** En una vivienda en el barrio Buenavista; **b.** A las tres de la tarde; **c.** Una vecina; **d.** Sí, una persona; **e.** Los bomberos; **f.** Todavía no se sabe con exactitud, pero parece ser que fue la chimenea del cuarto piso.

4.10.

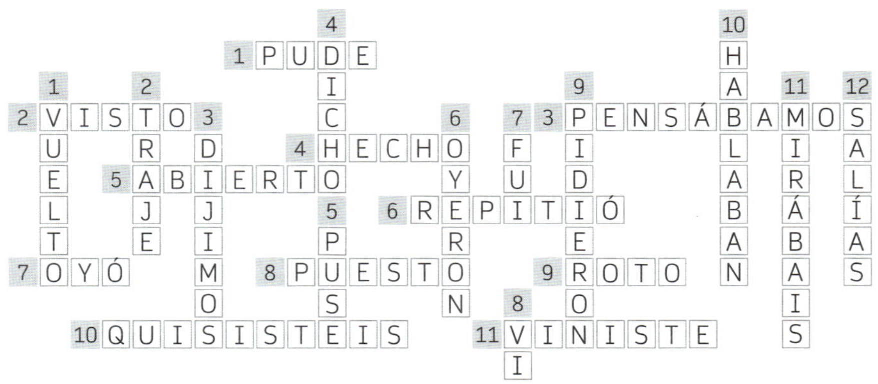

4.11. **a.** IN; **b.** P; **c.** P; **d.** IM; **e.** IM; **f.** IM; **g.** IN; **h.** IM.

4.12. **1.** g; **2.** c; **3.** i; **4.** d; **5.** l; **6.** e; **7.** b; **8.** f; **9.** j; **10.** a; **11.** k; **12.** h.

4.13. **a.** **1.** c, Esta mañana Jaime me *ha invitado* a desayunar y *se ha enfadado* con el camarero; **2.** g, Esta semana Alicia y Gaspar *han llegado* tarde tres veces al instituto; **3.** b, El domingo pasado no *fuimos* a la excursión, *nos quedamos* en casa y *alquilamos* un DVD; **4.** i, El sábado Pablo y yo *cenamos* en un restaurante muy bonito; **5.** e, Ayer no *pudimos* entrar al cine, *llegamos* a la taquilla una hora antes, pero...; **6.** a, Ayer *recibí* un correo de Patricia pero no la *contesté*; **7.** f, El verano pasado no *tuve* vacaciones, *me quedé* en la oficina; **8.** d, Todavía no *he visto* la exposición de Modigliani. Ayer *intenté* de nuevo verla, pero tampoco *pude*; **9.** h, Este mes le *has llamado* varias veces y no *ha contestado* a tus llamadas.

b. **1.** Esta semana Alicia y Gaspar han llegado tarde tres veces al instituto. Su madre estaba enferma; **2.** Ayer recibí un correo de Patricia pero no la contesté. El ordenador no funcionaba bien; **3.** El verano pasado no tuve vacaciones, me quedé en la oficina. Tenía mucho trabajo; **4.** Este mes le has llamado varias veces y no ha contestado a tus llamadas. Su móvil estaba roto; **5.** Todavía no he visto la exposición de Modigliani. Ayer intenté de nuevo verla, pero tampoco pude. Había mucha gente; **6.** Esta mañana Jaime me ha invitado a desayunar y se ha enfadado con el camarero. El café estaba frío; **7.** El domingo pasado no fuimos a la excursión, nos quedamos en casa y alquilamos un DVD. Hacía muy mal tiempo; **8.** Ayer no pudimos entrar en el cine, llegamos a la taquilla una hora antes, pero no había entradas; **9.** El sábado Pablo y yo cenamos en un restaurante muy bonito. Era nuestro aniversario.

4.14. **Historia 1.** **1.** a; **2.** b; **3.** a; **4.** a; **5.** b; **6.** a; **7.** a; **8.** b. **Historia 2.** **1.** a; **2.** b; **3.** b; **4.** a; **5.** a; **6.** a; **7.** a.

4.15. **1.** Situación B, **a.** he oído; **b.** despertador; **c.** he levantado; **d.** ha puesto; **e.** examen; **f.** tenía; **g.** hermana; **h.** he llamado; **i.** móvil; **j.** estabas. **2.** Situación A, **a.** vinieron; **b.** mi casa; **c.** dejábamos; **d.** habitación; **e.** Empezó; **f.** puerta. **3.** Situación C, **a.** ha sido; **b.** he quedado; **c.** seis; **d.** Estaba; **e.** libro.

4.16. **a.** **La primera vez que cogí un avión:** 2, 4, 6, 7, 9, 11, 12; **La primera vez que fui a un concierto:** 1, 3, 5, 8, 10, 13.

b. Posibles respuestas. La primera vez que cogí un avión tenía diez años. Fue un viaje a Londres, iba con mis padres y yo estaba muy nerviosa. Esa mañana me desperté muy pronto y me duché, me vestí y desayuné... todo muy deprisa. Mis padres estaban sorprendidos, pero yo quería llegar lo más pronto posible al aeropuerto y coger el avión. Pero ¡qué desilusión! Me pareció igual que ir en autobús.

La primera vez que fui a un concierto fue hace mucho tiempo: yo tenía dieciséis años y fui a ver a Miguel Ríos. Era un concierto de *rock*. Íbamos la pandilla de amigos, fuimos todos, unos doce o así. Fue inolvidable.

4.17. **a.** Cuando eras pequeño, *solías ir* de vacaciones a la playa con tu familia; **b.** Antes de casarse, Alberto *solía vivir* solo; **c.** Antiguamente las mujeres no *solían trabajar* fuera de casa; **d.** Hace 30 años las familias *solían comer* siempre juntas; **e.** Cuando estaba en la escuela, *solía levantarme* temprano rodos los días; **f.** El año pasado *solíamos leer* el periódico todas las mañanas; **g.** El verano pasado *solíais salir* de fiesta todos los días; **h.** Cuando mi madre era más joven, *solía tocar* el piano; **i.** El mes pasado Juanjo *solía ir* al gimnasio todos los días; **j.** Cuando iba a la playa, *solía bañarme* en el mar.

4.18. Respuesta abierta.

4.19. ◗ Me pregunto d**ó**nde estará mi libro de Lengua. ¿Tú sabes d**ó**nde puede estar?

◗ ¿¡C**ó**mo lo voy a saber yo!? Hijo, como eres tan despistado seguro que te lo has olvidado en cualquier sitio. ¿Cu**á**ndo fue la última vez que lo usaste?

◗ Pues... Yo qu**é** sé. ¡Ah, sí! Recuerdo que ayer lo usé en clase.

◗ Y, ¿estás seguro de que lo cogiste cuando saliste de clase?

◗ Es que no me acuerdo.

◗ Pues si no está en tu mochila, seguro que sigue en clase, en el mismo sitio donde lo dejaste.

4.20. **a.** Es un hombre del campo, sincero y sencillo; **c.** Expresar y dar a conocer todo lo que siente ("Echar mis versos del alma"); **e.** La amistad sincera; **g.** Que antepone la verdadera amistad al sentimiento amoroso; **h.** Vivir en un pueblo oprimido y falto de libertad.

4.21. Yo soy un hombre sincero / de donde crece la palma / y antes de morirme quiero / echar mis versos del alma. / Mi verso es de un verde claro / y de un jazmín encendido / mi verso es un ciervo herido / que busca en el monte amparo.

4.22. **a.** parques, centros comerciales, discotecas *light*; **b.** distinto, moderada; **c.** facilidad para mostrar la vida íntima; **d.** confianza.

4.23. **1.** b; **2.** b; **3.** c; **4.** d; **5.** a; **6.** b.

4.24. Respuesta abierta.

4.25. Respuesta abierta.

Unidad 5

5.1. a. Sé que; b. es verdad que; c. Por supuesto que; d. Sé que; e. Está claro que; f. Seguro que; g. Estoy seguro de.

5.2. Posibles respuestas. a. Supongo que ha perdido un partido de tenis; b. Quizás ha trabajado mucho y está agotado; c. A lo mejor ha sacado una nota muy buena en un examen.

5.3. Para hacer suposiciones: a, d, f, g; Para expresar certeza: b, c, e, h.

5.4. a. 2; b. 3; c. 1.

5.5. a. prometo; b. juro que; c. prometes, Te doy mi palabra/Prometido; d. Te doy mi palabra/ Prometido.

5.6. a. Sí; b. No; c. Sí.

5.7. 1. f; 2. b; 3. e; 4. d; 5. a; 6. c.

5.8. a. transporte ecológico; b. calentamiento global; c. consumo responsable; d. deforestación; e. deshielo; f. contaminación; g. energía renovable; h. reciclaje; i. sequía.

5.9. 1. c; 2. d; 3. f; 4. h; 5. g; 6. b; 7. a; 8. e.

5.10. a. elecciones; b. derrota; c. partido; d. sequía; e. victoria; f. candidato; g. urna; h. voto; i. elector; j. campaña; k. calentamiento; l. deshielo.

Medioambiente: d, k, l; Política: a, b, c, e, f, g, h i, j.

5.11. Viajar: viajaré, viajarás, viajará, viajaremos, viajaréis, viajarán; Poder (irregular): podré, podrás, podrá, podremos, podréis, podrán; Comer: comeré, comerás, comerá, comeremos, comeréis, comerán; Salir (irregular): saldré, saldrás, saldrá, saldremos, saldréis, saldrán; Ir: iré, irás, irá, iremos, iréis, irán; Decir (irregular): diré, dirás, dirá, diremos, diréis, dirán.

5.12.

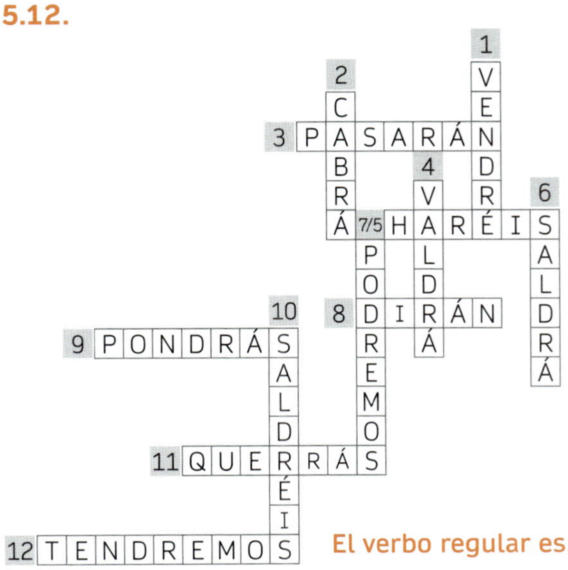

El verbo regular es: pasar.

5.13. Posibles respuestas. a. Enseñarás español en un colegio; b. Ganarás el Tour de Francia; c. Serás guía de turistas japoneses; d. Cantarás en un karaoke y todo el mundo te aplaudirá; e. Subirás a la Torre Eiffel; f. Ganarás las elecciones del año 2026 y serás presidenta.

5.14. Respuesta abierta. Los verbos en futuro son: a. hará; b. valdrá; c. vendrán; d. dirán; e. haremos; f. saldré.

5.15. a. querrá; b. intentaré; c. jugaremos; d. lavaré; e. cabrá; f. subirá; g. vendrá; h. aprenderá; i. será.

5.16. a. El profesor no recuerda que hoy es un día festivo. Después, el profesor irá a casa; b. El camión es demasiado alto para el puente. El conductor deshinchará las ruedas para poder pasar; c. El coche de policía está mal aparcado. El otro policía tendrá que pagar la multa; d. Clara y Juan tienen quintillizos. Clara y Juan pedirán ayuda a la madre de Clara.

5.17. a. Creo que los coches volarán por el aire; b. Supongo que nos vestiremos con ropas raras; c. Creo que todos los estudiantes tendrán ordenadores en la escuela; d. Viajaremos a la velocidad del sonido; e. No habrá guerras en el mundo; f. Creo que el hombre vivirá en la Luna; g. Comeremos alimentos en pastillas; h. Me imagino que todas las enfermedades tendrán una cura; i. Supongo que llevaremos gorros con teléfonos móviles integrados; j. Los coches funcionarán con agua.

5.18. Aries: verás, podrás, dará; Tauro: será, tendrás, verás; Géminis: será, llegará, volverá, se sorprenderán, Llegará, mejorarán, aumentarán.

5.19. a. Mañana *iré* a ver una película; b. Pedro y yo *saldremos* esta noche; c. Mis padres *estudiarán* otro idioma; d. En tu casa *comeré* muy bien; e. Nunca *podrá* hacerlo; f. Siempre *dirá* la verdad; g. El año que viene *viajaré* por tu país.

5.20. Posibles respuestas. A los sesenta años seré mucho más mayor. Tendré una familia y viajaré mucho. Haré deporte para estar en forma y seré muy feliz.

5.21. a. viene; b. Dentro; c. próximo; d. próximas; e. En; f. Pasado.

5.22. a. Si soy presidenta, *subiré* los salarios; b. ...*daré* más vacaciones escolares; c. ...*organizaré* más actividades culturales; d. ...*haré* más centros deportivos; e. ...*reduciré* las emisiones de gases contaminantes; f. ...*plantaré* más árboles; g. ... *mejoraré* el programa de reciclaje de basuras; h. ...*regalaré* bicicletas a los estudiantes; i. ... *construiré* más parques; j. ...*crearé* más accesos a internet gratuitos.

5.23. **Posibles respuestas. a.** Si tengo hambre, me compraré un bocadillo; **b.** Si tengo suerte, aprobaré todos los exámenes; **c.** Si el sábado hace mal tiempo, nos quedaremos en casa para ver una película; **d.** Si voy a Japón, aprenderé japonés.

5.24. Respuesta abierta.

5.25. **Tú** controlas el cambio **climático ¡Comprométete!**

Bruselas, 1 de agosto

Estimado estudiante:

El cambio **climático** es un problema que afecta a todo el planeta. **Quizá** te has dado cuenta de que cada vez aparecen **más** noticias sobre el calentamiento global y de que los **líderes políticos** de todo el mundo debaten sobre este tema con **más** frecuencia.

Si no tomamos medidas contra el cambio **climático**, el mundo en el que vivimos **será** muy diferente en apenas unas **décadas**. Por lo general, el clima **será más cálido** y algunas islas y zonas costeras **desaparecerán** bajo el mar, cuyo nivel **está** aumentando por el derretimiento del hielo polar. **Habrá más** tormentas, inundaciones, olas de calor y **sequía**; la escasez de agua y comida se **extenderá** a muchas partes del mundo, y algunos animales y plantas, sensibles al clima, como los osos polares y los pingüinos, se **extinguirán**.

Está en nuestras manos impedir que esto suceda, pero, para ello, es necesario que todas las personas, industrias y gobiernos del mundo se involucren en la lucha contra el cambio **climático**. El clima **está** cambiando debido, principalmente, a la forma en que producimos y utilizamos la **energía** que nos proporciona electricidad, calienta nuestros hogares, hace funcionar nuestras **fábricas**, pone en marcha nuestros coches y abastece de combustible los aviones que nos llevan a nuestros destinos de vacaciones. Cambiando estos **hábitos** y utilizando la **energía** de manera **más** responsable, podemos reducir las emisiones de CO_2 y de otros gases de efecto invernadero que provocan el cambio **climático**.

La **Comisión** Europea **está** llevando a cabo una campaña a escala de la **Unión** Europea para sensibilizar a la **opinión pública** sobre el cambio **climático** y lo que podemos hacer para limitarlo. Es importante que **estés** informado sobre el cambio **climático** ahora, porque, probablemente, sus efectos **serán más** graves cuando crezcas.

El control del cambio **climático** es uno de los **desafíos más** importantes a los que se enfrenta hoy la humanidad. ¡Esperamos que **tú** y tu centro escolar os **unáis** a nosotros para hacerle frente ahora!

Atentamente,
Stavros Dimas
Comisario de Medioambiente

a. El clima será más cálido y algunas islas y zonas costeras desaparecerán bajo el mar. Habrá más tormentas, inundaciones, olas de calor y sequía; la escasez de agua y comida se extenderá a muchas partes del mundo, y algunos animales y plantas se extinguirán; **b.** Debido, principalmente, a la forma en que producimos y utilizamos la energía que nos proporciona electricidad y que facilita nuestra vida; **c.** Cambiando nuestros hábitos y utilizando la energía de manera más responsable.

5.26. **a.** *Mesa* es una palabra llana, frente al resto que son agudas; **b.** *Manzana* es una palabra llana, frente al resto que son esdrújulas; **c.** *Reloj* es una palabra aguda que no se acentúa, frente al resto que sí lo hacen; **d.** *Azul* es una palabra aguda, frente al resto que son llanas; **e.** *Cuesta*, porque las otras palabras pueden llevar o no tilde según sean pronombres interrogativos, exclamativos o relativos; **f.** *Cuéntaselo* es la única sobreesdrújula, frente al resto que son esdrújulas.

5.27. **a.** Debido a su privilegiada situación geográfica, entre dos continentes, y su proximidad al lugar de encuentro del Atlántico y del Mediterráneo; **b.** Playas, dunas, marismas y humedales; **c.** Cantabria, Asturias y el norte de Castilla y León; **d.** Los numerosos pueblos de sus valles que por su arquitectura y costumbres nos transportan a otros tiempos en la historia; **e.** 17 islas en total; **f.** La UE, que lo ha declarado zona de interés; **g.** Por las especies naturales exclusivas de la zona.; **h.** En Andalucía.

5.28. **1.** c; **2.** c; **3.** a; **4.** a; **5.** b; **6.** c.

5.29. **1.** b; **2.** a; **3.** a.

5.30. Respuesta abierta.

5.31. Respuesta abierta.

Unidad 6

6.1. 1. b; 2. f; 3. d; 4. a; 5. c; 6. e.

6.2. 1. a; 2. d; 3. e; 4. f; 5. b; 6. c.

6.3. 1. Sí; 2. No; 3. supuesto; 4. es que; 5. pero.

6.4. 1. salir, c; 2. dejo, f; 3. cierro, h, 4. coger, b; 5. poner, g; 6. usar, a; 7. llamar, e; 8. repetir, d.

6.5. 1. En clase, Formal; 2. En clase, Formal; 3. En casa/En clase, Informal; 4. En casa/En clase, Informal; 5. En casa, Informal; 6. En clase, Formal; 7. En casa/En clase, Informal; 8. En casa, Informal.

6.6. a. ¿Podría usar este ordenador?; b. ¿Puedo llamar con tu móvil?; c. ¿Le importa si dejo el móvil encendido?; d. ¿Te puedo coger el diccionario?; e. ¿Puedo repetir tarta?; f. ¿Puedo poner la tele?; g. ¿Podría salir un poco antes?; h. ¿Te importa si cierro la ventana?

6.7. **Conceder permiso:** a, d, e, f, g; **Denegar permiso:** b, c, h.

6.8. a. coger, tijeras; b. entregar; c. colgar, chaqueta; d. ordenador; e. tiro, flores; f. pantalones; g. hago; h. mover, sillón; i. mirar, móvil.

6.9. Respuesta abierta.

6.10. **Posibles respuestas.** a. ¿Quieres/Te apetece una hamburguesa?; b. Sí, muchas gracias; c. ¿Quieres llamar con mi móvil?; d. No, lo siento, es que tengo que estudiar.

6.11. **Pedir instrucciones:** a, d, h; **Dar consejos:** b, c, g; **Dar órdenes:** e, f, i.

6.12. Respuesta abierta.

6.13. 1. h; 2. b/i; 3. d; 4. f; 5. j; 6. b/i; 7. g; 8. c; 9. a; 10. e.

6.14. 1. Friego el suelo; 2. Paso la aspiradora; 3. Hago las camas; 4. Plancho; 5. Limpio el polvo; 6. Pongo la lavadora; 7. Barro; 8. Friego/Lavo los platos.

b. **Ana:** Hacer la cama, poner la lavadora; **Sergio:** Fregar el suelo, planchar la ropa, barrer el salón; **Óscar:** Pasar la aspiradora, limpiar el polvo, lavar/fregar los platos.

6.15. **Carmen:** poner una lavadora, fregar el suelo de la cocina, ir al súper; **Rosa:** planchar el vestido, fregar los platos, pasar la aspiradora, limpiar el polvo, tirar la basura.

6.16. a. 15; b. 2/3/6; c. 7; d. 12; e. 14; f. 10; g. 13; h. 13; i. 1; j. 2; k. 4; l. 9; m. 8; n. 11; ñ. 5.

6.17. **La práctica regular del deporte favorece...** el desarrollo físico, psíquico y mental: la función mental, la autonomía, la memoria, la rapidez, la "imagen corporal", la sensación de bienestar y la estabilidad en la persona (optimismo, euforia y flexibilidad mental); **Practicar deporte previene enfermedades como...** la obesidad, la hipertensión y la diabetes; **Otros elementos que influyen en el estado de salud son...** un estilo de vida sedentario, la genética, la edad, la alimentación, la higiene, el estrés o el tabaco.

6.18. **Trabajar:** trabaja, trabajad, trabaje, trabajen; **Comer:** come, comed, coma, coman; **Correr:** corre, corred, corra, corran; **Subir:** sube, subid, suba, suban; **Ir:** ve, id, vaya, vayan; **Leer:** lee, leed, lea, lean; **Ver:** ve, ved, vea, vean; **Escribir:** escribe, escribid, escriba, escriban; **Oír:** oye, oíd, oiga, oigan.

6.19. a. Ve; b. Pongan; c. Haced; d. Juega; e. Vengan; f. Cierra; g. Salga.

6.20. a. Levántate; b. vuelve; c. compra; d. limpia; e. ordena; f. Haz; g. escribe; h. ve; i. cierra.

6.21. a. llévalo; b. guárdala; c. Sácala, métela; d. Hazla; e. Límpialo.

6.22. a. Tómalo; b. Ábrela; c. Cerradlo; d. Ponla; e. Hazlos; f. Léanlo; g. Cruzadla; h. Bébelo; i. Pregúntenla; j. Míralos.

6.23. a. No te quites; b. No hagas; c. No pidáis; d. No pongas; e. No tengan; f. No vuelvas; g. No digan; h. No salgáis; i. No sueñes; j. No repita; k. No te sientes; l. No vayáis; m. No os lavéis.

6.24. a. Guarda; b. Pon; c. Saca; d. Comprime; e. Ve; f. dejes; g. pongas; h. tires; i. muevas; j. tomes.

6.25. 1. No confíes demasiado en tu memoria. Subraya, resalta y haz esquemas; 2. Planifica el estudio y organiza las materias; 3. Dedica tiempo a descansar: pasea, escucha música y haz deporte; 4. No aprendas cosas nuevas horas antes del examen; 5. Sé puntual y llega con tiempo al examen; 6. No hables del examen antes, ni comentes dudas; 7. Evita emociones fuertes, no discutas ni te preocupes por otras cosas; 8. Mantén la calma y no te pongas nervioso; 9. No entregues el examen sin revisarlo y pon especial atención a las faltas de ortografía; 10. Elimina los pensamientos negativos sobre el resultado de la prueba.

6.26. a. a. Venga, España, disfrute; b. Practique, náuticos; c. Alójese, bungaló; d. pasee, alrededores, diviértase, piscina; e. Cene, restaurante, tenga, romántica, Acérquese, chiringuitos, quédese.

b. Posible respuesta. a. Báñense en el Mediterráneo, tomen el sol en la arena o corran por la orilla; b. hagan *windsurf*, apúntense a un curso de vela o prueben a hacer submarinismo; c. Duerman sin ruidos y despiértense en una casa al lado el mar; d. Elijan diferentes rutas de senderismo, llévense la cámara y fotografíen el paisaje; e. Elijan los platos más típicos y pidan los mejores vinos.

6.27. a, a, a, b, b.

6.28. a. 1. Porque las palabras que usa el inglés para pedir significan otra cosa, se ríe porque le resulta graciosa la forma de expresarse del inglés. 2. Por lo mismo, las palabras que usa el ecuatoriano para pedir no significan lo mismo en España.

b. 2, 1.

6.29. En general, estas formas de expresarse pueden parecer demasiado escuetas y directas; además, el uso del imperativo o la ausencia de palabras como "gracias" o "por favor" pueden extrañar a otras culturas.

6.30. Todos estos comportamientos se consideran de mala educación en clase: llegar tarde, hablar por el móvil, descalzarse, copiar, bostezar o quedarse dormido.

6.31. Respuesta abierta.

6.32. Sergio: a, b, d, f; Ana: c, e, g, h.

6.33. Respuesta abierta.

6.34. Respuesta abierta.

Claves del Apéndice gramatical

En el *Apéndice gramatical* del Libro del Alumno aparecen cuadros, denominados Expansión Gramatical, donde se amplían algunos contenidos lingüísticos de las unidades del libro. En algunos de estos cuadros se añaden actividades para el estudiante. A continuación se facilitan las claves.

Unidad 1

1. a. altísimos; b. guapísimas; c. luminosísimo; d. grandísimo; e. comodísimas; f. bellísimo; g. simpatiquísimo; h. rapidísimo; i. pequeñísima.

Unidad 6

2. Ser: sé, sed, sea, sean; Venir: ven, venid, venga, vengan; Ir: ve, id, vaya, vayan; Pedir: pide, pedid, pida, pidan; Cerrar: cierra, cerrad, cierre, cierren; Dormir: duerme, dormid, duerma, duerman.
3. a. Ponte; b. Vaya; c. Vengan; d. Cierra; e. Estén; f. Vuelva.
4. a. Sed**lo**; b. Ven de clase pronto; c. Duerma con la ventana cerrada; d. Píde**selos**.
5. Ser: no seas, no seáis, no sea, no sean; Venir: no vengas, no vengáis, no venga, no vengan; Ir: no vayas, no vayáis, no vaya, no vayan; Pedir: no pidas, no pidáis, no pida, no pidan; Cerrar: no cierres, no cerréis, no cierre, no cierren; Dormir: no duermas, no durmáis, no duerma, no duerman.
6. a. No te pongas; b. No vaya; c. No vuelvan; d. No salga; e. No cierres; f. No estén.
7. a. No te los pongas; b. No vaya a la oficina mañana; c. No vengáis conmigo; d. No estéis callados.

TRANSCRIPCIONES

Libro del alumno

Unidad 0

[1]

- ¡Hola, Lucía! ¿Qué tal tus vacaciones?
- ¡Genial! Estuve en las playas de Tarifa haciendo surf.
- ¿¡Surf!? No sabía que practicabas surf.
- Sí, es una pasada. Las playas son fantásticas y lo mejor es que he conocido a mogollón de gente joven de muchos países.
- ¡Qué suerte!
- ¿Y tú? A ver, cuéntame. Fuiste a los Pirineos, ¿no? Seguro que te lo pasaste en grande.
- ¡Qué va! Ya sabes que iba con Luis y Javier, pero al final también vino el primo de Luis por la cara. ¡No pagó nada! Al final nos mosqueamos Luis y yo por su culpa.
- Bueno, hombre, no te pongas así, seguro que pronto hacéis las paces.
- Sí, pero no vuelvo a ir con ellos...

Unidad 1

[2]

- ¡Hola, Marta! ¿Qué tal el finde?
- Bueno, un poco aburrido. He estado estudiando para el examen de Historia y casi no he salido. Y tú, ¿has hecho algo interesante?
- ¡Yo me lo he pasado genial! Hemos estado de acampada en la sierra.
- ¡Qué suerte! ¿Con quién has ido?
- Con mi vecino y su hermano mayor, que es un experto montañero. Él nos ha enseñado a montar solos una tienda de campaña y a usar el mapa y la brújula para no desorientarnos en el campo.
- ¡Qué divertido! Y, ¿dónde habéis dormido?
- Pues en las tiendas, en nuestros sacos de dormir. Lo mejor de la excursión es que hemos visto una lluvia de estrellas por la noche. ¡Ha sido impresionante!
- ¿Y no os ha dado miedo encontraros con animales salvajes?
- ¡No, hombre, no! Además, con Javi nunca pasamos miedo, él sabe qué hacer en todo momento.
- Claro, es verdad. Mi padre siempre dice que a la montaña hay que ir con alguien experimentado.
- Sí, tu padre tiene razón. La montaña es fantástica, pero también peligrosa.
- ¡Qué envidia! ¡Para la próxima me apunto! Y... ya que yo no me lo he pasado tan bien, ¡espero al menos aprobar el examen de Historia!

[3]

Diálogo A

- ¿Qué tal el finde con María?
- ¡Bah! Ni fu ni fa, hemos hecho lo de siempre: dar una vuelta y mirar tiendas. ¿Y tú?
- Yo he ido a ver una peli y ha estado bien.

Diálogo B

- ¿Cómo te ha ido la excursión?
- Fatal, ¡nos ha pasado de todo! Entre otras cosas, el conductor se ha equivocado de ruta y nos ha llevado a otro pueblo...
- Sí, es verdad. En el insti me han dicho que ha sido un desastre.

Diálogo C

- ¿Vas a volver el año que viene al campamento de verano?
- ¡Por supuesto! ¡Ha sido genial!
- Sí, yo también pienso volver.

[4]

Ir de *camping*, hacer senderismo, montar en bicicleta, ir de tapas, hacer surf, montar a caballo, esquiar, hacer *puenting*, jugar al tenis, patinar, jugar a la consola, jugar al ajedrez.

[5]

1. El examen es el lunes, no el martes; 2. ¡Ya te lo dije!; 3. No, es el miércoles; 4. No lo recuerdo.

[6]

Esta tarde he ido a la biblioteca, he hecho los deberes y he vuelto a casa. En la biblioteca he visto a Luis, el primo de María, que va a mi instituto a un curso superior. Es un chico supersimpático y hemos hablado mucho.

[7]

El Camino de Santiago

Querido diario:

Hoy ha empezado mi aventura. He caminado 25 km, estoy cansadísimo y ¡todavía me falta mucho! Ahora estoy en el albergue, que está muy bien. A lo largo de toda la ruta hay un montón de albergues donde puedes dormir y comer algo sin pagar nada o solo la voluntad.

Durante la comida, una señora mayor nos ha contado la leyenda de Santiago. Santiago era uno de los doce apóstoles de Jesucristo que vino a Hispania para cristianizarla.

>>>

En aquella época estaba prohibido predicar la religión cristiana, así que cuando volvió a su casa, a Palestina, fue decapitado por el rey Herodes. Dos apóstoles robaron su cuerpo y lo llevaron de nuevo a Galicia, a un pueblo que hoy se llama Padrón. Ahí vivía una reina muy mala que se llamaba Lupa. Cuando los apóstoles bajaron del barco, la reina, para reírse de ellos, les dio dos toros salvajes para que tiraran del carro donde transportaban a Santiago. Dice la leyenda que, inexplicablemente, los toros lo llevaron tranquilamente hasta un bosque donde los apóstoles lo enterraron.
Siglos más tarde, un ermitaño vio una fuerte luz sobre aquel bosque y encontró la tumba. A ese lugar le llamaron Compostela, que significa "campo de las estrellas".
A partir de entonces, la gente empezó a hacer el camino para ver la tumba del apóstol, que hoy se encuentra en la Catedral de Santiago, y muchos continúan la ruta hasta Finisterre para ver la puesta de sol. La verdad es que ha sido una historia interesantísima. Creo que en este viaje voy a aprender mucho. Ahora ya me voy a dormir que mañana va a ser un día duro...

[8]

- Casas Rurales Los Picos de Europa, ¿dígame?
- Hola, buenas tardes, quería reservar una casa para seis personas la semana del 15 al 22 de agosto.
- Para esa fecha solo nos quedan dos casas. Una sería compartida con otra familia, tiene piscina y un jardín muy grande. La otra es más pequeña, aunque también tiene piscina y un pequeño jardín con barbacoa.
- ¿Qué precio tienen?
- La casa compartida son 125 € la semana por persona, la casa pequeña son 190 € por persona.
- Prefiero la de 125 €, no me importa compartir.
- La casa tiene dos entradas, realmente solo comparten el jardín.
- Perfecto, he visto en internet que ofrecen excursiones a caballo, ¿verdad?
- Sí, de hecho tenemos una oferta: por 25 euros más por persona tienen la posibilidad de elegir entre una excursión a caballo, un paseo en barca por el río o la pensión completa.
- ¿La excursión a caballo es por la zona del río o por la montaña?
- Por el río, el paisaje es muy bonito y la ruta es muy agradable.
- Perfecto, pues hágame la reserva. ¡Ah! Perdone, se me olvidaba, tengo un perro, ¿admiten ustedes animales?
- Lo siento, pero no, como es una casa compartida...
- Entiendo, no importa.
- Muy bien, pues necesito sus datos personales y su número de tarjeta.
- ¿El número es imprescindible? Es que no tengo la tarjeta aquí.
- Lo siento, pero sin el número de la tarjeta no le puedo hacer la reserva.
- Entonces llamaré más tarde.
- Como usted prefiera. Gracias por su llamada.

Unidad 2

[9]

- ¿Qué te pareció la clase de ayer?
- Muy interesante, pero la historia reciente es la que más me gusta. Como son hechos que ocurrieron hace menos tiempo, los imagino mejor.
- Pues a mí me gustan más otras épocas. ¿Os acordáis de la clase del otro día, cuando el profe nos explicó cómo llegó Colón a América?
- Sí, ya me acuerdo. Colón fue a ver a los Reyes Católicos porque en Portugal no consiguió el dinero para el viaje.
- A mí lo que me gusta de esa época es que, hasta que los Reyes Católicos expulsaron a los judíos y musulmanes, convivieron tres culturas en España.
- Y, además, los árabes dejaron una huella muy importante, no solo en sus monumentos sino en la cultura, la ciencia, la lengua...
- Ya, pero la huella que dejaron antes los romanos fue también muy profunda, en muchas ciudades españolas hay obras arquitectónicas suyas, puentes...
- Sí, pero a mí lo árabe me parece más exótico, no sé, más diferente, ¿no?
- Puede ser, de todas formas, prefiero la historia reciente. Además, quiero saber muchas más cosas de la historia de España.
- Bueno, muchas más no, que luego tenemos que estudiarlas para el examen...
- ¡Ja, ja! Tienes razón...

[10]

Diálogo A

- ¿Sabes que el otro día perdí el libro de Historia?
- ¿Sí? ¿Y qué hiciste?
- Pues volví a comprar otro. No sabes el enfado que tiene mi madre...
- Ya, me lo imagino.

Diálogo B

- ¿Te acuerdas de Jaime, aquel chico que conocimos el año pasado en los campamentos?
- Sí, era muy simpático. ¿Sabes algo de él?
- Pues hace mucho que no. Volvimos a quedar alguna vez, pero perdí su teléfono. Tú no lo tienes, ¿no?

Diálogo C

- ¿Sabes cuántas veces ha ganado el Mundial de Fútbol Argentina?
- Una, ¿no?
- No, dos. Lo ganó en 1978 y después lo volvió a ganar en 1986.

[11]

La puntuación facilita la comprensión de los mensajes escritos, organiza el discurso y da coherencia a los elementos que lo componen. También señala el carácter de determinados fragmentos: diálogos, citas..., y evita la ambigüedad de los textos, ya que según su puntuación pueden tener diferentes significados.

[12]

a. Pepe dijo: "Mañana me voy a Italia". / b. Mi abuelo nació en Ronda (Málaga). / c. Tengo que comprar tomates, carne, fruta, pan... / d. Luisa preguntó: "¿Puedo venir más tarde?". / e. Jaime, que es el hermano de María, va a mi misma clase.

[13]

Alumno A

Estrofa del poema *Recuerdo infantil* de Antonio Machado.
Y todo un coro infantil / va cantando la lección: / "mil veces ciento, cien mil; / mil veces mil, un millón".

Alumno B

Estrofa del poema *Es una tarde cenicienta y mustia* de Antonio Machado.
La causa de esta angustia no consigo / ni vagamente comprender siquiera; / pero recuerdo y, recordando, digo: / –Sí, yo era niño, y tú, mi compañera.

[14]

Me llamo Alberto y soy de Lima, Perú. Mis abuelos eran japoneses y emigraron a Perú a principios del siglo XX. En Perú hay una gran comunidad japonesa: ¡más de 50 000 personas! La gente de esta comunidad se llama *nikkei*. Pienso que hay muchas cosas en común entre los peruanos y los japoneses, como ser optimistas y amables. La comida también es parecida, porque las dos culturas disfrutan mucho del pescado fresco. El plato típico de Perú es el ceviche, ¡y en mi opinión se parece mucho a algunos platos deliciosos de Japón!

Mis padres mantienen el idioma y muchas tradiciones de su país. Es muy bonito celebrar fiestas típicas japonesas, como el Día de los Niños y el Día de las Niñas. Yo nací en Perú y siento fue soy peruano, pero estoy orgulloso de mi herencia japonesa.

[15]

Las aventuras del capitán Alatriste

No era el hombre más honesto ni el más piadoso, pero era un hombre valiente. Se llamaba Diego Alatriste y Tenorio, y había luchado como soldado en las guerras de Flandes. Cuando lo conocí, malvivía en Madrid, prestando sus servicios como espadachín por cuatro monedas a otros que no tenían la destreza para solucionar sus propios asuntos. [...] Ahora es fácil criticar eso; pero en aquellos tiempos la capital de las Españas era un lugar donde la vida había que buscársela de cualquier forma. [...]

El capitán Alatriste, por lo tanto, vivía de su espada. Hasta donde yo alcanzo, lo de capitán era más un apodo que un grado real. Una noche tuvo que cruzar, con otros veintinueve compañeros y un capitán [...], un río helado, con la espada entre los dientes y solo con una camisa a fin de confundirse con la nieve, para sorprender al ejército holandés, que era el enemigo de entonces porque pretendían proclamarse independientes. [...]

Solo dos soldados españoles consiguieron regresar a la otra orilla cuando llegó la noche. Diego Alatriste era uno de ellos, y como durante toda la jornada había mandado sobre la tropa –al capitán de verdad lo mataron–, se le quedó el mote. [...]

Mi padre fue el otro soldado español que regresó aquella noche. Se llamaba Lope Balboa y también era un hombre valiente. Dicen que Diego Alatriste y él fueron muy buenos amigos, casi como hermanos; y debe ser cierto porque después, cuando a mi padre lo mataron, le juró ocuparse de mí. Esa es la razón de que, a punto de cumplir los trece años, mi madre me mandó a vivir con el capitán. Así fue como entré a servir al amigo de mi padre.

[16]

Anuncio 1

Esta tarde, en *Hablar por hablar*, tendremos como invitada a Penélope Cruz, que nos va a contar todo sobre su nueva película junto a Johnny Deep. Además, nos dará información en exclusiva. No te pierdas hoy a las siete de la tarde *Hablar por hablar*, presentado por Paula Vargas que entrevistará en directo a Penélope Cruz.

Anuncio 2

¡Aprovecha las últimas rebajas! ¡Blusas para chicas y camisas para chicos por solo 15 euros! ¡Vestidos y pantalones de diferentes modelos por 20 euros! Recuerda, ¡solo hasta el 15 de septiembre!

Anuncio 3

Mañana a las diez de la noche, Real Madrid–Barça, final de la Copa del Rey. En directo desde el estadio Santiago Bernabéu. Retransmitido por Pedro Egido y Teresa Pascual.

Anuncio 4

¡Ven a Óptica Buenavista! Este mes, por la compra de dos pares de gafas te regalamos unas maravillosas gafas de sol. ¡Para que presumas de buena vista este verano! ¿Cómo lo ves? Acércate hoy mismo a Óptica Buenavista y, además, podrás participar en el sorteo de un crucero por el Mediterráneo.

Repaso - Unidades 1 y 2

[17]

Pepe

- Hace dos años, mi mujer y yo fuimos de vacaciones a Tailandia. Es un lugar muy exótico.
- ¿Y qué tal es la gente?
- Es muy amable y la verdad es que hicimos un montón de amigos. Además, practicamos muchos deportes de aventuras e hicimos submarinismo. Yo disfruté muchísimo, pero mi mujer lo pasó un poco mal porque se puso enferma, por la comida, ¿sabes?
- ¡Ah!, ¿sí?
- Sí, bueno... es que comimos cosas rarísimas, ¡como insectos fritos!
- ¡Buaj! ¿En serio?
- Sí, de verdad. Y no creas, están muy buenos, son como... patatas fritas.

Ana

- El fin de semana pasado me fui a París. Mi madre nos regaló un billete a mi hermana y a mí.
- ¡Hala! ¡Qué suerte! ¡Es una ciudad preciosa! ¡A mí me encantó!
- Sí, a mí también. Lo malo es que estuvo lloviendo todo el día, así que no pudimos subir a la Torre Eiffel ni pasear mucho; pero sí fuimos a muchos cafés y al museo del Louvre, que ¡es grandísimo! La verdad es que nos lo pasamos bien, aunque mi hermana y yo discutimos mucho.

Iván

- El año pasado, en Navidad, fui a Lanzarote, a casa de mi tía que vive allí.
- ¡Qué envidia! Seguro que te pudiste bañar en la playa, porque en las islas Canarias siempre hace buen tiempo.
- Sí, sí... pues a mí me llovió todos los días y allí, si está lloviendo, es aburridísimo, no hay nada que hacer. Así que estuve todo el día metido en casa de mi tía, y ya sabes cómo es mi tía... ¡no paró de hablar en todo el día! Me contó las mismas historias una y otra vez... ¡Fue horrible!
- ¡Qué exagerado!

Eva

- Todavía recuerdo el verano de 1973. Ese año fui de vacaciones con tu padre a Ibiza. ¡Cómo lo pasamos! ¡Lo pasamos de miedo! Recorrimos toda la isla en una moto y un día cogimos un barco que nos llevó hasta Formentera.
- Sí, mamá, ya sé, la isla más bonita del mundo...
- ¡Qué playas! La arena era finísima y muy blanca ¡y el agua cristalina! ¡Era como estar en el paraíso!

Unidad 3

[18]

- Me apetece mucho ver esta película. Además, Penélope Cruz me encanta.
- Pues ayer leí una entrevista suya muy interesante.
- ¡Ah!, ¿sí? Cuenta, cuenta...
- ¿Sabías que se llama Penélope porque a sus padres les gustaba mucho una canción que se titula así?
- ¡Qué curioso! La verdad es que no es un nombre muy común. Me gusta, es original, aunque un poco largo...
- Pues a su familia creo que también se lo parece porque la llaman Pe.
- ¡Qué gracioso!
- Y es una actriz muy preparada. Ha estudiado trece años de *ballet*, interpretación... ¡y habla cuatro idiomas!
- ¡Qué envidia! ¡Me encantaría poder hablar tantos idiomas!
- A mí también. Y también leí que colabora con varias ONG. Incluso grabó una canción para un disco benéfico. ¡Esta chica sabe hacer de todo!
- Desde luego. Yo la he oído cantar en algunas películas y lo hace muy bien. También hizo una serie de televisión de una escuela de baile.
- ¡Pero si no era ella! Era su hermana pequeña, Mónica Cruz, que también es actriz y se parecen un montón.
- ¡No me digas! ¡Son idénticas!
- Ya ves, incluso en una peli de la saga *Piratas del Caribe*, Mónica hizo de doble de su hermana.
- Pues sí que se parecen: las dos son guapas, ricas, famosas...

[19]

Diálogo A

- ¿Sabías que el Chupa Chups lo inventó un español?
- ¿De verdad?
- Sí, se llamaba Enric Bernat y tuvo la idea de colocarle un palo a un caramelo porque veía que los niños se manchaban las manos. Se hizo tan popular que hoy en día podemos encontrarlo en cualquier parte del mundo.

Diálogo B

- ¿Sabes cuál es el origen de la siesta?
- No, cuenta, cuenta...
- Pues se trata de una antigua norma de guardar reposo y silencio después de la sexta hora latina (nuestro mediodía), al ser la hora de más calor. Por eso, entre las tres y las cinco de la tarde, no está bien visto en España llamar a nadie por teléfono.

Diálogo C

- ¿Sabes qué es un botijo?
- ¿Un botijo? No, cuenta, cuenta...
- Es un recipiente de barro cocido que sirve para contener agua, y si lo colocas al sol, la enfría.
- ¡Qué curioso!
- Sí, cuentan que procede del tiempo en el que los romanos dominaban la península ibérica.

[20]

1. El primer submarino de la historia lo inventó en 1887 el ingeniero español Isaac Peral. Sin embargo, aunque las pruebas con el submarino fueron un éxito, el Consejo Superior de la Marina rechazó el invento y se negó a construir nuevos submarinos.

2. Tal vez el actor español más internacional es Antonio Banderas. Sin embargo, en los últimos años, el actor español más reconocido mundialmente es sin duda Javier Bardem, no solo por haberse casado recientemente con la también internacional Penélope Cruz, sino porque los mejores directores lo quieren en sus películas. Ganador de prestigiosos premios cinematográficos, fue nominado al Óscar como mejor actor en el año 2000 por la película *Antes que anochezca*, y años más tarde, en 2007, consiguió la estatuilla como mejor actor de reparto en la película *No es país para viejos* de los hermanos Coen.

3. Tras 80 años de espera, España se proclamó, por primera vez en la historia, campeona del fútbol mundial. Tras un inicio en el mundial poco prometedor, ya que perdió contra Suiza en su primer partido, la selección española, conocida como "la Roja", logró vencer en cada uno de los partidos disputados hasta conseguir llegar a la tan esperada final contra Holanda. Tras un difícil partido y ya en el minuto 114, en la segunda parte de la prórroga, España conseguía la victoria gracias a un gol de Andrés Iniesta.

4. El pico más alto del territorio español es el Teide, que mide 3718 metros y forma parte de un conjunto volcánico en el Parque Nacional de Las Cañadas del Teide, en la isla de Tenerife (Canarias). Sin embargo, el pico más alto de la península ibérica es el Mulhacén, en Sierra Nevada (Granada), con 3482 metros. Su nombre se cree que procede del rey Muley Hacén, rey de la Granada musulmana en el siglo XV, que, según cuentan, fue enterrado en esta montaña.

5. Miguel de Cervantes, considerado el creador de la novela moderna y padre del personaje más conocido de la Literatura Española, el *Quijote*, tuvo también una vida de novela. Uno de los datos biográficos más destacados es que en 1571 se incorporó a la Armada española y luchó en la famosa batalla de Lepanto, resultando herido en su mano izquierda, de la que perdió la movilidad, por lo que se ganó el sobrenombre de "El manco de Lepanto".

6. En el año 218 a.C., desembarcaron los primeros romanos en la ciudad de Ampurias. Así comenzó la dominación romana de la península ibérica, que duró hasta el siglo V, cuando entraron en el territorio hispánico otros pueblos como los alanos, suevos, vándalos y visigodos. Los romanos dejaron en la Península una importante huella, principalmente en cultura y costumbres.

[21]

1. Querido Juan: Hace mucho tiempo que no sé nada de ti; 2. La señora María me dijo que habías estado en Guatemala trabajando para una ONG; 3. ¿Por qué te fuiste sin decirme nada?; 4. Por favor, escríbeme y recuerda: "Siempre seremos amigos".

[22]

Llueve en Madrid

Gonzalo cruza la plaza de Tirso de Molina y camina por Relatores hasta la calle Atocha. Da un paseo por la Puerta del Sol, llena de turistas, grupos de adolescentes, parejas de universitarios y algunos jubilados. Continúa su camino por Preciados, donde compra camisetas baratas, unas gafas de sol y algunos libros. Sube por la Gran Vía hasta Fuencarral y continúa su ruta por los barrios de Chueca y Malasaña. Entra en un café de la calle Libertad, casi vacío. Se sienta en una mesa y pide un té con leche y un vaso de agua. Empieza a leer uno de los libros que acaba de comprar. Poco después, una chica interrumpe su lectura.
– ¿Te gusta Millás? Yo prefiero sus artículos, pero tiene algunas novelas que me encantan.

Unidad 4

[23]

- ¿Has visto, Elena? ¡Salgo en el periódico!
- ¿Sí? ¡¿Qué dices?!
- Mira, mira...
- ¡Es verdad! Es el concierto de *Movida*, ¿no?
- Sí, estuvo genial. Pero lo mejor de todo fue lo que me pasó allí. ¡Ha sido la mejor experiencia de mi vida!
- ¿Qué te pasó?
- Pues resulta que a mitad del concierto la cantante lanzó su guitarra al público y dijo que, si una persona la

>>>

cogía, iba a tener una sorpresa. Yo no podía imaginar que esa persona iba a ser yo, pero cuando la lanzó, no sé, vino directamente hacia mí y ¡la cogí!

D ¡Qué fuerte!

▶ Entonces la cantante dijo que la sorpresa era subir al escenario y cantar un tema con ellos.

D ¡Qué corte!

▶ Pues la verdad es que al principio sí, pero después me olvidé de que había tanta gente mirándonos y solo pensaba en que estaba al lado ¡del grupo *Movida*! y que podía cantar con ellos. ¡Fue maravilloso!

D Me lo imagino...

▶ Y además, después del concierto, me firmaron la guitarra, me la regalaron y me hicieron una foto que hoy sale en todos los periódicos. Mira, mira lo que pone en la guitarra: "Para Marcos, una joven promesa del *rock*".

D ¡Qué pasada! ¡Esta sí es una historia para contársela a tus nietos!

[24]

Diálogo 1

▶ ¡Pero bueno!, ¿qué le ha pasado? ¡Tiene varias páginas rotas!

D Ay, lo siento muchísimo, ha sido mi perro.

▶ Ya, pero... tienes que cuidar más las cosas cuando te las preste.

D Sí, tienes razón. De verdad, no va a volver a pasar.

Diálogo 2

▶ Hola, Javier. ¿Me lo has traído?

D Perdóname, pero lo he perdido.

▶ ¿Cómo?

D Ha sido sin querer. Perdí la mochila en el parque y estaba dentro. Mañana te compro el nuevo que ha salido para la Wii, ¿vale?

▶ Bueno, no te preocupes, no pasa nada.

[25]

Diálogo A

▶ ¡Eh! ¡Mira por dónde vas! ¡Me has dado con la mochila en la cabeza!

D Perdona, tengo prisa y no te he visto.

▶ Bueno, no pasa nada, pero ten cuidado.

Diálogo B

▶ ¡Llevo más de media hora esperando!

D Lo siento, es que el autobús ha tardado mucho en venir.

▶ ¡Siempre me pones la misma excusa!

D ¡Pero es verdad! Mira, ha tardado tanto que, mientras esperaba el autobús, te he comprado las flores que tanto te gustan.

▶ Bueno, te perdono, pero porque me has traído flores, que si no...

Diálogo C

▶ Siento mucho llamarte a estas horas, pero necesito para mañana el libro de Lengua, ¿me lo puedes llevar mañana a clase?

D Sí, claro, no te preocupes, mañana te lo llevo, pero por favor, intenta acordarte de las cosas antes, ¡son las doce de la noche!

▶ Ya, lo siento, no va a volver a pasar.

[26]

1. La vaca está triste, muge lastimera, ni duerme, ni bebe ni pasta en la hierba.
La vaca está triste, porque a su chotito se lo han llevado los carniceros al mercado.
Está tan delgada, la vaca de Elena, que en vez de dar leche, da pena.

2. Molero afirma que los datos son los mejores de los últimos años. El ministro de Medioambiente ha dicho que los datos obtenidos en la encuesta de las diferentes comunidades autónomas reflejan que las medidas tomadas por el gobierno han mejorado visiblemente la concienciación ciudadana hacia el reciclaje. También ha recordado que este ha aumentado en los últimos cuatro años más que en los veinte anteriores. Después, ha repasado las leyes del gobierno que... [...]

3.

▶ No sabes lo que me ha pasado.

D No, cuenta, cuenta...

▶ Pues es que ayer por la tarde, cuando volvía a casa me di cuenta de que no llevaba el billete de autobús y tampoco llevaba dinero.

D ¿En serio? ¿Y cómo volviste entonces a casa?

▶ Pues nada, tuve que pedir dinero a un chico del colegio que iba a coger el autobús también.

D ¡Qué corte!, ¿no?

▶ Pues sí, además, era Raúl Prieto, el chico de cuarto.

D ¡Qué me dices! ¿Y qué le dijiste?

▶ Pues le pregunté si... [...]

[27]

1. ¡Qué cansado estoy!; 2. ¿Tienes que hacer muchas cosas?; 3. ¿Cuándo vas al gimnasio?; 4. ¡Dónde está el libro!; 5. ¡Cómo has venido!; 6. ¿Cómo has venido?

[28]

1. ¿A dónde has ido esta tarde?; 2. ¿Cuánto tiempo más voy a tener que esperarte?; 3. No sé cómo se llama el profesor nuevo; 4. Dime qué quieres.

[29]

Soy Rosana y tengo 17 años. Mi pasión es la música, sobre todo la música de Puerto Rico, mi país. Toco la trompeta y el saxofón. Empecé a estudiar cuando era pequeña: a los cinco años mi mamá me dio una flauta. Hoy en día toco en una banda. Cantamos en bodas, comuniones y fiestas familiares. Puerto Rico es un país musical. Mucha gente allí baila, canta o toca algún instrumento. Los ritmos puertorriqueños tienen influencia española y africana. Los más famosos son el bolero, el merengue, la salsa y, sobre todo, el reguetón. Daddy Yankee y Don Omar son de mi país.

[30]

Los amantes de Teruel

Había una vez, a principios del siglo XIII, una bella joven que vivía en una ciudad española llamada Teruel. La joven se llamaba Isabel de Segura y era la hija única de una de las familias más ricas de la ciudad.
Un día Isabel conoció a Juan Diego Martínez de Marcilla, un joven muy valiente y guapo, pero que pertenecía a una familia humilde y con pocos recursos económicos. Pronto se hicieron amigos y de esa amistad nació el amor.
Los jóvenes decidieron hablar con sus padres y confesarles su amor, pero como él era pobre, los padres de Isabel se negaron a aceptarlo. Finalmente, le dieron un plazo de cinco años para hacer fortuna luchando con las tropas cristianas contra la invasión musulmana. Si lo conseguía, podría casarse con Isabel.
Así, Juan se marchó a la guerra en busca de fortuna. Pasados cinco años, el joven regresó a Teruel rico y famoso pero vio que Isabel estaba casándose con otro hombre. Desconsolado, decidió despedirse para siempre de su amada. Entró en su casa y le pidió el primer y último beso, pero Isabel, aunque le quería, se lo negó porque ya era una mujer casada. Juan no pudo soportar el dolor y cayó muerto al suelo.
Al día siguiente, las campanas de la iglesia anunciaron el triste funeral. Entre la gente que lloraba a Juan, apareció una mujer de luto que se acercó a él: era Isabel, que quiso "darle en muerte el beso que le negó en vida". Durante aquel largo beso, Isabel murió también abrazada a su amado.
Las familias de los amantes, desconsoladas por la desgracia, entendieron entonces la fuerza de aquel amor y decidieron enterrarlos juntos. Así es como los amantes permanecen, desde entonces, eternamente unidos.

[31]

El 88,1 % de los españoles vio el partido de España contra Holanda de la final del Mundial de Fútbol de Sudáfrica. Según un estudio, la mayoría lo vio en su casa o en la de amigos o familiares. El 40,3 % de los españoles de más de 55 años lo hizo en su casa, mientras que el 35,7 % de las personas de entre 25 y 34 años lo vio en un bar. Casi la mitad de los jóvenes de entre los 14 y 24 años salió a la calle para verlo en las pantallas gigantes distribuidas por toda España. Otro dato interesante del estudio es que la mayoría disfrutó de la final en compañía de otras personas. El 86,9 % lo hizo en grupos de más de cinco personas. La encuesta fue realizada entre 800 personas de más de catorce años de edad de la Península, Baleares y Canarias.

Repaso - Unidades 3 y 4

[32]

- El fin de semana pasado estuve en Madrid, ¡y estuve comiendo en el restaurante más antiguo del mundo!
- ¡Ah!, ¿sí?
- Sí, se llama Casa Botín y es del año 1727. En él han comido personajes famosos de todo el mundo, incluso dicen que Goya, el famoso pintor, trabajó allí lavando platos.
- ¿Tú crees que Goya necesitaba trabajar lavando platos? ¡Si era el pintor del Rey!
- Bueno, no sé si será cierto, pero seguro que sí estuvo comiendo.
- Oye, ¿y fuiste al Parque del Retiro? Me han dicho que es enorme.
- Sí, es muy grande. ¿Sabías que es el único lugar del mundo donde hay una estatua en honor al demonio?
- ¿Una estatua en honor al demonio?
- Sí, se llama la estatua del Ángel Caído y está en el Parque del Retiro, pero lo más curioso es que está a 666 metros de altura sobre el nivel del mar. Ya sabes, el 666... ¡el número del demonio!
- ¡Calla, calla! Que a mí estos temas me dan mucho yuyu.
- ¡Uy! Pues donde yo sí pasé miedo fue el año pasado en Portugal. Subimos a una iglesia que está en un monte. Estábamos dentro del coche, con el coche parado cuesta arriba y, de repente, el coche empezó a moverse hacia delante ¡y se movía solo!
- ¡Anda ya! Eso no me lo creo.
- ¡Te lo juro! Yo tampoco me lo podía creer, pero ¡lo vi con mis propios ojos! ¡Fue una pasada! Después me contaron que se debe a unos campos magnéticos que hay en esa zona.

[33]

Miss Hawley tomó declaraciones de varios alpinistas que alcanzaron la cima en esas fechas y aseguraron que, el día en que ellos subieron, en la cima había unas botellas de oxígeno. Sin embargo, Miss Oh dijo que no había nada. Durante la investigación, la juez también comparó las fotos de la cumbre presentadas por los alpinistas, por Edurne y por Miss Oh, comprobando que la cima de la coreana no era igual a la que aparecía en las fotos de los otros alpinistas. Además de estas pruebas, uno de los *sherpas* que acompañaba a Miss Oh en la expedición indicó una ruta diferente a la que la coreana había dicho

>>>

que había seguido, y otro de los *sherpas* reconoció que no habían llegado a la cima. Con todo esto, Miss Hawley ha concluido que las pruebas que ha mostrado Eun Sun no son suficientes para demostrar que realmente escaló la montaña y que Edurne Pasabán es la que merece llevarse el título. Estas fueron las palabras de Miss Hawley: "Lo siento por ella, pero parece que su única opción ahora es volver y subir de nuevo".

[34]

Érase una vez, en un pequeño pueblo de Cataluña, vivía un rey que tenía una hija muy bella. En las afueras del pueblo vivía en una cueva un terrible dragón. Por las noches salía de su cueva y se comía todos los corderos que encontraba. Un día, los vecinos, que tenían mucho miedo, fueron a ver al rey al castillo. Le pidieron ayuda, pero el rey, que vivía muy tranquilo en su palacio, no les hizo caso y ellos, muy enfadados, cogieron a la princesa y se la ofrecieron al dragón. Cuando el dragón se la iba a comer, apareció un caballero montado a caballo. El caballero y el dragón lucharon y lucharon. El dragón echaba fuego por la boca mientras el caballero intentaba clavarle su espada. Al final, se la clavó en el corazón y el animal murió. De su sangre nació un rosal de rosas rojas. El caballero, que se llamaba Jordi, cogió una y se la regaló a la princesa.

Unidad 5

[35]

- Todavía no sé qué quiero estudiar cuando empecemos la universidad. ¿Tú ya sabes qué vas a estudiar?
- Me encanta la pintura, así que me imagino que estudiaré Bellas Artes, como mi hermana mayor. Ella está muy contenta y dice que la universidad es genial.
- Pero tu hermana estudia en Barcelona, ¿verdad?
- Sí, le encanta la ciudad y está muy contenta.
- ¿Y tú también quieres irte a estudiar allí?
- Bueno, supongo que iré a Barcelona o quizás a Salamanca. La universidad de Salamanca es preciosa y muy antigua y la ciudad tiene mucha marcha, porque hay mucha gente joven.
- Yo creo que me quedaré aquí en Zaragoza y estudiaré Medicina o Enfermería. Víctor... si te vas..., ¡qué pena!
- Bueno, bueno, que solo estoy haciendo conjeturas. Todavía no es nada seguro, ¡y faltan unos años! Además, si me voy, te prometo que vendré a verte cada fin de semana.
- ¿Me lo prometes?
- ¡Prometido!

[36]

Diálogo A
- ¡El próximo fin de semana estás castigado! Ayer llegaste tardísimo.
- Te juro que no volverá a pasar, de verdad.
- Siempre dices lo mismo y nunca haces caso. ¡No hay más que hablar!
- ¡Pero, mamá...!

Diálogo B
- ¡Llevo media hora esperándote y la película ya ha empezado! La próxima vez entro yo solo al cine y no te espero.
- Anda, no te enfades. He llamado para avisarte... Te prometo que no volverá a pasar.
- ¡Pero si desde que te conozco siempre llegas tarde!

Diálogo C
- Tu fiesta ha estado genial. Nos hemos divertido muchísimo.
- Me alegro. A ver si celebramos otra para tu cumpleaños.
- ¡Prometido!

[37]

Cuéntamelo, corazón, sábado, pensar, salió, joven, historia, carácter, música, cómic, fábrica, canción, ciudad, después, dáselo, devuélvemelo, gracias, palo, lápiz, verano, maravilla, jardín, dímelo, difícil, aquí, rápido, político.

[38]

1. Ayer estuve toda la tarde sentada en el sofá; 2. Detrás de mi casa hay un jardín muy grande con muchos árboles; 3. La gramática española me parece muy difícil, creo que es más fácil el inglés; 4. ¿A qué hora sale el tren para Madrid?; 5. ¡Cuántos bolígrafos tienes!; 6. Anoche mi vecino se puso malísimo y tuvimos que llamar a la ambulancia; 7. Si necesitas el diccionario, pídeselo a Raúl.

[39]

Tiempo futuro
Llegaré al inmenso edificio, que tendrá un amplio e intimidante *hall* de entrada. Me anunciaré a la recepcionista, me dirá que espere a ser autorizado. Estaré nervioso, inquieto, durante todo el tiempo de la espera. Trataré de no arrugar el traje que tanto me costó comprar. Me arreglaré la corbata innumerables veces. La recepcionista me llamará por mi nombre. Me dirigirá al piso catorce, donde tendré que preguntar por el Sr. García. Me dirigiré al ascensor con paso decidido. El olor de diferentes perfumes, lociones, tabaco, sudor que habrá en el reducido espacio me mareará un poco.

Unidad 6

[40]

◗ ¡Últimamente mis padres se quejan por todo!
◗ ¿Por qué dices eso? Tus padres son muy majos.
◗ Pues ahora se han vuelto superestrictos con todo. Me han dicho que entre semana no puedo llegar a casa más tarde de las ocho. Bueno, menos los días que tengo tenis, que tengo que estar en casa a las diez de la noche. Me han dicho que si llego un minuto más tarde, me castigarán sin salir.
◗ ¡Pero si salimos de entrenar a las nueve y media! ¡Tendrás que irte corriendo a casa! ¡Y sin ducharte!
◗ Además, ahora dicen que no hacemos nada en casa y que tenemos que colaborar más.
◗ ¡Uf! ¡Qué rollo! Mi madre el año pasado hizo una lista con las tareas que tenía que hacer cada uno, ¡y fue un desastre!
◗ ¿Y eso?
◗ Mi abuelo era el encargado de hacer la compra, pero lo que hacía era pagar 15 euros a mi hermana si iba ella. Ella me pagaba 10 euros a mí y mientras ella "estaba haciendo la compra" se iba de paseo. Y como yo odio ir al supermercado, pues le pagaba 5 euros a mi hermana pequeña, ¡y ella encantada!
◗ ¿Y tus padres no se enteraban?
◗ Al principio no, pero un día vieron a Maca salir del súper y lo descubrieron.
◗ ¿Y cómo reaccionaron?
◗ Pues decidieron que con los 15 euros del abuelo, los 10 de Nerea y mis 5, podían pagar a alguien para limpiar la casa una hora a la semana. ¡Pero nosotros tenemos que seguir haciendo nuestra parte!, ¡y además nos cuesta dinero!
◗ ¡Ja, ja! ¡Tus padres sí que saben!

[41]

Diálogo 1

◗ Ya sé que estás leyendo pero... ¿puedo poner la tele?
◗ Sí, claro, ponla. A mí no me molesta el ruido mientras leo.
◗ Vale, gracias, es que ahora hay un programa que me encanta.

Diálogo 2

◗ ¿Quieres probar la *pizza* que he hecho?
◗ No, gracias, es que acabo de comer.
◗ Anda, coge un poco, solo para probarla. Ya verás qué rica me sale.
◗ Bueno, la probaré, pero ponme solo un poquito.

Diálogo 3

◗ ¿Puedo ponerme tu camiseta?
◗ No, lo siento, es que luego te echas colonia y se queda mucho el olor y no me gusta.
◗ Vale, de acuerdo.

Diálogo 4

◗ Toma, ¿quieres un poco? Es un bizcocho que he hecho.
◗ No, muchas gracias.
◗ Venga, pruébalo, que está muy bueno.
◗ Seguro, pero es que no me gusta mucho el dulce.

[42]

1. ◗ A mí, la tarea que menos me gusta hacer es barrer.
◗ A mí tampoco me gusta nada, es un rollo.

2. ◗ ¡Jaime! Pon la mesa, por favor.
◗ Sí, ya voy. Ahora la pongo.

3. ◗ Luisa, ¿vienes a ver la tele?
◗ Sí, un momento que termino de fregar los platos y voy.

4. ◗ Laura, ya que sacas al perro, tira también la basura.
◗ Vale.

5. ◗ Me apetece mucho ir a tu casa a comer. ¿Quieres que vaya a ayudarte?
◗ No, no te preocupes, ya hago yo la comida.

6. ◗ ¿Quieres que planche tu blusa?
◗ Sí, genial. Muchas gracias.

7. ◗ Mi madre no me deja bajar a desayunar si no he hecho la cama.
◗ ¿Sí? Pues yo siempre la hago después del desayuno.

8. ◗ ¿Puedes echar esto a lavar cuando pongas la lavadora?
◗ Sí, claro.

9. ◗ ¡Qué rollo! Tengo que tender la ropa.
◗ ¡Venga!, si es solo un momento. Si quieres, te ayudo.

[43]

Estudio español.
Está duchándose.
Haz los deberes.
Pon la mesa.
¡Qué interesante!
¡Ya he terminado!
¿Dónde vives?
¿Tienes un diccionario?
Pues si no lo sabe él...
¡Es tan cursi...!

[44]

a. ¡Ya ha venido!; b. ¿No lo quiere?; c. Habla español.; d. Es que no puede.

[45]

◗ ¿Cuándo vendrá Marcos?
◗ Supongo que el domingo.
◗ Pues si viene el domingo...
◗ ¿Acaso te viene mal?
◗ ¡Cómo dices eso!
◗ La verdad es que no te entiendo.
◗ Cuando no lo dices...
◗ ¡Quieres hablar claro!
◗ Déjame que te explique.
◗ Pues habla ya.

Repaso - Unidades 5 y 6

[46]

- ¡Marta! ¿Dónde estás?
- Estaba buscando mis gafas de sol.
- ¿No están en tu habitación?
- No.
- Pues entonces... búscalas en el salón.

[47]

Como agua para chocolate

Lo malo de llorar cuando uno pica cebolla no es el simple hecho de llorar, sino que a veces uno empieza, como quien dice, se pica, y ya no puede parar [...]. Dicen que Tita era tan sensible que desde que estaba en el vientre de mi bisabuela lloraba y lloraba cuando esta picaba cebolla; su llanto era tan fuerte que Nacha, la cocinera de la casa, que era medio sorda, lo escuchaba sin esforzarse. Un día los sollozos fueron tan fuertes que provocaron que el parto se adelantara.

[48]

1. ¿Puedo bajar después de comer a la piscina?
- No, lo siento, es que después de comer vamos a ir a comprar.

2. ¿Qué te pasa, Andrés?
- Es que esta noche hay una fiesta y me gustaría ir. ¿Puedo ir, mamá?

3. ¿Quieres más patatas?
- No, gracias, ¡estoy lleno!

4. ¿Qué transporte es el mejor para moverme por Madrid, papá?
- Para moverte por Madrid, lo mejor es comprar el abono transporte. Cómpralo el primer día del mes, cuesta 40 euros. Puedes coger el metro, el autobús y el tren todas las veces que quieras.

5. ¡Andrés! ¡Sal ya de la piscina y ven a comer!
- ¡Ya voy!

6. Perdone, ¿para ir a la estación de Atocha?
- Siga todo recto, al final de la calle gire a la derecha y después coja la primera a la izquierda.
- Gracias.

7. ¿Te importa si uso tu ordenador? Es que quiero escribirle un *e-mail* a mis amigos.
- No, claro, hazlo.

8. Andrés, ¿por qué no vamos a patinar esta tarde?
- ¡Vale! ¡Buena idea!

[49]

Los cristales, la compra, la mesa, los platos, el suelo, la cama, la habitación, la lavadora, el polvo.

Libro de ejercicios

[1]

Esta mañana me he despertado pronto, sobre las siete y media. He desayunado un zumo de naranja y unos cereales con leche. He salido de casa y he tomado el autobús que me lleva a la escuela. Después de las clases, he regresado a casa y comido una paella que ha hecho mi madre. He visto la televisión un rato y luego he jugado en el parque con mis amigos y me han dicho que mañana vamos a ir a la bolera. Hemos hablado mucho sobre los exámenes que hemos hecho. A las diez he cenado una tortilla con mis padres y después he preparado el postre. Mañana otra vez tengo que ir a la escuela...

[2]

Al poco tiempo de la llegada de los españoles, comenzó un intercambio de productos entre Europa y las Américas. Los españoles llevaron a Europa tomates, papas, maíz y chocolate, desconocidos hasta entonces, y trajeron gallinas, caballos, ovejas y arroz. Los españoles también trajeron su lengua, su arquitectura, su comida y sus tradiciones. Durante esa época, se mezclaron diferentes razas, religiones y costumbres dando lugar a una gran variedad de tradiciones y culturas. Gentes de descendencia europea, indígena y africana crearon la gran diversidad cultural que hoy existe en América.

[3]

Se cree que Cristóbal Colón nació en Génova, Italia, aunque no se puede asegurar. Se casó con Felipa y tuvo dos hijos, llamados Diego y Fernando. Cristóbal Colón fue marinero y cartógrafo.
Primero, trabajó al servicio de la corona de Castilla, donde reinaban los Reyes Católicos, a los que convenció de que podía llegar a las Indias por un camino diferente. Consiguió suficiente dinero para poder llevar a cabo su aventura y luego partió con las tres carabelas: la Pinta, la Niña y la Santa María. En 1492, por casualidad, descubrió América. Allí encontró personas que no hablaban la misma lengua que él, ni vestían igual. No tenían las mismas costumbres.
Después, Colón realizó cuatro viajes más a América, de los cuales trajo a España productos como: el tomate, el maíz, la calabaza, las patatas o el cacao. También en América pudieron conocer alimentos y animales provenientes de Europa como: la cebolla, el trigo, la uva, los caballos, las ovejas y los cerdos.
Por último, Colón murió en Valladolid en el año 1506, aunque actualmente sus restos están en la catedral de Sevilla.

[4]

Mi abuelo es un gran aventurero. De joven recorrió toda Latinoamérica con su moto y una mochila. Visitó Perú, Colombia, Argentina, Ecuador y Bolivia. Estuvo en la selva de Perú y allí construyó una cabaña donde vivió dos años. En este viaje siempre durmió al aire libre o en casas que compartió con la gente de los lugares que visitó. Dice que en ese viaje nunca se alojó en un hotel. Para ir a Latinoamérica pidió dinero a sus padres y vivió mil y una aventuras. También es muy culto y leyó gran cantidad de libros clásicos y en otros idiomas. Estuvo tres veces en Colombia, donde dice que encontró una tribu de pigmeos muy simpáticos que le enseñaron a cazar monos con una flecha. Mis amigos dicen que miente y que es un abuelo normal, como los que ellos tienen, pero yo escuché sus historias muchas veces y estoy seguro de que son verdad. Ahora está muy mayor y este año ha ido con nosotros a la playa. Ya no puede ir a sitios exóticos ni tener aventuras en la selva. Algunas veces yo también he pensado que sus historias son pura fantasía, pero me gusta mucho escucharlas, y como lo veo tan feliz y apasionado cuando habla de ellas, prefiero creer en esa vida que tal vez quiso tener y no pudo.

[5]

El pasado mes de febrero, unos 70 restaurantes de la Comunidad Valenciana ofrecieron, durante dos meses, menús solidarios que permitieron recaudar fondos para la ayuda de niños en África. A la campaña, desarrollada por Acción contra el Hambre, se sumó este año el doble de restaurantes que el año pasado, cuando participaron unos 30. "Si no conseguimos mucho dinero con el menú, lo ponemos nosotros para superar la recaudación del año pasado", dijo el cocinero responsable del proyecto, Paco Morales. Según explicó la responsable de Acción contra el Hambre, algunos restaurantes sirvieron menús solidarios o platos solidarios, de los que donaron de 1 a 2 euros, y animaron a sus clientes a enviar un mensaje en su celular con la palabra HAMBRE, con la que se realizaba un donativo de 1,20 euros. No solo en Valencia se llevó a cabo esta iniciativa. En toda España participaron en total 489 restaurantes, y recaudaron 100 000 euros, que emplearon en proyectos de lucha contra el hambre.

[6]

"He aquí el relato de cómo todo estaba en suspenso, en silencio, todo inmóvil callado [...], no existía nada [...], y los dioses creadores se juntaron para crear el mundo...". Así comienza el libro *Popol Vuh*, una narración que trata de explicar el origen del mundo, de la civilización maya (pueblo que habitaba mayoritariamente la zona de Guatemala) y de los fenómenos de la naturaleza, así como la historia de los mayas hasta la época de la conquista. De un gran valor histórico y espiritual, se da en el libro una mezcla de religión, mitología, historia, costumbres y leyendas.
De autor desconocido y sin una versión original, se cree, por datos aparecidos en la obra, que fue escrito en 1544 en lengua maya, y que más tarde fue transcrito al latín por Fray Alonso del Portillo de Noreña.
En el libro se distinguen tres partes. La primera es una descripción de la creación del mundo y del origen del hombre. Primero se creó la Tierra, después los animales y finalmente los hombres que fueron hechos de maíz, el alimento que constituía la base de la alimentación maya.

>>>

Estos hombres eran buenos, hermosos y muy listos, así que los creadores, temerosos de ser superados en sabiduría, disminuyeron su vista e inteligencia.
La segunda parte trata de las aventuras de los jóvenes semidioses Hunahpú e Ixbalanqué. Estos héroes gemelos, caracterizados por su astucia y humildad, molestaron con su juego de pelota el descanso de los señores del sombrío reino de Xibalbá, que eran malvados y engañosos. Estos quisieron destruir a los dos hermanos, pero los jóvenes consiguieron derrotarlos. Así es como los señores del mal se convirtieron en la Luna y el Sol.
La tercera parte es una historia detallada sobre el origen de los pueblos indígenas de Guatemala, sus emigraciones, su distribución en el territorio, sus guerras y el predominio de esta raza sobre las otras hasta poco antes de la llegada de los conquistadores.
Hay arqueólogos que señalan que es un libro con conceptos y contenidos occidentales, y compuesto por historias que seguramente no eran mayas.
Además, señalan que la obra se utilizó en su día para evangelizar a los indígenas. Además, su semejanza con el "Génesis" de la Biblia hace pensar en una escritura dirigida por los frailes.

[7]

Nada es igual que antes. Internet y las redes sociales han cambiado las relaciones personales de un modo significativo. Hace tan solo dos décadas, los adolescentes españoles buscaban parques, centros comerciales y discotecas *light* para reunirse fuera del horario escolar. Ahora ya no es necesario salir de casa.
Un teléfono, un ordenador y una conexión a internet son elementos suficientes para establecer el contacto. ¿Es un método perjudicial? Los expertos dicen que no, simplemente es distinto. Como todo, el contacto a través de internet y sus distintas aplicaciones debe hacerse de forma moderada. Si su uso es excesivo, el adolescente puede perder el sentido de la realidad y negarse a enfrentar las dificultades cotidianas cara a cara. Otro de los peligros que últimamente están surgiendo en las redes sociales es la facilidad para mostrar la vida íntima de otros, bien a través de mensajes comprometidos, o bien a través de imágenes y vídeos privados grabados en muchos casos sin el consentimiento del individuo. Es aquí donde los expertos recomiendan al adolescente proteger su vida privada y no exponerse a situaciones que no le den suficiente confianza.

[8]

Hola a todos los terrícolas. En el año 2060 todo será diferente. Sé que los coches volarán por los aires y es verdad que funcionarán con agua. Por supuesto que podréis vivir en la Luna. Sé que se construirán apartamentos en Marte también. Está claro que comeréis alimentos en pastillas. Seguro que las guerras terminarán y todos viviréis en paz. Estoy seguro de que las enfermedades desaparecerán. Dentro de unos años lo comprobaréis.

[9]

a. ◗ Hola, ¿enviaste la carta que te di ayer?
D Claro, te prometo que la metí en el buzón.
◗ ¿Seguro?
D Que sí, te lo juro.

b. ◗ ¿Puedes confirmarme que vendrás a la reunión mañana? Necesito saberlo.
D Sí, seguro.
◗ Es a las ocho de la mañana.
D ¡Ah! A esa hora no te lo puedo prometer.

c. ◗ Entonces, tú limpiarás la casa mañana, ¿verdad?
D Sí, ya te lo dije. Lo haré sin falta.

[10]

a. Habla con tu pareja, tienes que ser más cuidadoso y todo mejorará. Podrás conseguir todos los proyectos. Además, una persona de tu familia te ayudará mucho.

b. Si no tienes novia, será por poco tiempo. Pronto conocerás a una persona muy especial en tu vida y te volverás loco de amor. Llegará también un buen cambio en tu trabajo. Las cosas irán mejor y ganarás más dinero.

c. Vivirás el amor intensamente, pero no tendrás la suerte de tu parte. Los problemas en tu trabajo te pondrán nervioso. Encontrarás muchas dificultades. Si pones flores amarillas en casa, te darán mucha suerte.

[11]

1. ◗ ¿Podría poner la tele?
D Sí, claro, ponla.

2. ◗ ¿Te importa si no te acompaño?
D No, claro, quédate.

3. ◗ ¿Podría usar tu ordenador?
D Sí, por supuesto, úsalo.

4. ◗ ¿Puedo llamar con tu móvil?
D Lo siento, es que no me queda saldo.

5. ◗ ¿Puedo repetir bebida?
D Naturalmente, pero solo tengo Coca-Cola.

[12]

● ¡Qué temprano vienes!
○ ¡Tú sí que has venido temprano!
● Es que hoy no he perdido el bus. Por cierto, ¿qué hora es?
○ ¿Es que no tienes reloj?
● Lo he olvidado en casa. ¿A qué hora viene el jefe?
○ No lo sé.
● ¿Y si vamos a tomar un café?
○ ¿Otro café?
● Es que no he desayunado.
○ Bueno, te acompaño.

[13]

● ¿Friego el suelo?
○ No, no lo friegues, ya lo hago yo.

○ ¿Paso la aspiradora?
● Sí, pásala, por favor.

○ ¿Hago la cama?
● No, no la hagas, ya la hago yo.

● ¿Plancho la ropa?
○ No, no la planches, ya la plancho yo.

● ¿Limpio el polvo?
○ Sí, por favor, límpialo.

○ ¿Pongo la lavadora?
● Sí, ponla.

○ ¿Barro el suelo?
● No, no lo barras, ya lo hago yo.

● ¿Lavo los platos?
○ Sí, lávalos, por favor.

VOCABULARIO

UNIDAD 0

Verbos

aburrirse
bañarse
conocer(se)
construir
contar
decidir
divertirse
dormir(se)
encontrar
ganar
ir al cine
leer
ordenar
quitar(se)
tener
vestirse
volver

El clima

está nublado
hace buen/mal tiempo
hace calor
hace frío
hace sol
hace viento
invierno
primavera
otoño
verano

Los viajes y las vacaciones

el avión
el billete
hacer senderismo
hacer surf
la maleta
tomar el sol

Palabras y expresiones útiles

genial
la novela
todavía no

UNIDAD 1

Verbos

aprobar
celebrar
contar
desayunar
dejar
divertirse
elegir
inventar
mandar
ordenar
pasear
reírse
relajarse
romper
tirar

El hotel y las vacaciones

el alojamiento
la cama doble
la cama individual
el campamento de verano
la habitación doble
la habitación individual
el hotel
la llave
la media pensión
la montaña
la pensión completa
el/la recepcionista
el recuerdo
la reserva
la temporada alta
la temporada baja
la tarjeta de crédito

Actividades de tiempo libre

hacer *puenting*
hacer senderismo
hacer surf
ir al cine
ir de *camping*
ir de compras
jugar al ajedrez
jugar a los videojuegos

Descripciones y valoraciones

aburridísimo/a
¿Cómo/Qué tal te ha ido?
¿Cómo/Qué tal te lo has pasado?
de miedo
un desastre
divertidísimo/a
estupendamente
estupendo/a
fatal
genial
Ni fu ni fa.
regular
superbién

Expresiones temporales

alguna vez
todavía no
una vez
ya

Palabras y expresiones útiles

la amistad
la época
el extranjero
el grupo
más o menos
la pareja

UNIDAD 2

Verbos

acordarse de
caber
caer
conseguir
construir
dejar
dormir(se)
empezar a
entrar
ganar
intentar
mentir
mezclar
regresar
volver

Expresiones temporales

al año/a la mañana + siguiente...
al cabo de + un mes/dos años...
antes de + llegar/salir/empezar...
años/días/meses + más tarde...
de... a
desde el lunes/2010/marzo
desde... hasta
después...
durante
hasta (que)...
un día/mes/año + después...

Álbum de familia

casar(se)
conocer(se)
la descendencia
enamorarse
graduarse
jubilarse
morir
nacer
parecerse a

La historia

árabe
conquistar
descubrir
destruir
el ejército
el/la enemigo/a
ganar la batalla/guerra
gobernar
la herencia
invadir
judío/a
luchar
mandar
musulmán/musulmana
reinar
el/la soldado
vencer

Palabras y expresiones útiles

el apodo
el/la autor/a
el avión
el barrio
el billete
el intercambio
orgulloso/a
Perdón.
¿Sabes...?
Te juro que...

UNIDAD 3

Verbos

colaborar
colocar
conseguir
enamorarse
escalar
intentar
jubilarse
levantarse
lograr
luchar
nacer
parecerse a

El tiempo libre

las actividades solidarias
el campamento de verano
hacer deporte
hacer submarinismo
la interpretación
los juegos de mesa
jugar a los videojuegos
ONG (Organización No Gubernamental)
las redes sociales
la rehabilitación de casas
salir con amigos
tocar un instrumento
ver la televisión

Hablar de hechos curiosos

la anécdota
Cuenta, cuenta...
Cuentan que...
¿De verdad?
Dicen que...
¡No me digas!
¡Qué curioso!
¿Sabes...?
¿Sabías que...?

Expresiones útiles

alguna vez
dos veces
más o menos

UNIDAD 4

Verbos

aburrirse
aceptar
acordarse de
firmar
caer
caerse
casar(se)
convertirse
lanzar
pedir
prometer
romper
soler

El concierto

el grupo
el escenario
los espectadores
el público
el tema

Tipos de textos

la anécdota
el autor
el cuento
la fábula
la leyenda
la noticia
la novela
el poema
el relato
la rima

Pedir disculpas, justificarse y aceptar disculpas

¡Cuánto lo siento!
Ha sido sin querer.
Lo siento (mucho/muchísimo/de verdad).
No lo voy a volver a hacer más.
No te preocupes.
No tiene importancia.
No va a volver a pasar.
Perdón.
Perdone/Perdona.
pero
Te perdono.
Tranquilo/a, no pasa nada.

Palabras o expresiones útiles

el apodo
la maleta
musulmán/musulmana
¡Qué apuro!
¡Qué vergüenza!
¡Yo qué sé!

UNIDAD 5

Verbos

aburrirse
aprobar
caber
castigar
dar igual
dirigir
diseñar
eliminar
estar en forma
hacer *puenting*
mentir
pasear
prometer
quedarse
valer

Expresiones temporales

dentro de un rato
dentro de... (periodo de tiempo)

Hacer conjeturas y promesas

Creo que...
Lo haré sin falta.
Me imagino que...
¡Prometido!
Supongo que...
Te doy mi palabra.
Te juro que...
Te prometo que...

El medioambiente

la basura
el calentamiento global
los combustibles fósiles
consumir
la contaminación
la deforestación
el deshielo
el efecto invernadero
la energía renovable
malgastar
reciclar
los recursos naturales
reducir
reutilizar
la sequía
el transporte ecológico
el vertedero

La política

el/la alcalde/esa
la campaña
el/la candidato/a
las elecciones
el partido político
el/la presidente/a
el programa
la reforma
el voto

Palabras y expresiones útiles

el ascensor
inmenso/a
el mes que viene
el olor
pasado mañana
pero
el premio

UNIDAD 6

Verbos

- aceptar
- agradecer
- apuntarse
- castigar
- colocar
- conceder
- dar permiso
- decepcionar
- denegar
- descubrir
- ensuciar
- flotar
- golpear
- llorar
- mezclar
- ofrecer
- olvidarse de
- pedir
- quejarse
- rechazar
- sentir
- sonreír
- tapar

Los deportes

- el balón
- botar
- el campo
- la cancha
- chutar
- hacer deporte
- lanzar
- marcar un gol
- el pase
- la portería
- el/la portero/a
- la raqueta
- rebotar
- la red

Las tareas del hogar

- la aspiradora
- barrer
- la basura
- hacer la cama
- hacer la comida
- lavar los platos
- limpiar el polvo
- planchar
- poner la lavadora
- poner la mesa
- recoger la basura
- las sábanas
- tender la ropa
- tirar la basura

Palabras o expresiones útiles

- el/la cliente
- la cortesía
- decepcionado/a
- el esfuerzo
- el estilo
- estricto/a
- el/la extranjero/a
- la falta
- fatal
- la inscripción
- la interpretación
- ir al teatro
- la montaña
- la obra de teatro
- el poema
- últimamente
- el vientre

Pedir permiso, concederlo y denegarlo

- ¡De ninguna manera!
- ¡Ni hablar!
- No, (lo siento) es que...
- ¿Puedo/Podría...?
- ¿Quieres...?
- ¿Te/Le importa si...?

Pedir y dar instrucciones, órdenes y consejos

- Perdone/Perdona, ¿para...?
- ¿Por qué no...?
- ¿Puedes/Podrías decirme cómo...?
- ¿Sabes cómo...?
- Tendrías que/ Deberías...

Notas

Notas